"十二五"普通高等教育本科国家级规划教材

普通高等教育精品教材　　　　　　　　　配套教材

东北财经大学会计学系列

国家重点学科

国家级特色专业 / 国家级一流本科专业

国家级一流本科课程 / 国家级课程思政示范课程

5th Edition

第5版

Auditing：Exercises and Cases

审计
习题与案例　（精编版）

曲明　主　编

傅胜　副主编

东北财经大学出版社

Dongbei University of Finance & Economics Press

大 连

图书在版编目（CIP）数据

审计习题与案例：精编版 / 曲明主编 . —5版 . —大连 ：东北财经大学出版社，2024.11 . —（东北财经大学会计学系列教材）. —ISBN 978-7-5654-5439-4

Ⅰ .F239.0

中国国家版本馆 CIP 数据核字第 2024V8A939 号

东北财经大学出版社出版

（大连市黑石礁尖山街217号　邮政编码　116025）

网　　址：http://www.dufep.cn

读者信箱：dufep@dufe.edu.cn

大连图腾彩色印刷有限公司印刷　　东北财经大学出版社发行

幅面尺寸：148mm×210mm　　　字数：260千字　　　印张：8.75
2024年11月第5版　　　　　　　2024年11月第1次印刷

责任编辑：李　彬　周　慧　　　　责任校对：那　欣
封面设计：张智波　　　　　　　　版式设计：原　皓

定价：29.00元

第5版前言

　　为了帮助读者更好地学习审计的基本理论、基本方法以及实务操作技术，深入地理解和掌握审计学课程的重点和难点内容，我们根据"十二五"普通高等教育本科国家级规划教材《审计》精编版（第5版，刘明辉、祁渊、张婷婷主编，东北财经大学出版社2024年8月出版），并结合最新发布的会计准则体系和审计准则体系，组织编写了这本《审计习题与案例》精编版，作为《审计》精编版一书的配套教材。

　　为了方便教学和学生自我测试，本书按照《审计》精编版教材的章节顺序进行编排。各章主要内容包括：学习目的与要求；相关准则与制度；预习要览；重点与难点解析；练习题（包括单项选择题、多项选择题、判断题、分析题等题型）；案例分析；阅读文献；练习题参考答案。

　　本书由中国大学MOOC——东北财经大学审计学课程主讲教师曲明副教授担任主编，研究员级高级会计师傅胜教授任副主编。为本书提供基础素材的有李玉梅、左秀娟、张逢源、罗爽、文雅、武艳、邱羽、王尊、高冉、高蕴茗、王佑天、李铭月、李嘉欣、张文强。

　　由于我们对新审计准则的理解和把握还有待进一步深入，因此，本书难免存在不足与疏漏之处，恳请读者指正，以便修订时予以改正和完善。

编　者

2024年8月

目　录

第一篇　审计、鉴证与注册会计师职业

第二篇 审计程序与审计技术

第一篇

审计、鉴证与
注册会计师职业

第一章　审计与鉴证概论

一、学习目的与要求

通过本章的学习，理解审计的含义，对审计进行分类，区别不同类型的注册会计师，解释财务报表审计、经营审计和合规审计的特征，理解鉴证业务、鉴证对象与鉴证对象信息的含义；掌握鉴证业务产生和发展的各个阶段，了解中国注册会计师审计与鉴证业务的发展历程，能对鉴证业务进行分类，掌握鉴证业务与相关服务的区别。

二、相关准则与制度

1.《中国注册会计师鉴证业务基本准则》

2.《中华人民共和国注册会计师法》

3.《中国注册会计师审计准则第1101号——注册会计师的总体目标和审计工作的基本要求》

4.《中国注册会计师审计准则第1151号——与治理层的沟通》

5.《中国注册会计师审计准则第1211号——重大错报风险的识别和评估》

6.《中国注册会计师审计准则第1341号——书面声明》

7.《中国注册会计师审计准则第1411号——利用内部审计人员的工作》

三、预习要览

（一）关键概念

审计	会计账目审计
财务报表审计	鉴证业务
相关服务	

（二）关键问题

1. 为什么注册会计师审计的萌芽会出现在16世纪的威尼斯，但是真正的发展却是在英国开始的？

2. 怎样理解审计的定义？

3. 按照审计对象的不同，审计可以分为几个发展阶段？各阶段的特点如何？

4. 按照审计模式的不同，审计可以分为几个发展阶段？各阶段的特点如何？

5. 按照目的和内容的不同，审计可以分为哪几大类？具体解释各自的含义。

6. 说明财务报表审计的主要特征。

四、重点与难点解析

1. 注册会计师审计的产生与发展

注册会计师审计是商品经济发展到一定程度时，随着企业财产所有权与经营权分离而产生的。18世纪下半叶，资本主义工业革命开始以后，英国的生产社会化程度大大提高，导致企业所有权与经营权进一步分离，进而出现了第一批以查账为职业的独立会计师。股份公司兴起以后，为确保财务信息的真实性与公允性，由独立会计师对股份公司的财务报告进行审计就显得尤为必要。1720年，英国爆发了南海公司破产事件，会计师查尔斯·斯内尔受议会聘请对其会计账目进行了检查，并以"会计师"名义出具了一份"查账报告书"，指出南海公司的财务报告存在严重的舞弊行为，这标志着独立会计师——注册会计师——的正式诞生。随后，英国议会于1844年颁布了《公司法》，该法案有力地促进了独立会计师的发展。1853年，爱丁堡会计师协会在苏格兰成立，标志着注册会计师审计职业的诞生。

注册会计师审计的发展过程。从审计对象的演变过程看，注册会计师审计可以分为会计账目审计、资产负债表审计和财务报表审计三个阶段。

审计模式的演进。审计模式和方法的演进经历了账项导向审计阶段、内控导向审计阶段和风险导向审计阶段。

中国的注册会计师审计始于辛亥革命以后。1918年，北洋政府颁布了我国第一部注册会计师审计法规——《会计师暂行章程》。同年，谢霖先生获准成为中国第一位注册会计师，并创办了中国第一家注册会计师审计机构——正则会计师事务所。新中国成立初期，在我国国民经济恢复过程中，注册会计师审计曾经发挥了积极的作用。在社会主义改造完成以后，由于照搬苏联高度集中的计划经济模式，我国的注册会计师审计陷入长时期的停滞状态。以1980年财政部发布《关于成立会计顾问处的暂行规定》为标志，我国注册会计师制度开始重建。1988年11月，中国注册会计师协会成立。1994年1月，《中华人民共和国注册会计师法》正式实施。

改革开放以后，我国逐渐从计划经济体制转向市场经济体制，并出现了国有、集体、外资以及个体私营等多种所有制经济形式，股票、债券等资本市场也得到了快速发展，注册会计师审计随着经济的发展而得到了恢复和发展，其发展大致分为恢复重建、规范发展、体制创新和国际发展四个阶段。

2.审计的概念与种类

（1）审计的概念。审计是一个客观地获取和评价与经济活动和经济事项的认定有关的证据，以确认这些认定与既定标准之间的符合程度，并把审计结果传达给有利害关系的用户的系统过程。需要理解和掌握审计定义中的几个关键术语：经济活动和经济事项的认定；客观地获取和评价证据；系统过程；与既定标准符合的程度；审计结果；有利害关系的用户。

（2）审计的分类。按照不同的标准可以对审计进行不同的分类。按主体的不同，审计可以划分为国家审计、内部审计和注册会计师审计（也称民间审计）；按与被审计单位的关系不同，审计可以划分为内部审计和外部审计；按范围的不同，审计可以划分为全面审计和局部审计，综合审计和专题审计；按实施时间的不同，审计可以划分为事前审计、事中审计和事后审计，定期审计和不定期审计，期中审计和期末审计；按执行地点的不同，审计可以划分为就地审计、送达审计和远程审计。本书按照审计目的和内容的不同，将审计划分为财务报表审计、合规审计和经营审计三类。

3. 审计人员

审计人员根据所服务的单位在审计组织体系中的位置不同，可以划分为注册会计师、国家审计人员和内部审计人员，前两种又叫外部审计人员。注册会计师主要是指为客户提供鉴证业务和相关服务的人员。注册会计师是依法取得注册会计师证书，并接受委托从事审计和会计咨询、会计服务的执业人员。在我国，必须参加注册会计师全国统一考试且成绩合格，并从事审计业务工作两年以上，方可申请成为注册会计师。国家审计人员是指在审计机关中接受政府委托，依法行使审计监督权，从事审计业务的人员。国家审计是世界各国审计的最初形态。西周的宰夫可称为我国最早的国家审计人员。目前，我国的国家审计人员实施专业技术资格制度，既可以从事合规审计、经营审计，又可以从事与财务报表有关的审计。内部审计人员是公司雇用的，对公司会计、财务以及其他业务情况进行审核，并向治理层和管理层进行报告和提供建议的公司在册职员。内部审计人员的工作目标主要是提高经营的效率和效果，涉及的领域包括会计问题、与财务相关的审计或经营审计等。内部审计部门的设置因与领导的关系不同，其独立性和权威性也不同，领导层次越高，审计效果越有保障。国家审计、内部审计和注册会计师审计不存在主导和从属关系，它们共同构成了我国的审计监督体系。

4. 鉴证业务

（1）鉴证业务的含义。鉴证业务是指注册会计师对鉴证对象信息提出结论，以增强除责任方之外的预期使用者对鉴证对象信息信任程度的业务。需要理解和掌握鉴证业务定义的几个要素：

①鉴证业务的用户是"预期使用者"，即鉴证业务可以用来有限地满足预期使用者的需求。

②鉴证业务的目的是改善信息的质量或内涵，增强除责任方之外的预期使用者对鉴证对象信息的信任程度，即以适当保证或提高鉴证对象信息的质量为主要目的，而不涉及为如何利用信息提供建议。

③鉴证业务的基础是独立性和专业性，鉴证业务通常由具备专业胜任能力和独立性的注册会计师来执行，注册会计师应当独立于责任方和预期使用者。

④鉴证业务的"产品"是鉴证结论，注册会计师应当对鉴证对象信

息提出结论，该结论应当以书面报告的形式予以传达。

（2）鉴证对象信息的含义。鉴证对象信息是按照标准对鉴证对象进行评价和计量的结果。在注册会计师提供的鉴证业务中，存在多种不同类型的鉴证对象，相应地，鉴证对象信息也具有多种不同的形式，主要包括：

① 当鉴证对象为财务业绩或状况（如历史或预测的财务状况、经营成果和现金流量）时，鉴证对象信息是财务报表；

② 当鉴证对象为非财务业绩或状况（如企业的运营情况）时，鉴证对象信息可能是反映效率或效果的关键指标；

③ 当鉴证对象为物理特征（如设备的生产能力）时，鉴证对象信息可能是有关鉴证对象物理特征的说明文件；

④ 当鉴证对象为某种系统和过程（如企业的内部控制或信息技术系统）时，鉴证对象信息可能是关于其有效性的认定；

⑤ 当鉴证对象为一种行为（如遵守法律法规的情况）时，鉴证对象信息可能是对法律法规遵守情况或执行效果的声明。

（3）鉴证业务的类别。按照不同的标准可以对鉴证业务进行不同的分类。按照鉴证对象信息是否以责任方认定的形式为预期使用者所获取，鉴证业务可以划分为基于责任方认定的业务和直接报告业务；按照鉴证业务的保证程度，鉴证业务可以划分为合理保证的鉴证业务和有限保证的鉴证业务；按照鉴证对象信息和保证程度的不同，鉴证业务可以划分为历史财务信息审计、历史财务信息审阅和其他鉴证业务。

5.相关服务

相关服务是相对于鉴证业务而言的，是指那些由注册会计师提供的、除了鉴证业务以外的其他服务，主要包括对财务信息执行商定程序和代编业务。其基本特征有：咨询服务以信息的使用为主要目标，而不涉及信息质量，也不对咨询业务所使用的信息加以保证；咨询服务一般是咨询服务的提供者与客户之间的两方契约；专业性是咨询服务的基础。鉴证业务和相关服务的区别主要体现在四个方面，即业务涉及的关系人不同，业务关注的焦点不同，工作结果不同，以及独立性要求不同。

五、练习题

（一）单项选择题

1.下列各项中，属于历史财务信息审计的是（　　）。

A.上市公司年度财务报告审阅

B.上市公司年度财务报表审计

C.内部控制审计

D.绩效审计

2.注册会计师从事的下列工作中，属于其他鉴证业务的是（　　）。

A.审查企业内部控制制度，提出管理建议

B.参与企业破产清算审计，出具清算审计报告

C.审核盈利预测

D.对公司治理结构提出意见

3.我国历史上第一部注册会计师法规是（　　）。

A.《会计师条例》　　　　　　　B.《注册会计师条例》

C.《会计师暂行章程》　　　　　D.《会计师注册章程》

4.国家审计、内部审计、注册会计师审计共同构成了审计监督体系。其中国家审计与注册会计师审计在（　　）方面是基本相似的。

A.审计所依据的准则　　　　　　B.审计要实现的目标

C.对内部审计的利用　　　　　　D.审计中取证的权限

5.下列关于国家审计与注册会计师审计的论断中，正确的是（　　）。

A.二者都是外部审计，都具有较强的独立性

B.二者对发现问题的处理方式相同

C.二者的经费和收入来源相同

D.二者的审计依据一致

6.下列关于审计产生与发展的论述中不正确的是（　　）。

A.财产所有权与经营权分离是审计产生的历史背景

B.内部审计的产生早于国家审计

C.国家审计的产生早于注册会计师审计

D.提高劳动效率和经济效果是审计发展的动力

7.国家审计机关查找政府预算执行中的违规问题体现了审计的（　　　　）。

A.经济评价职能　　　　　　　　B.经济鉴证职能

C.经济监督职能　　　　　　　　D.经济管理职能

8.国家审计的总体目标不包括（　　　　）。

A.合法性　　　　　　　　　　　B.公允性

C.效益性　　　　　　　　　　　D.真实性

9.下列关于财务报表审计的说法中，错误的是（　　　　）。

A.审计可以有限满足财务报表预期使用者的需求

B.财务报表审计是合理保证的鉴证服务

C.财务报表审计获取的大多数审计证据是结论性的而非说服性的

D.财务报表审计的基础是注册会计师的独立性和专业性

10.下列有关鉴证业务的说法中，正确的是（　　　　）。

A.审计、审阅提供合理保证

B.审计业务主要采用询问和分析程序获取证据

C.合理保证的鉴证业务以积极的方式提出结论，有限保证的鉴证业务以消极的方式提出结论

D.合理保证的鉴证业务检查风险较高，有限保证的鉴证业务检查风险较低

11.以下审计的独立性最弱的是（　　　　）。

A.国家审计　　　　　　　　　　B.注册会计师审计

C.外部审计　　　　　　　　　　D.内部审计

12.下述提法不正确的有（　　　　）。

A.注册会计师审计产生的直接原因是财产所有权与经营权的分离

B.注册会计师审计具有独立、客观、公正的特点

C.注册会计师审计对象可概括为被审计单位的经济活动

D.注册会计师审计、国家审计和内部审计三类审计共同构成我国审计监督体系，其中，国家审计处于主导地位

13.下列不属于注册会计师审计特点的是（　　　　）。

A.委托性　　　　　　　　　　　B.有偿性

C.独立性　　　　　　　　　　　D.强制性

14.从国际上看，国家审计机关领导体制主要有以下四种模式，其中我国国家审计机关领导体制属于（　　　）。

A.独立型　　　　　　　　　B.行政型

C.司法型　　　　　　　　　D.立法型

15.关于财务报表审计，下列针对责任方的说法中，错误的是（　　　）。

A.责任方和预期使用者可能不是同一方

B.责任方与预期使用者可能来自同一企业

C.注册会计师的审计意见主要为责任方提供财务报表是否在所有重大方面公允反映被审计单位的财务状况、经营成果和现金流量

D.责任方不是唯一的预期使用者

（二）多项选择题

1.从注册会计师审计的起源和发展历程，我们可以得出以下结论（　　　）。

A.注册会计师审计产生的直接原因是财产所有权与经营权的分离

B.随着商品经济的发展，注册会计师审计由初期的详细审计发展为资产负债表审计，进而发展为财务报表审计

C.随着商品经济的发展，注册会计师审计由最初为不参与经营的合伙人负责到为企业主负责再到现在的为股东负责

D.注册会计师的独立、客观、公正不仅保证了其鉴证职能的发挥而且也使其在社会上享有较高的权威性

2.目前，我国的审计监督体系包括（　　　）。

A.事前审计　　　　　　　　B.国家审计

C.社会审计　　　　　　　　D.内部审计

3.审计基本分类的标准包括（　　　）。

A.审计地点　　　　　　　　B.审计主体

C.审计内容和目的　　　　　D.审计时间

4.审计动因的主要理论包括（　　　）。

A.冲突论　　　　　　　　　B.保险论

C.信息论　　　　　　　　　D.监督论

5.下列表述中，正确的有（　　　）。

A.内部审计在审计内容、审计方法等方面与外部审计具有相似之处

B.注册会计师审计与国家审计所获取证据的可靠程度是相同的

C.注册会计师在审计时，必须了解内部审计的设置和工作情况

D.国家审计是独立性最强的一种审计，其审计意见最可靠

6.审计的制约作用体现在（　　　）。

A.发现审计对象的违法违规行为

B.打击各种经济犯罪活动

C.纠正经济生活中的不正之风

D.揭露经济资料中的错误之处

7.审计关系人包括（　　　）。

A.被审计人　　　　　　　　　B.预期使用者

C.审计委托人　　　　　　　　D.审计人

8.为了充分体现审计的独立性，在审计机构设置和审计的工作过程中，必须遵循（　　　）。

A.人员独立　　　　　　　　　B.经济独立

C.思想独立　　　　　　　　　D.机构独立

9.关于注册会计师审计的表述正确的有（　　　）。

A.如果从审计动机划分，审计可分为强制审计和任意审计

B.如果从审计内容划分，审计可分为财务报表审计、经营效益审计和财经法纪审计

C.如果从审计期限划分，审计可分为定期审计和不定期审计

D.如果按照审计技术划分，审计可分为账表导向审计、系统导向审计、风险导向审计

10.审计的促进作用可以概括为（　　　）。

A.揭示差错和舞弊　　　　　　B.维护财经法纪

C.提高经济效益　　　　　　　D.改善经营管理

11.我国国家审计机关的职责包括（　　　）。

A.对国有金融机构的资产、负债、损益进行审计监督

B.对与国家财政收支有关的特定事项进行专项审计调查

C. 对国有资产占控股地位或者主导地位的企业进行审计监督

D. 对本级预算执行情况进行审计监督

（三）判断题

1. 国家审计是强制审计，注册会计师审计是受托审计。　　（　　）

2. 注册会计师审计可以替代企业的内部审计。　　（　　）

3. 由于国家审计具有强制性，被审计单位必须无条件接受审计，因此，国家审计的独立性高于注册会计师审计。　　（　　）

4. 经济监督是注册会计师审计本身所固有的和必需的职能。（　　）

5. 任何一项审计活动中，审计三方关系人都存在。　　（　　）

6. 国家审计机构在对各级政府及其部门的财政收支等内容进行审计时，无须征得被审计单位的同意，注册会计师的审计内容必须征得被审计单位的同意。　　（　　）

7. 审计产生的前提是查错防弊。　　（　　）

8. 审计的独立性要求任何审计主体都必须独立于审计委托人和被审计单位。　　（　　）

9. 会计师事务所只能够提供审计服务。　　（　　）

10. 不定期审计是指审计机构事先不通知被审计单位，出其不意地以突击形式进行审计。　　（　　）

11. 审计业务的保证程度要高于审阅业务的保证程度。　　（　　）

12. 合规性审计是指对被审计单位是否遵守法规、程序等进行审计，包括是否遵守相关的会计准则等。　　（　　）

13. 审计实施者只要具有形式上的独立或者实质上的独立的一种即可认为其具有独立性。　　（　　）

14. 绩效审计主要关注企业经营活动是否合法合规。　　（　　）

15. 权威性是审计的最本质特征。　　（　　）

（四）分析题

1. 有人认为，审计是会计的分支。你如何理解审计和会计的关系？

2. 4位会计学专业的毕业班同学讨论未来的职业规划。甲同学希望去会计师事务所从业，他认为至少要在那里工作5年，或者终身以此为职业，他觉得在审计领域有了丰富的经验后未来会有更好的选择；乙同学希望能够成为大型企业的内部审计人员，因为他认为通过内部审计工作可以接触到大型企业集团的各个层面；丙同学打算去税务局从事税务稽查工作，该工作收入颇丰，是目前非常热门的职业；丁同学也希望从事审计工作，但是还不知道自己应该去哪里，她对专业研究非常感兴趣，但是也愿意去担任有挑战性的职务。

要求：

（1）试说明上述几类审计工作的有利方面和不利方面。

（2）对于这些有系统专业知识的同学来说，还有哪些审计职业适合他们呢？

3. 在中国台湾地区，只有从事注册会计师审计业务的人员才被叫作"会计师"，在企事业单位工作的按照其岗位称呼，如财务经理等。请你向一个台湾同胞解释在大陆什么人被叫作"会计师"，以及会计师和注册会计师有哪些不同。

4. 你毕业后被一家民营企业所聘用。这家民营企业发展速度很快，但是管理水平有待提高。公司总经理找你谈话，希望会计学专业毕业的你能够帮助企业设计其内部审计制度。请你向他解释一下内部审计的目标、内容都有哪些，以及如果要提高内部审计的控制功能，应该将内部审计置于哪个部门的领导之下。

六、案例分析

最近你无意中听到两名注册会计师（CPA）的谈话，内容如下：

CPA1：要想知道公司财务报告的所有使用人的特定需要是不可能的，比方说，我怎么能够知道工会或者银行会如何利用我所审计公司的财务报告呢？

CPA2：可是你必须知道财务报告用户的需要，否则你无法判断某一个特定的交易事项的会计处理是否对用户非常重要。

CPA1：但是我无法知道他们所有人的需要。我只好将注意力偏向股东或者银行的放贷部门，他们是更重要的报表使用人。此外，是管理层最终负责报表的公允表达，我只负责对他们编制的财务报表发表意见，又不是我自己编制报表，你不要对我们注册会计师期望太高了。

CPA2：是公众的期望，而非我的期望。我可不希望因为没有达到用户的要求而被告上法庭。但是我完全同意你的看法，要想知道所有用户的需要是相当困难的，而且每类用户需要的信息似乎都不同，你无法满足每一个人的需要。如果利润高了，员工会要求加工资，税务局要求收取更多税金，因而管理人员就希望将利润报告得低一点。我看我们只能运用会计准则进行判断，只要符合会计准则，我们就可以假设它是符合用户需要的了。

CPA1：这点我倒是同意的。

要求：

（1）请说明为什么注册会计师需要了解可能使用审计报告的各种用户以及他们的需要。

（2）评价 CPA2 的结论：因为无法确知所有使用人的需求，结果就只能依赖会计准则判断财务报表是否公允表达。

（3）请指出下列五种报表使用人的信息需求可能会和其他人的需求产生什么样的潜在冲突：

① 现有股东；

② 潜在投资者；

③ 企业内部的工会组织；

④ 银行放贷部经理；

⑤ 企业管理层。

七、阅读文献

［1］卡迈克尔，威林翰，沙勒. 审计概念与方法——现行理论与实务指南［M］. 刘明辉，胡英坤，译. 大连：东北财经大学出版社，1999.

［2］阿伦斯，洛布贝克. 审计学——整合方法研究［M］. 石爱中，等译. 北京：中国审计出版社，2001.

［3］查特菲尔德. 会计思想史［M］. 文硕，等译. 北京：中国商业出版社，1989：117.

［4］尚德尔 C W. 审计理论［M］. 汤云为，吴云飞，译. 北京：中国财政经济出版社，1992：4.

［5］莫茨，夏拉夫. 审计理论结构［M］. 文硕，等译. 北京：中国商业出版社，1990.

［6］胡春元. 审计风险研究［M］. 大连：东北财经大学出版社，1997.

［7］刘明辉. 独立审计学［M］. 2版. 大连：东北财经大学出版社，2002.

［8］WALLACE W A.The economic role of the audit in free and regulated markets［M］. New York：Touche Ross，1980.

［9］GWILLIAM D.A survey of auditing research［J］. The British Accounting Review，1988，20（2）：203-205.

八、练习题参考答案

（一）单项选择题

1.B 2.C 3.C 4.B 5.A 6.B 7.C 8.B 9.C 10.C 11.D 12.D 13.D 14.B 15.C

（二）多项选择题

1.ABD 2.BCD 3.BC 4.ABCD 5.AC 6.ABCD 7.ACD 8.ABD 9.ABCD 10.ABCD 11.ABCD

（三）判断题

1.√ 2.× 3.× 4.√ 5.√ 6.√ 7.× 8.√ 9.× 10.× 11.√ 12.√ 13.× 14.× 15×

（四）分析题

1.许多财务报告使用人和公众都混淆了审计和会计，主要是因为审计往往和会计信息相关，而且许多注册会计师是会计方面的专家。更重要的是，从事注册会计师审计工作的人被称为"注册会计师"，更加剧了这种概念的混淆。

会计是为决策提供财务信息而对经济事项进行计量、记录、确认和报告的一个系统。会计的任务是为管理层和其他信息使用人提供各种有价值的信息，便于其作出经济决策。为了能提供与决策相关的信息，会计人员必须充分理解处理会计信息的原则和基础。

审计会计数据时要关注的是已经记录的这些信息是否反映了在一定会计期间内发生的经济事项。因为会计规则是评价会计信息是否得到恰当记录的标准，所以审计这些数据的注册会计师必须充分理解这些会计规则。例如，在财务报表审计中，会计规则就是一般公认会计原则。因此，在学习审计知识以前，学生必须先掌握一般公认会计原则的知识。

除了要掌握会计知识以外，注册会计师还必须是收集和解释审计证据的专家，这是会计和审计的最大区别。注册会计师必须运用恰当的审计程序，决定测试的项目和类型，并进行评价，这是审计必须完成的工作。所以，学会了会计未必就能做审计。莫茨和夏拉夫曾将会计和审计比成律师和法官，律师要懂得法律知识，但是并不是懂得了法律知识就可以做法官。

2.（1）注册会计师主要为客户提供专业服务，客户可能包括各类企业、非营利组织、政府机构及个人，为各种客户提供审计和其他鉴证服务将积累很多的经验。经过不断的职业继续教育，从业者可以跟进最新的发展。而且审计公费收入比较高，同时由于其独立性和专业性，该职业和律师、医生一样备受尊敬。但是，注册会计师审计需要承担一定的风险，有时可能仅仅因为"深口袋"理论而败诉。要从事审计工作必须考取注册会计师资格证书，并且需要有两年的实际工作经验。企业内部审计人员受雇于企业，为管理者执行内部审计任务。内部审计人员的任务根据管理要求的不同可能会有很大的变化，有的时候进行经营审计，有的时候进行合规审计，甚至有的时候还可能承担超出会计范围的各种任务。但是，内部审计人员如果不独立于各个部门，则无法有效开展工作。在税务局工作，按照税法的规定审计纳税义务人的所得，属于合规审计的范畴。不仅税的种类很多，而且税法的规定也复杂多变，因而在这个领域工作同样需要具备充分的审计知识和审计技巧。

（2）除了这些审计职业以外，他们还可以在政府或其他非营利组织的审计部门工作。

3.中国大陆的"会计师"是指具有会计师职称的人，会计师是一种专业技术资格。会计专业技术资格分为会计员、助理会计师、会计师和高级会计师等不同等级，要想取得会计专业技术资格，需要通过考试或评审。在企事业单位从事会计工作的人都可以参加会计师技术资格考试，并按照聘任的职称级别取得相应的待遇。这种会计师不能从事注册会计师审计业务。在中国大陆从事注册会计师审计业务的是"注册会计师"，其需要通过全国统一的注册会计师考试，并参加审计工作两年以上才能进行注册登记，从事法定审计业务。

4.内部审计的工作目标主要是提高经营的效率和效果，涉及的领域包括会计问题或与财务相关的审计或经营审计等。其工作内容包括：复核及评估会计、财务管理及其他活动的控制是否设计周密、适当，执行是否有效，并在符合成本效益原则的前提下，尽量提高各项内部控制的有效性；确定各级管理人员遵行企业政策、方案及程序的程度；确定企业资产得到适当记录、保管及防止损失的做法及执行程度；确保管理信息的可靠性；评估各级人员执行被指派的工作时的质量水平；提出改进工作管理方法的建议。内部审计隶属的管理层次越高，独立性就越强，它就越能发挥作用，因此应当将内部审计机构设置在董事会下。

（五）案例分析提示

（1）因为审计报告的使用人对信息的需求不同，对于某个使用人而言并不重要的信息，对于另一个人而言可能是非常重要的。注册会计师有责任发现重大的错误和舞弊。如果注册会计师不了解审计报告的各种用户及其需要，就无法判断究竟什么信息对于用户而言是重要的，在执行审计业务时也就无法确定重要性的标准。

（2）即使能够确知所有审计报告使用人的需求，会计准则也仍然是判断财务报表是否公允表达的标准。

（3）现有股东运用会计信息的目的是评价管理层的诚实度和管理能力，作出企业增加投资、减少投资或者保持现有投资不变的决定，因此重视企业的盈利能力信息。潜在投资者需要决定是否对企业进行投资，投资的金额是多少，因此重视企业未来发展潜力的信息。企业内部的工会组织需要评估组织的盈利能力、提高工资，以及签订利润分享协议的可能性，因此重视企业的盈利性和利润率。银行放贷部经理需要决定是否贷款给企业，以及贷款的额度与条件，因此重视企业的财务状况、现金流量和项目的盈利性。企业管理层需要检查业绩、评价复杂交易的结果，并作出影响企业未来发展方向的决定。

现有股东希望本期能多分股利，潜在投资者恰好相反。工会希望企业提高盈利能力，从而提高员工的工资；股东和管理层则希望能降低工资，从而减少成本，增加利润；银行希望企业有大量现金，资产变现能力强；股东则希望企业的资产不要以现金形式存放，要提高资金的使用效率。

第二章　注册会计师管理

一、学习目的与要求

通过本章的学习，了解各国注册会计师资格考试制度，以及中国注册会计师资格考试的报考条件和注册登记制度等，了解我国注册会计师职业继续教育的内容、形式、组织实施、考核等内容，了解会计师事务所的组织形式，以及我国会计师事务所的审批制度和设立审批条件，了解我国注册会计师协会的发展情况与组织结构，了解我国注册会计师行业的管理体制；掌握注册会计师的业务范围和未来发展趋势，以及我国注册会计师的业务范围，掌握我国会计师事务所业务承接的有关要求。

二、相关准则与制度

1.《中华人民共和国注册会计师法》
2.《中国注册会计师鉴证业务基本准则》
3.《会计师事务所监督检查办法》（财办〔2022〕23号）
4.《国务院办公厅转发财政部关于加快发展我国注册会计师行业若干意见的通知》（国办发〔2009〕56号）
5.《关于印发〈财政部　工商总局关于推动大中型会计师事务所采用特殊普通合伙组织形式的暂行规定〉的通知》（财会〔2010〕12号）
6.《中国注册会计师协会章程》

三、预习要览

（一）关键概念

鉴证业务　　　　　　　　会计咨询
会计服务　　　　　　　　有限责任会计师事务所
合伙会计师事务所　　　　行业管理

（二）关键问题

1. 简述注册会计师资格如何取得和注册。
2. 中国注册会计师的业务范围有哪些？
3. 我国允许设立哪些形式的会计师事务所？都需要什么样的条件？
4. 中国注册会计师协会有哪些职责？
5. 中国注册会计师行业管理体制如何？

四、重点与难点解析

1. 注册会计师考试与注册制度是我国注册会计师制度的重要内容之一，我国于 1991 年开始组织全国注册会计师统一考试。根据《中华人民共和国注册会计师法》[①]（以下简称《注册会计师法》）和《注册会计师全国统一考试办法》（2014 年 4 月 23 日财政部令第 75 号修改）的规定，符合下列条件的中国公民，可以报名参加注册会计师全国统一考试：（1）具有完全民事行为能力；（2）具有高等专科以上学校毕业学历，或者具有会计或相关专业中级以上技术职称。有下列情形之一的人员，不得报名参加注册会计师全国统一考试：（1）被吊销注册会计师证书自处罚决定之日起至报名截止日止不满 5 年者；（2）参加注册会计师全国统一考试违规受到停考处理，期限未满者。

我国港澳台地区居民及外国人，具有完全民事行为能力，申请参加中华人民共和国注册会计师考试专业阶段考试必须具备下列条件之一：具有中华人民共和国教育行政主管部门认可的高等专科以上学校毕业的学历；已取得港澳台地区或外国法律认可的注册会计师资格（或其他相应资格）。港澳台地区居民及外国人，具有完全民事行为能力，且已取得注册会计师全国统一考试专业阶段考试合格证，可以申请参加注册会计师全国统一考试综合阶段考试。符合上述条件的报考人员，还必须提供如下有效证明：（1）报名人员合法身份的有效证件（护照、身份证等）；（2）报名人员获得的中华人民共和国教育行政主管部门认可的高等专科以上学校的学历证书，或港澳台地区或者外国法律认可的注册会

[①] 《中华人民共和国注册会计师法》，1993 年 10 月 31 日第八届全国人民代表大会常务委员会第四次会议通过，根据 2014 年 8 月 31 日第十二届全国人民代表大会常务委员会第十次会议《关于修改〈中华人民共和国保险法〉等五部法律的决定》修正。

计师资格（或者其他相应资格）证书。

财政部设立全国注册会计师考试委员会（以下简称财政部考委会），组织领导注册会计师全国统一考试工作。财政部考委会设立注册会计师考试委员会办公室（以下简称财政部考办），组织实施全国统一考试工作。财政部考委办设在中国注册会计师协会。考试划分为专业阶段考试和综合阶段考试。考生在通过专业阶段考试的全部科目后，才能参加综合阶段考试。专业阶段考试设会计、审计、财务成本管理、公司战略与风险管理、经济法、税法6个科目；综合阶段考试设职业能力综合测试1个科目。具有会计或者相关专业高级技术职称的人员，可以申请免予专业阶段考试1个专长科目的考试。报名人员可以按互惠原则签订的互免协议免予部分考试科目。

考试为闭卷，采用计算机化考试方式或者纸笔考试方式。考试实行百分制，60分为成绩合格分数线。专业阶段考试的单科考试合格成绩5年内有效。对在连续5个年度考试中取得专业阶段考试全部科目考试合格成绩的考生，财政部考委会颁发注册会计师全国统一考试专业阶段考试合格证书。对取得综合阶段考试科目合格成绩的考生，财政部考委会颁发注册会计师全国统一考试全科考试合格证书。

根据《注册会计师法》的规定，参加注册会计师全国统一考试成绩合格，并从事审计业务工作2年以上的，可以向省、自治区、直辖市注册会计师协会申请注册。准予注册的申请人，由注册会计师协会发给国务院财政部门统一制定的注册会计师证书。

根据《注册会计师法》的规定，注册会计师可以承办审计业务和会计咨询、会计服务业务。审计业务又包括以下4种：（1）审查企业会计报表，出具审计报告；（2）验证企业资本，出具验资报告；（3）办理企业合并、分立、清算事宜中的审计业务，出具有关的报告；（4）办理法律、行政法规规定的其他审计业务。通常来讲，会计咨询、会计服务业务包括资产评估、代理记账、税务代理和管理咨询等业务。注册会计师承办业务，由其所在的会计师事务所统一受理并与委托人签订委托合同。

2.由于市场经济的快速发展，企业的经济业务和经营管理日趋复杂，人们对社会审计的期望也越来越高。为顺应这种需要，审计理论和方法也不断地向前发展，为此注册会计师应不断地更新知识结构，提高专业素质和执业水平。如今，世界各主要国家都非常注重加强注册会计师职业继续教育，并制定了相应的职业继续教育制度。我国也自 1996 年起施行了《中国注册会计师职业后续教育基本准则》。2006 年和 2010 年分别制定了《中国注册会计师继续教育制度》和《中国注册会计师协会非执业会员继续教育暂行办法》。2021 年中国注册会计师协会对这两项制度进行修订，自 2022 年 1 月起施行。

3.会计师事务所是依法设立并承办注册会计师业务的机构。从世界范围来看，会计师事务所的组织形式包括独资制、普通合伙制、有限责任合伙制、股份有限公司制四种。《注册会计师法》规定，会计师事务所可以由注册会计师合伙设立；符合条件的，可以是负有限责任的法人。根据 2019 年 1 月 2 日财政部修订的《会计师事务所执业许可和监督管理办法》，会计师事务所可以采用普通合伙、特殊普通合伙或者有限责任公司形式。会计师事务所从事证券服务业务和经法律、行政法规规定的关系公众利益的其他特定业务，应当采用普通合伙或者特殊普通合伙形式，接受财政部的监督。

为了贯彻落实《国务院办公厅转发财政部关于加快发展我国注册会计师行业若干意见的通知》（国办发〔2009〕56 号），推动大中型会计师事务所采用特殊普通合伙组织形式，促进我国会计师事务所做大做强，财政部于 2010 年 7 月 21 日印发财会〔2010〕12 号文件《关于印发〈财政部 工商总局关于推动大中型会计师事务所采用特殊普通合伙组织形式的暂行规定〉的通知》，文件要求大型会计师事务所应当于 2010 年 12 月 31 日前转制为特殊普通合伙组织形式；鼓励中型会计师事务所于 2011 年 12 月 31 日前转制为特殊普通合伙组织形式。采用特殊普通合伙组织形式的会计师事务所，一个合伙人或者数个合伙人在执业活动中因故意或者重大过失造成合伙企业债务的，应当承担无限责任或者无限连带责任，其他合伙人以其在合伙企业中的财产份额为限承担责任。合伙人在执业活动中非因故意或者重大过失造成的合伙企业债务以及合伙企业的其他债务，由全体合伙人承担无限连带责任。

在我国，会计师事务所的组织结构大致有两种，即所长负责制和董事会领导下的主任会计师负责制。在实行所长负责制的事务所里，所长对本所工作负全面责任，副所长协助所长工作；事务所可根据需要设置若干业务部门，分别负责不同工作；主任会计师负责业务承接、人员安排、督促检查和报告初审等日常工作。在实行董事会领导下的主任会计师负责制的会计师事务所里，董事会为事务所最高权力机构，主任会计师负责日常业务，在机构设置上，因事务所规模、业务特点不同而有所差别。

合伙会计师事务所在其机构设置上有如下特征：一是可以设立有限责任合伙人；二是可以设立合伙人管理委员会，由若干主要合伙人组成。管理委员会推举其中一名合伙人担任负责人。管理委员会负责人即为会计师事务所负责人。不设立合伙人管理委员会的合伙会计师事务所，可由全体合伙人对会计师事务所的重大问题集体作出决定，并推举主任会计师一人担任会计师事务所负责人，主任会计师必须由合伙人担任。

在我国，注册会计师不能以个人名义承办业务，必须由会计师事务所统一接受委托。其出具的审计报告除应由注册会计师本人签署外，还必须加盖会计师事务所的公章。注册会计师承办业务时，由会计师事务所按照收费标准统一收费。会计师事务所在承办业务时，由于委托人不同，其被授予的权限也不同。

4.中国注册会计师协会是我国注册会计师行业的全国性组织，依法取得社会团体法人资格。其宗旨是服务、监督、管理、协调，即以诚信建设为主线，服务本会会员，监督会员执业质量、职业道德，依法实施注册会计师行业管理，协调行业内外部关系，维护社会公众利益和会员合法权益，促进行业科学发展。中国注册会计师协会依法接受财政部、民政部的监督、指导，依据《注册会计师法》和《中国注册会计师协会章程》行使职责。

5.中国注册会计师的行业管理属于法律规范、政府干预与行业自律结合型，即外部管理和自我管理相结合。其中，外部管理包括法律规范（主要是指《注册会计师法》）和行政管理，有权对注册会计师行业进行行政管理的部门包括财政部门、市场监督管理部门、税务部门和中国证券监督管理委员会（以下简称证监会）。行业自律是指由注册会计师协会按照章程对该行业进行管理。我国注册会计师行业自我管理的组织是各级注册会计师协会。中国注册会计师协会是注册会计师行业的全国性组织，省级注册会计师协会是其地方组织。

五、练习题

（一）单项选择题

1.注册会计师考试需要进行论文和口试的国家为（　　）。

A.美国　　　　　　　　　　B.英国

C.加拿大　　　　　　　　　D.日本

2.注册会计师要取得注册会计师执业资格，除具备相应学历并通过全国统一考试外，还应具备的条件是（　　）。

A.接受后续教育

B.一定时间的从业经验

C.经过专门的专业训练

D.不能从事注册会计师行业以外的工作

3.下列各项中，能够成为中国注册会计师协会单位会员的是（　　）。

A.会计师事务所

B.5名以上注册会计师组成的科研团体

C.高等科研院校的相关机构

D.境外会计师组织

4.下列人员中，可以申请免予专业阶段考试1个专长科目的考试的是（　　）。

A.会计学教授并具有会计工作经验

B.会计专业中级以上专业技术职称

C.会计专业学士学位获得者

D.会计专业硕士学位获得者

5.下列各项中，不属于会计咨询、会计服务业务内容的是（　　）。

A.管理咨询　　　　　　　　B.代理记账

C.审查中期财务报表　　　　D.税务代理

6.与鉴证业务相比，咨询服务的特点是（　　）。

A.由CPA、信息使用者和信息提供者三方达成合约

B.以适当保证和提高财务信息质量为目标

C.以财务信息的使用为目标

D.以独立性与专业性为主要基础

7.《注册会计师法》规定，会计师事务所的组织形式不包括（　　　）。

A.独资 　　　　　　　　　　B.普通合伙

C.有限责任 　　　　　　　　D.特殊普通合伙

8.中国注册会计师协会的最高权力机构是（　　　）。

A.财政部

B.全国会员代表大会

C.中国注册会计师协会理事会

D.中国注册会计师协会秘书处

9.注册会计师从事的下列工作中，属于审计业务的是（　　　）。

A.审查企业内部控制制度，提出管理建议书

B.参与企业破产清算，出具审计报告

C.参与企业合并事宜，代编合并财务报表

D.参与企业管理，起草投资协议书

10.注册会计师所从事的下列业务中，不属于审计等鉴证业务的是（　　　）。

A.验资 　　　　　　　　　　B.税务咨询

C.财务报表审计 　　　　　　D.内部控制审核

（二）多项选择题

1.中国公民可以申请参加注册会计师全国统一考试的条件包括（　　　）。

A.大学本科学历以上

B.大专或大专学历以上

C.会计及相关专业高级技术职称

D.会计及相关专业中级或中级以上技术职称

2.中国注册会计师协会的会员包括（　　　）。

A.个人会员 　　　　　　　　B.单位会员

C.名誉会员 　　　　　　　　D.临时会员

3.注册会计师协会将撤销注册、收回注册会计师证书的情况

包括（　　　）。

A.完全丧失民事行为能力的

B.受刑事处罚的

C.因在财务、会计、审计、企业管理或者其他经济管理工作中犯有严重错误受行政处罚、撤职以上处分的

D.自行停业满一年的

4.下列关于我国会计师事务所业务承接和承办的说法中正确的有（　　　）。

A.以会计师事务所的名义承接业务

B.在特殊情况下可以主任会计师的个人名义接受委托

C.由于委托人不同，会计师事务所在承办业务时被授予的权限也不同

D.出具审计报告时，只需注册会计师个人的签章

5.下列各项中，属于注册会计师审计业务的有（　　　）。

A.企业中期财务报表审计　　　　B.验资

C.资产评估　　　　　　　　　　D.税务代理

6.下列各项中，属于会计咨询、会计服务业务的有（　　　）。

A.资产评估　　　　　　　　　　B.代理记账

C.税务代理　　　　　　　　　　D.管理咨询

7.在我国，依法对注册会计师进行行政管理的部门包括（　　　）。

A.财政部门　　　　　　　　B.市场监督管理部门

C.税务部门　　　　　　　　D.证券监督管理委员会

8.中国注册会计师协会的主要职责包括（　　　）。

A.拟定注册会计师执业准则

B.制定行业自律管理规范

C.组织实施注册会计师全国统一考试

D.开展国际交往活动

9.注册会计师职业继续教育的内容主要包括（　　　）。

A.会计准则及国家其他有关财务会计法规

B.审计准则和其他职业规范

C.与执业有关的其他法规

D. 执业所需的其他知识和技能

（三）判断题

1. 凡受过刑事处罚、在经济领域中受过行政处罚或撤职以上处分的人，一律不允许参加注册会计师全国统一考试。（　　）

2. 凡通过注册会计师全国统一考试，即全科合格者，并加入会计师事务所者，即为注册会计师。（　　）

3. 会计咨询、会计服务业务与审计业务的不同点之一是前者不需要出具报告。（　　）

4. 凡取得中国注册会计师协会会员资格的中国公民，均可执行注册会计师业务。（　　）

5. 在我国，注册会计师必须在取得会计师事务所授权后，才可以个人名义承接审计业务。（　　）

6. 会计师事务所可以根据自愿的原则加入中国注册会计师协会成为单位会员。（　　）

7. 审计业务属于法定业务，非注册会计师不得承办。（　　）

8. 注册会计师接受委托进行代理记账，应对委托单位会计资料的合法性、真实性和完整性负责。（　　）

9. 注册会计师职业继续教育总目标为：注册会计师应当不断接受职业继续教育，以提高专业胜任能力与执业水平。职业继续教育应贯穿于注册会计师的整个执业生涯。（　　）

10. 20×4年，林某在会计工作中犯有严重错误，受到行政处分，他于20×7年申请注册成为注册会计师，中国注册会计师协会不应该予以注册。（　　）

11. 财政部和各省级财政主管部门负责办理注册会计师的注册。（　　）

12. 中国注册会计师协会的外籍非执业会员符合条件者，可申请注册成为中国注册会计师。（　　）

（四）分析题

1. 你是一名在校的会计学专业本科大学生，希望自己将来成为一名注册会计师。请问，你现在是否可以参加注册会计师全国统一考试？需要考哪些科目？在取得全科合格证书以前，通过的科目可以保留几年有效？如果已经取得全科合格证书，要执行审计业务还需要经过哪些程序？

2.方先生是中国台湾的一名会计师，具有多年从业经验。近年来祖国大陆的审计业务发展迅速，他看好这个市场，希望能到大陆来执行注册会计师审计业务。请问可以吗？如果不可以，他都需要进行哪些准备才行？

3.下面是中国某会计师事务所的业务，请指出哪些是审计等鉴证业务。

（1）注册会计师对企业的财务报表是否符合企业会计制度发表意见。

（2）对盈利预测报告的编制基础、所使用的会计政策等发表意见。

（3）对财务报表的附注进行审计，并出具相应的审计报告。

（4）对证券投资风险进行评估。

（5）税务代理和税务筹划。

（6）就企业的治理结构、预算管理和内部控制进行诊断并提出专业意见。

（7）对简要财务报表进行审计并出具相应的审计报告。

（8）在企业合并过程中对被合并企业的资产进行审计并出具审计报告。

4.近年来注册会计师的服务范围发生了哪些变化？

5.为什么中国不允许个人设立会计师事务所，会计师事务所的组织形式对注册会计师的业务有什么影响？

六、案例分析

方先生是中国台湾的会计师，正在参加中国注册会计师全国统一考试，已经通过3门科目。刘先生是某高校的一名会计学教授，已经通过中国注册会计师全国统一考试，并且曾经在会计师事务所从事审计工作8年。王先生是某会计师事务所的注册会计师，持有中华人民共和国注册会计师证书，而且已经在会计师事务所从事注册会计师审计业务5年多。方先生有足够的资金，并且已经找好了办公场所，希望能够和刘先生以及王先生在北京合伙开设一家会计师事务所。

要求：

判断他们是否会被批准。申请设立事务所应当准备哪些材料？向哪里报送？

七、阅读文献

[1] 国务院办公厅. 国务院办公厅转发财政部关于加快发展我国注册会计师行业若干意见的通知（国办发〔2009〕56 号）[S]. 2009-10-03.

[2] 财政部. 关于印发《财政部 工商总局关于推动大中型会计师事务所采用特殊普通合伙组织形式的暂行规定》的通知（财会〔2010〕12 号）[S]. 2010-07-21.

[3] 财政部. 财政部关于修改《注册会计师全国统一考试办法》的决定（财政部令第 75 号）[S]. 2014-04-23.

[4] 财政部. 注册会计师全国统一考试违规行为处理办法（财政部令第 57 号）[S]. 2010-02-02.

[5] 财政部. 财政部关于印发《香港特别行政区、澳门特别行政区、台湾地区居民及外国人参加注册会计师全国统一考试办法》的通知（财会〔2014〕22 号）[S]. 2014-06-11.

[6] 财政部. 会计师事务所一体化管理办法 [S]. 2022.

八、练习题参考答案

（一）单项选择题

1.D　2.B　3.A　4.A　5.C　6.C　7.A　8.B　9.B　10.B

（二）多项选择题

1.BD　2.ABC　3.ABCD　4.AC　5.AB　6.ABCD　7.ABD　8.ABCD
9.ABCD

（三）判断题

1.×　2.×　3.√　4.×　5.×　6.×　7.√　8.×　9.√　10.×　11.√　12.√

（四）分析题

1. 如果你既没有大专学历，而且本科也没有毕业，又没有会计师中级职称，则没有资格参加中国注册会计师全国统一考试。在毕业取得了高等专科以上学历之后，你才可以参加考试。考试划分为专业阶段考试和综合阶段考试。考生在通过专业阶段考试的全部科目后，才能参加综合阶段考试。专业阶段考试设会计、审计、财务成本管理、公司战略与风险管理、经济法、税法6个科目；综合阶段考试设职业能力综合测试1个科目。考试为闭卷，采用计算机化考试方式或者纸笔考试方式。考试实行百分制，60分为成绩合格分数线。专业阶段考试的单科考试合格成绩5年内有效。对在连续5个年度考试中取得专业阶段考试全部科目考试合格成绩的考生，财政部考委会颁发注册会计师全国统一考试专业阶段考试合格证书。对取得综合阶段考试科目考试合格成绩的考生，财政部考委会颁发注册会计师全国统一考试全科考试合格证书。根据《注册会计师法》的规定，参加注册会计师全国统一考试成绩合格，并从事审计业务工作2年以上的，可以向省、自治区、直辖市注册会计师协会申请注册。准予注册的申请人，由注册会计师协会发给国务院财政部门统一制定的注册会计师证书。

2. 在中国境内执行注册会计师审计业务必须有中国注册会计师资格证书，因此方先生还不能直接在中国大陆从事审计业务。他可以申请参加中国注册会计师全国统一考试，申请时必须提供如下有效证明：合法身份的有效证件（身份证等），以及在中国台湾获得的注册会计师资格证书。

3. 属于鉴证业务的有（1）、（2）、（3）、（7）、（8）。

4. 20世纪90年代以来，全球范围内的会计师事务所的业务范围呈现出多样化发展趋势，税务服务、技术服务、管理咨询服务和业绩管理服务、财务计划、IT咨询服务、电子商务、网誉认证、人力资源管理、信息系统可靠性、风险评估等非审计服务得到了蓬勃发展。企业的"委外服务（outsourcing）"也给注册会计师拓展服务范围带来了新的商机。

5. 注册会计师个人单独设立会计师事务所，独立性和稳定性比较差，业务承受能力和风险承受能力比较弱，因而我国不允许设立独资会计师事务所。注册会计师被期望作为"信息风险的减少者"和"保险人"，但是注册会计师个人很难有能力担当这个角色，即使是无限责任，对于单个的注册会计师而言，其对公众承担的责任也是很有限的。因此，我国规定所有业务只能由会计师事务所统一承接，会计师事务所不能由个人设立，只能是合伙设立或者以有限责任公司的形式设立。会计师事务所的组织形式决定了其抵御风险的能力，可以避免缺乏独立性的问题，进而承接更多、更大的项目，增强持久经营的能力。

（五）案例分析提示

会计师事务所的合伙人或者股东，应当具备下列条件：（1）持有中华人民共和国注册会计师证书（以下简称"注册会计师证书"）。（2）在会计师事务所专职执业。（3）成为合伙人或者股东前3年内没有因为职业行为受到行政处罚。（4）有取得注册会计师证书后最近连续5年在会计师事务所从事下列审计业务的经历，其中在境内会计师事务所的经历不少于3年：审查企业会计报表，出具审计报告；验证企业资本，出具验资报告；办理企业合并、分立、清算事宜中的审计业务，出具有关的报告；法律、行政法规规定的其他审计业务。（5）成为合伙人或者股东前1年内没有因采取隐瞒或提供虚假材料、欺骗、贿赂等不正当手段申请设立会计师事务所而被省级财政部门作出不予受理、不予批准或者撤销会计师事务所的决定。

方先生尚未取得中国注册会计师资格，不能作为合伙人。刘先生必须辞去大学教授工作才能作为合伙人。

设立合伙会计师事务所，应当具备下列条件：（1）有2名以上的合伙人；（2）有书面合伙协议；（3）有会计师事务所的名称；（4）有固定的办公场所。

如果刘先生辞去教授职务，则刘先生和王先生属于符合规定的注册会计师，可以作为合伙人，只要找到固定的办公场所，有书面合伙协议和会计师事务所的名称就可以设立合伙会计师事务所。

按照《注册会计师法》的规定，设立会计师事务所，由省、自治区、直辖市人民政府财政部门批准。

申请设立会计师事务所，申请者应当向审批机关报送下列文件：（1）申请书；（2）会计师事务所的名称、组织机构和业务场所；（3）会计师事务所章程，有合伙协议的应报送合伙协议；（4）注册会计师名单、简历及有关证明文件；（5）会计师事务所主要负责人、合伙人的姓名、简历及有关证明文件；（6）负有限责任的会计师事务所的出资证明；（7）审批机关要求的其他文件。

第三章　注册会计师执业准则

一、学习目的与要求

通过本章的学习，了解中国注册会计师执业准则体系的构成，指出其相互之间的关系，了解业务质量管理的目的；掌握注册会计师执业准则的含义和作用，掌握注册会计师业务准则的构成与内容，掌握《中国注册会计师鉴证业务基本准则》的构成与内容，掌握会计师事务所质量管理的含义与作用、要素与内容。

二、相关准则与制度

1. 《中国注册会计师鉴证业务基本准则》
2. 《中华人民共和国注册会计师法》
3. 《会计师事务所质量管理准则第 5101 号——业务质量管理》
4. 《会计师事务所质量管理准则第 5102 号——项目质量复核》
5. 《中国注册会计师职业道德基本准则》
6. 《中国注册会计师职业道德规范指导意见》

三、预习要览

（一）关键概念

注册会计师执业准则　　　　　　鉴证业务基本准则
审计准则　　　　　　　　　　　审阅准则
其他鉴证业务准则　　　　　　　相关服务准则
会计师事务所质量管理准则

（二）关键问题

1. 中国注册会计师执业准则体系包括哪些部分？
2. 注册会计师执业准则与会计师事务所质量管理准则的关系怎样？

3. 会计师事务所应制定全面的质量管理制度，具体应包含哪些方面的内容？

4. 列举可能影响注册会计师和会计师事务所独立性的事项。

5. 解释实质上的独立和形式上的独立的含义。

6. 在哪些情况下注册会计师可以披露客户的有关信息而不属于泄密？

四、重点与难点解析

1. 中国注册会计师执业准则体系包括鉴证业务准则、相关服务准则和会计师事务所质量管理准则。

2. 鉴证业务准则（general assurance standards）是指注册会计师在执行鉴证业务的过程中所应遵守的职业规范。由鉴证业务基本准则统领，按照鉴证业务提供的保证程度和鉴证对象的不同，分为中国注册会计师审计准则、中国注册会计师审阅准则和中国注册会计师其他鉴证业务准则（以下分别简称审计准则、审阅准则和其他鉴证业务准则）。其中，审计准则是整个执业准则体系的核心。

审计准则（auditing standards）是注册会计师执行历史财务信息审计业务所应遵守的职业规范。在提供审计服务时，注册会计师对所审计信息是否不存在重大错报提供合理保证，并以积极方式提出结论。

审阅准则（review standards）是注册会计师执行历史财务信息审阅业务所应遵守的职业规范。在提供审阅服务时，注册会计师对所审阅信息是否不存在重大错报提供有限保证，并以消极方式提出结论。

其他鉴证业务准则（other assurance standards）是注册会计师执行历史财务信息审计或审阅以外的其他鉴证业务所应遵守的职业规范。注册会计师执行其他鉴证业务，根据鉴证业务的性质和业务约定的要求，提供有限保证或合理保证。

3. 相关服务准则（related services standards）是注册会计师代编财务信息、执行商定程序、提供管理咨询等其他服务所应遵守的职业规范。在提供相关服务时，注册会计师不提供任何程度的保证。

4. 质量管理准则（quality management standards）是会计师事务所在执行各类业务时应当遵守的质量管理政策和程序，是对会计师事务所质量管理提出的制度要求。

质量管理是会计师事务所内部控制体系的重要组成部分，是会计师事务所生存和发展的基本条件。《会计师事务所质量管理准则第 5101 号——业务质量管理》《会计师事务所质量管理准则第 5102 号——项目质量复核》系统地总结了近些年审计失败的经验教训，旨在规范会计师事务所建立并保持有关财务报表审计和审阅、其他鉴证和相关服务业务的质量管理制度。

五、练习题

(一) 单项选择题

1. 注册会计师在运用职业判断对鉴证对象作出合理一致的评价或计量时，需要有适当的标准。这种标准不可以是 (   )。

A. 由民间机构或非权威部门专门制定的

B. 由专业团体按专业程序发布的专业规范

C. 会计师事务所基于长期实践得出的判断

D. 由国家相关部门颁布的法律、法规

2. 会计师事务所质量管理制度的目标不包括 (   )。

A. 合理保证会计师事务所的可持续经营

B. 合理保证会计师事务所及其人员遵守适用的法律法规

C. 合理保证会计师事务所和项目合伙人出具适合具体情况的报告

D. 合理保证会计师事务所及其人员遵守执业准则

3. 下列中国注册会计师执业准则，不包括 (   )。

A. 中国注册会计师审计准则

B. 会计师事务所质量管理准则

C. 中国注册会计师职业道德守则

D. 中国注册会计师相关服务准则

4. 下列关于业务执行的说法中，不正确的是 (   )。

A. 为了保证按时出具报告，对于需要实施项目质量复核的业务，可以在出具报告后进行项目质量复核

B. 会计师事务所应当要求项目合伙人对业务执行实施指导、监督与复核

C. 项目组在业务执行中应当对疑难问题或争议事项进行适当咨询

D. 项目组内部复核确定复核人员的原则是，由项目组内经验较多的人员复核经验较少的人员执行的工作

5. 针对项目质量复核的时间，以下说法中，正确的是（　　）。

A. 与审计委员会沟通后完成项目质量复核

B. 与治理层沟通后完成项目质量复核

C. 与管理层沟通后完成项目质量复核

D. 在出具审计报告前完成项目质量复核

（二）多项选择题

1. 指导、监督、复核是业务执行过程中对项目质量进行管理的重要方面。其中，"复核"的具体要求有（　　）。

A. 是否需要修改已执行工作的性质、时间安排和范围

B. 识别在执行业务过程中需要咨询的事项

C. 重大事项是否已提请进一步考虑

D. 已获取的证据是否充分、适当以支持报告

2. 针对财务报表审计，"适当的标准"应当具备的特征包括（　　）。

A. 可靠性　　　　　　　　　B. 可理解性

C. 相关性　　　　　　　　　D. 完整性

3. 会计师事务所制定的质量管理政策和程序中规定，合理保证在（　　）情况下才能接受或保持客户关系和具体业务。

A. 能够遵守相关职业道德要求

B. 已考虑客户的诚信，没有信息表明客户缺乏诚信

C. 能够胜任该项业务，并具有执行该业务必要的素质、时间和资源

D. 已通过测试得出客户的内部控制不存在重大缺陷

4. 中国注册会计师执业准则的负效应表现在（　　）。

A. 执业准则可能导致僵化，人为缩小注册会计师职业判断的范围

B. 准则越多，注册会计师执业成本越高

C. 执业准则可能由于社会或政治压力，致使会计师职业受到操纵

D. 执业准则可能抑制批评性思想、建设性思想的发展

5.针对具有较高风险的业务，应当设计和实施的专门质量管理程序有（　　　）。

A.加强与前任注册会计师的沟通

B.与相关监管机构沟通

C.访谈拟承接客户以了解有关情况

D.加强内部质量复核

6.下列有关项目质量复核的说法中，正确的有（　　　）。

A.对法律法规要求实施项目质量复核的审计业务或其他业务实施项目质量复核

B.由项目合伙人委派项目质量复核人员

C.对所有上市实体财务报表审计实施项目质量复核

D.对会计师事务所认为，为应对一项或多项质量风险，有必要实施项目质量复核的审计业务或其他业务实施项目质量复核

7.下列关于项目质量复核人员任职资质的说法中，正确的有（　　　）。

A.当项目质量复核人员意识到其不再符合任职资质要求时，如果项目质量复核已经开始实施，则应立即停止实施项目质量复核

B.如果项目质量复核人员不再符合任职资质要求，会计师事务所应当委任一位新的项目质量复核人员

C.当项目质量复核人员意识到其不再符合任职资质要求时，如果项目质量复核尚未开始，则不再承担项目质量复核责任

D.当项目质量复核人员意识到其不再符合任职资质要求时，如果项目质量复核已经开始实施，则应由项目合伙人协助完成

8.下列业务中，需要实施项目质量复核的有（　　　）。

A.为应对一项或多项质量风险，有必要实施项目质量复核的审计业务

B.法律法规要求实施项目质量复核的审计业务

C.为应对一项或多项质量风险，有必要实施项目质量复核的其他业务

D.法律法规要求实施项目质量复核的其他业务

9.下列各项中，属于项目质量复核人员的有（　　　）。

A.会计师事务所委派实施项目质量复核的外部人员

B.会计师事务所委派的审计项目合伙人

C.与实施项目质量复核的合伙人类似职位的其他人员

D.实施项目质量复核的合伙人

10.以下选项中，属于质量管理制度要素的有（　　　）。

A.业务执行　　　　　　　　B.成本与效益的分析

C.同行业收费标准　　　　　D.人力资源

（三）判断题

1.中国注册会计师执业准则体系包括审计准则、相关服务准则和会计师事务所质量管理准则。　　　　　　　　　　　　　　　（　　）

2.项目质量复核是指项目组成员在出具报告前，对项目组作出的重大判断和在准备报告时形成的结论作出客观评价的过程。　　（　　）

3.注册会计师审计的依据是财政部制定的会计准则。　　（　　）

4.会计师事务所质量管理准则要求会计师事务所制定监控政策和程序，周期性地选取已完成的业务进行检查，周期最长不得超过5年。

（　　）

5.判断注册会计师的工作是否符合要求的标准是质量管理准则。

（　　）

6.项目合伙人应当复核并评价项目组是否已就疑难问题或涉及意见分歧的事项进行适当咨询，以及咨询得出的结论是否得到执行。（　　）

7.如果在同一年度内对需要实施项目质量复核的两个项目之间交叉实施项目质量复核，会计师事务所应当向这两位项目质量复核人员分别获取客观性的书面确认函。　　　　　　　　　　　　　（　　）

8.前任项目合伙人担任该项目的项目质量复核人员至少要经过1年的冷却期。　　　　　　　　　　　　　　　　　　　（　　）

9.会计师事务所应当委派项目质量复核人员对审计业务的部分事项作出判断并形成结论。　　　　　　　　　　　　　（　　）

10.审计准则是对被审计单位及人员提出的要求。　　（　　）

11.审计准则及审计职业道德对被审计单位的行为具有约束力。

（　　）

12.同一类审计主体开展的不同类型审计业务可能需要制定不同的

细则。 （　　）
    13. 审计准则不能维护审计人员的权益。 （　　）
    14. 审计准则的职能在于提高审计本身的可信性。 （　　）
    15. 审计准则是判断审计事项是非、优劣的标准。 （　　）

（四）分析题

    1. 会计师事务所的质量管理制度包括哪些内容？

    2. 简述注册会计师执业准则的作用。

    3. 注册会计师对鉴证业务为什么不能绝对保证？

    4. 简述注册会计师执业准则的负效应。

六、案例分析

    ABC会计师事务所根据会计师事务所质量管理准则，制定了质量管理制度，其中部分内容摘录如下：ABC会计师事务所质量管理制度中规定，该质量管理制度只适用于ABC会计师事务所执行历史财务信息审计、审阅业务和相关服务业务。制度中明确规定A主任会计师对质量管理制度承担最终责任。ABC会计师事务所应当每两年至少一次向受独立性要求约束的人员获取其遵守独立性政策和程序的书面确认函。在为上市公司执行财务报表审计业务时，如果同一高级人员长期执行该客户的审计业务可能对独立性造成不利影响时，会计师事务所应严格规定定期轮换注册会计师的年限，如果无法实施该措施，则一定要执行项目质量复核。对于其他非上市公司一律不再执行项目质量复核。为了防止审计报告公布后出现新的事项导致出现高风险，在出具审计报告后，会计师事务所挑选不参与该业务的人员及项目组内部经验最丰富的人员来共同完成项目质量复核。此外，为监控质量管理制度的有效性，对质量管理制度进行周期性检查，每两年进行一次。考虑到注协和证监会对上市公司项目会进行抽检，其权威性和独立性更强，因此被抽检的项目不被纳入检查的范围。

    要求：

    根据中国注册会计师执业准则的要求，指出上述ABC会计师事务所质量管理制度中存在的问题，并简要说明理由。

七、阅读文献

〔1〕中国注册会计师协会．中国注册会计师执业准则应用指南〔M〕．上海：立信会计出版社，2020．

〔2〕韩洪灵．审计理论与实务学习指导书〔M〕．北京：中国人民大学出版社，2019．

〔3〕中国注册会计师协会．审计〔M〕．北京：中国财政经济出版社，2021．

〔4〕张彤彤．审计学〔M〕．3版．北京：清华大学出版社，2021．

八、练习题参考答案

（一）单项选择题

1.C　2.A　3.C　4.A　5.D

（二）多项选择题

1.ACD　2.ABCD　3.ABC　4.ABCD　5.ACD　6.ACD　7.ABC　8.ABCD
9.ACD　10.AD

（三）判断题

1.×　2.×　3.×　4.√　5.×　6.√　7.√　8.×　9.×　10.×　11.×　12.√
13.×　14.√　15.×

（四）分析题

1.会计师事务所的质量管理制度应当包括6项内容：

（1）对业务质量承担的领导责任；

（2）相关职业道德要求；

（3）客户关系和具体业务的接受与保持；

（4）人力资源；

（5）业务执行；

（6）监控。

2.注册会计师执业准则有下列5点作用：

（1）有助于注册会计师执业质量的提高；

（2）有助于规范审计工作，维护社会经济秩序；

（3）有助于增强公众对注册会计师职业的信任；

（4）有助于维护会计师事务所的注册会计师的正当权益，使得他们免受不公正的指责和控告；

（5）有助于推动审计与鉴证理论的研究和现代审计人才的培养。

3.注册会计师对鉴证业务只能合理保证或者有限保证，不能绝对保证。其原因简言之是将鉴证业务风险降至零几乎不可能，也不符合成本效益原则。具体来说是由于：

（1）选择性测试方法的运用；

（2）内部控制的固有局限性；

（3）大多数证据是说服性的而非结论性的；

（4）在获取和评价证据以及由此得出结论时涉及大量判断；

（5）在某些情况下鉴证对象具有特殊性。

4.（1）执业准则可能导致僵化，人为地缩小注册会计师职业判断的范围；

（2）报告使用者往往认为依据执业准则审定的财务报表是真实可靠的；

（3）执业准则可能由于社会或政治压力，致使会计师职业受到操纵；

（4）执业准则可能抑制批评性思想、建设性思想的发展；

（5）准则越多，注册会计师的执业成本越高。

（五）案例分析提示

（1）质量管理制度适用范围不正确。质量管理制度适用于ABC会计师事务所执行历史财务信息审计和审阅业务、其他鉴证业务及相关服务业务。

（2）向受独立性要求约束的人员获取其遵守独立性政策和程序的书面确认函的时间要求不正确。应当每年至少一次向受独立性要求约束的人员获取其遵守独立性政策和程序的书面确认函。

（3）对于上市公司审计业务，项目质量复核工作没有严格执行是不正确的。对于上市公司审计业务，一定要执行项目质量复核，并不是在无法实施其他相关措施后才执行项目质量复核。

（4）对于其他非上市公司一律不再执行项目质量复核是不正确的。会计师事务所应当制定适当的标准，对于符合适当标准的所有业务都应实施项目质量复核。

（5）参加项目质量复核的人员不正确。项目质量复核应当由不参与该业务的人员来执行。审计组内部人员，不能参加项目质量复核。

（6）完成项目质量复核的时间不正确。项目质量复核应当在审计报告完成前实施完毕，不能在审计报告完成后实施。

（7）监控检查的范围不正确。在确定检查范围时，会计师事务所可以考虑外部独立检查的范围或结论，但这些检查并不能替代自身的内部监控。

第四章　注册会计师职业道德

一、学习目的与要求

通过本章的学习，了解中国注册会计师的职业特征和《中国注册会计师职业道德守则（2020）》；掌握注册会计师职业道德的基本原则，掌握注册会计师职业道德概念框架，掌握可能对职业道德基本原则产生威胁的具体情形和应对不利影响的防范措施。

二、相关准则与制度

1.《中国注册会计师职业道德守则（2020）》

2.《中国注册会计师协会非执业会员职业道德守则（2020）》

三、预习要览

（一）关键概念

注册会计师职业道德　　　　　专业胜任能力

职业道德概念框架　　　　　　或有收费

（二）关键问题

1.注册会计师行业的职业特征。

2.中国注册会计师职业道德守则的具体内容。

3.注册会计师职业道德的基本原则。

4.注册会计师职业道德概念框架。

5.威胁注册会计师职业道德基本原则的具体情形及防范措施。

四、重点与难点解析

1.注册会计师职业道德，是指注册会计师职业品德、职业纪律、专业胜任能力及职业责任等的总称。注册会计师的职业性质决定了其对社会公众应承担的责任。为使注册会计师切实担负起这种神圣的职责，为社会公众提供高质量的、可信赖的专业服务，就必须大力加强对注册会计师的职业道德教育。注册会计师的道德水平是关系到整个行业能否生存和发展的大事。

2.2009年10月，中国注册会计师协会发布了《中国注册会计师职业道德守则》（以下简称《职业道德守则》），全面规范了注册会计师的职业道德行为，实现了与国际会计师职业道德守则的全面趋同。为了顺应经济社会发展对注册会计师诚信和职业道德水平提出的更高要求，规范中国注册会计师协会会员的职业行为，进一步提高职业道德水平，维护职业形象，保持与国际职业会计师道德守则的持续动态趋同，2020年12月18日中国注册会计师协会发布《中国注册会计师职业道德守则（2020）》（以下简称《职业道德守则（2020）》）。

《职业道德守则（2020）》的主要作用有五个方面：一是规定了职业道德的基本原则和概念框架，从而为注册会计师职业界提供了有用的行为指南；二是促使注册会计师按照审计准则等执业准则的要求提供专业服务，保证与提高服务质量；三是加强注册会计师对来自外界压力的抵抗力，避免注册会计师在外界强制要求下发表不当意见，以牺牲一方利益为代价而使另一方受益；四是向社会公众昭示注册会计师应达到的道德水准，提高社会公众对注册会计师职业的信赖程度；五是明确注册会计师的职业责任，进而规范注册会计师与客户、同行以及社会公众的关系，有利于维护注册会计师的正当权益，使他们免受不正当的指责和控告。

3.注册会计师职业道德基本原则包括诚信、独立性、客观公正、专业胜任能力与勤勉尽责、保密、良好职业行为。

诚信，是指诚实、守信。诚信原则要求注册会计师应当在所有的职业关系与商业关系中保持正直和诚实、秉公办事、实事求是。独立性是注册会计师执行鉴证业务的灵魂。《职业道德守则（2020）》要求注册会计师执行审计和审阅业务以及其他鉴证业务时，应当从实质上和形式上保持独立性，不得因任何利害关系影响其客观性。其中实质上的独立性是一种内心状态，使得注册会计师在提出结论时不受损害职业判断的因素影响，诚信行事，遵循客观公正原则，保持职业怀疑态度；形式上的独立性是一种外在表现，使得一个理性且掌握充分信息的第三方，在权衡所有相关事实和情况后，认为会计师事务所或审计项目组成员没有损害诚信原则、客观公正原则或职业怀疑态度。客观性是一种思想状态。客观性原则要求注册会计师应当力求公平，不得因为成见、利益冲突或他人影响而损害独立性。公正性原则要求注册会计师应当具备正直、诚实的品质，在各种压力面前不屈服，能够公平公正、不偏不倚地对待利益各方，不以牺牲一方的利益为条件而使另一方受益。

需要指出的是，客观性原则和公正性原则适用于注册会计师提供的各种专业服务，而不仅仅局限于鉴证业务。

专业胜任能力是指为提供高质量的专业服务，注册会计师必须具备的职业品德、学识与经验、专业训练以及足够的分析、判断能力。注册会计师应当通过教育、培训和执业实践获取和保持专业胜任能力。注册会计师应当持续了解并掌握当前法律、技术和实务的发展变化，将专业知识和技能始终保持在应有的水平，确保为客户提供具有专业水准的服务。注册会计师应当遵守执业准则和职业道德规范的要求，勤勉尽责，认真、全面、及时地完成工作任务。在审计过程中，注册会计师应当保持职业怀疑态度，运用专业知识、技能和经验，获取和评价审计证据。

注册会计师能否与客户维持正常的关系，有赖于双方能否自愿而充分地进行沟通和交流，不掩盖任何重要的事实和情况。只有这样，注册会计师才能充分了解情况，并有效地完成工作。但注册会计师与客户的这种沟通，必须建立在对客户信息保密的基础上。因此，注册会计师在签订业务约定书时，应当书面承诺对在执行业务过程中获知的客户信息保密。

《职业道德守则（2020）》要求注册会计师遵守相关的法律和规章，维护本职业的良好声誉，避免发生任何损害职业形象的行为。

4.职业道德概念框架是指解决职业道德问题的思路和方法，用以指导注册会计师：（1）识别对职业道德基本原则的不利影响；（2）评价不利影响的严重程度；（3）必要时采取防范措施消除不利影响或将其降低至可接受的水平。职业道德概念框架适用于注册会计师处理对职业道德基本原则产生不利影响的各种情形，其目的在于防止注册会计师认为只要《职业道德守则（2020）》未明确禁止的情形就是被允许的。

5.注册会计师对职业道德基本原则的遵循可能受到多种因素的威胁。威胁的性质和严重程度因注册会计师提供服务类型的不同而不同。可能对职业道德基本原则产生威胁的因素包括自身利益、自我评价、过度推介、密切关系和外在压力。

在遵循职业道德基本原则时，注册会计师应当解决遇到的道德冲突问题。

注册会计师遇到的不利影响或可能对职业道德基本原则遵循产生不利影响的各种情形和关系，包括专业服务委托、利益冲突、第二意见、收费、利益诱惑（包括礼品和款待）、保管客户资产、应对违反法律法规行为。

注册会计师应当运用职业判断，确定如何应对超出可接受水平的不利影响，包括采取防范措施消除不利影响或将其降低至可接受的水平，或者终止业务约定或拒绝接受业务委托。在具体工作中，应对不利影响的防范措施包括会计师事务所层面的防范措施和具体业务层面的防范措施。

注册会计师应当采取适当措施，识别可能产生利益冲突的情形。这些情形可能对职业道德基本原则产生不利影响。注册会计师应当评价利益冲突产生不利影响的严重程度，并在必要时采取防范措施消除不利影响或将其降低至可接受的水平。

6.会计师事务所在确定收费时应当主要考虑专业服务所需的知识和技能、所需专业人员的水平和经验、各级别专业人员提供服务所需的时间和提供专业服务所需承担的责任。在专业服务得到良好的计划、监督及管理的前提下，收费通常以每一专业人员适当的小时收费标准或日收费标准为基础计算。或有收费是指注册会计师的收费与否或收费多少以鉴证工作结果或实现特定目的为条件的一种收费方式。注册会计师应当评价或有收费产生不利影响的严重程度，并在必要时采取防范措施消除不利影响或将其降低至可接受的水平。

注册会计师不得提供或授意他人提供任何意图不当影响接受方或其他人员行为的利益诱惑，无论这种利益诱惑是存在不当影响行为的意图，还是注册会计师认为理性且掌握充分信息的第三方很可能会视为存在不当影响行为的意图。

五、练习题

(一) 单项选择题

1.注册会计师为实现执业目标，必须遵守一系列前提或者一般原则。不属于注册会计师职业道德基本原则的是（   ）。

A.诚信

B.良好的服务态度

C.独立性

D.客观公正

2.注册会计师应当遵守保密原则，对职业活动中获知的涉密信息保密。但是在某些情况下，保密原则是可以豁免的。不属于可以豁免情形的是（   ）。

A.利用因职业关系而获知的涉密信息为自己或第三方牟取利益

B.法律法规要求披露，例如为法律诉讼准备文件或提供其他证据，或者向适当机构报告发现的违反法律法规行为

C.法律法规允许披露，并取得了客户的授权

D.注册会计师有职业义务或权利进行披露，且法律法规未予禁止

3.职业道德概念框架用以指导注册会计师遵守职业道德基本原则，履行其维护公众利益的职责。以下不属于职业道德概念框架作用的是（   ）。

A.识别对职业道德基本原则的不利影响

B.评价不利影响的严重程度

C.帮助注册会计师保持独立性

D.必要时采取防范措施消除不利影响或将其降低至可接受的水平

4.由于自身利益导致的对职业道德基本原则产生的威胁中，以下不属于其带来的不利影响的是（   ）。

A.会计师事务所为鉴证客户提供直接影响鉴证对象信息的其他服务

B.鉴证业务项目组成员在鉴证客户中拥有直接经济利益

C.会计师事务所的收入过分依赖某一客户

D.鉴证业务项目组成员与鉴证客户存在重要且密切的商业关系

5.由于密切关系导致的不利影响的情形不包括（ ）。

A.项目组成员的近亲属担任客户的董事或者高级管理人员

B.在审计客户与第三方发生诉讼或者纠纷时，注册会计师担任该客户的辩护人

C.会计师事务所的合伙人或高级员工与鉴证客户存在长期业务关系

D.注册会计师接受客户的礼品或款待

6.职业道德规范要求注册会计师为客户保守在审计过程中获得的机密信息。按照这一要求，除非得到客户的允许，否则注册会计师不能给予答复的情况是（ ）。

A.同业检查实施小组

B.法庭的传审

C.注册会计师协会职业道德执行委员会

D.客户新聘任的注册会计师

7.注册会计师在执业过程中应特别注意无意泄密，以下可能不属于无意泄密对象的是（ ）。

A.注册会计师的父亲

B.注册会计师的姐姐

C.注册会计师的孙子

D.注册会计师正在审计其财务报表客户所在行业的竞争对手

（二）多项选择题

1.诚信原则要求注册会计师应当在所有的职业关系和商业关系中保持正直和诚实。注册会计师认为在业务报告、申报资料或其他信息中存在问题，而不能与其产生牵连的包括（ ）。

A.含有严重虚假或误导性的陈述

B.含有缺少充分依据的陈述或信息

C.存在遗漏或含糊其词的信息

D.存在具有误导性表达的信息

2.注册会计师对职业道德基本原则的遵循可能面临多种威胁，属于注册会计师在面对威胁时可能会采用的防范措施的有（ ）。

A.向已承接的项目分配更多时间和有胜任能力的人员

B. 由项目组以外的适当复核人员复核已执行的工作或在必要时提供建议

C. 由其他会计师事务所执行或重新执行业务的某些部分

D. 由不同项目组分别应对具有保密性质的事项

3. 按照注册会计师职业道德规范的要求，下列情形中注册会计师应向其所在的会计师事务所声明并实行回避制度的有（　　　）。

A. 注册会计师持有客户股票、债券或与客户有其他经济利益关系

B. 注册会计师担任客户的常年会计顾问或代为办理会计事项

C. 注册会计师与客户的负责人和主管人员、董事或委托事项的当事人有过分亲密的关系

D. 注册会计师与客户的负责人和主管人员、董事或委托事项的当事人有近亲关系

4. 在应客户的要求提供第二次意见时，注册会计师应当评价不利影响的严重程度，可以采取的防范措施包括（　　　）。

A. 要求客户对完善公司治理结构或内部控制作出承诺

B. 征得客户同意与前任注册会计师沟通

C. 在与客户沟通中说明注册会计师发表专业意见的局限性

D. 向前任注册会计师提供第二次意见的副本

5. 在确定利益诱惑是否存在或被认为存在不当影响行为的意图时，注册会计师需要考虑的因素有（　　　）。

A. 利益诱惑的性质、频繁程度、价值和累积影响

B. 利益诱惑是否符合具体情况下的管理或习俗

C. 利益诱惑是否从属于专业服务

D. 提供利益诱惑的透明程度

6. 注册会计师应当就其已采取或拟采取的行动是否能够消除不利影响或将其降低至可接受的水平形成总体结论。在形成总体结论时，下列观点中，正确的有（　　　）。

A. 注册会计师应当复核所作出的重大判断或得出的结论

B. 注册会计师应当实施理性且掌握充分信息的第三方测试

C. 注册会计师应当直接认为已将不利影响降至可接受的水平

D. 只要实施了防范措施就可以将不利影响消除或将其降至可接受

的水平

7.如果收费报价明显低于前任注册会计师或其他会计师事务所的相应报价，则下列说法中正确的有（　　　　）。

A.会计师事务所不应承接该业务

B.如果能够确保在提供专业服务时，遵守执业准则和相关职业道德规范的要求，使工作质量不受损害并使客户了解专业服务的范围和收费基础，是可以承接的

C.会计师事务所可以采取审计后再收取一定补价的方式弥补过低的报价

D.可能对专业胜任能力和勤勉尽责产生不利影响

（三）判断题

1.注册会计师如果注意到已与有问题的信息发生牵连，应当采取措施消除牵连。　　　　　　　　　　　　　　　　　　　　　（　　　）

2.注册会计师识别出或怀疑存在已经发生的违反法律法规行为时，如果法律法规要求报告，应当报告。　　　　　　　　　（　　　）

3.可能对职业道德基本原则产生威胁的因素包括自身利益、自我评价和过度推介。　　　　　　　　　　　　　　　　　（　　　）

4.审计收费属于利益诱惑。　　　　　　　　　　　　（　　　）

5.仅有职业活动会对职业道德基本原则产生不利影响。（　　　）

6.分派足够、具有必要胜任能力的项目组成员可以用于防范在承接业务时因自身利益产生的不利影响。　　　　　　　　（　　　）

（四）分析题

1.防范措施是指注册会计师为了将对职业道德基本原则的不利影响有效降低至可接受的水平而采取的行动，该行动可能是单项行动，也可能是一系列行动。防范措施随事实和情况的不同而有所不同，试列举出在不同情况下可能能够应对不利影响的防范措施。

2.2021年6月1日，汤平会计师事务所接受委托审计甲上市公司2020年度财务报表，委派A注册会计师担任项目合伙人。请代A注册会计师判断汤平会计师事务所在审计过程中遇到下列事项是否违反职业道德规范：

（1）为加强内部控制管理工作，甲公司提出委托汤平会计师事务所

为其提供内部审计服务（与财务报告、财务会计系统不相关的内部审计服务），合同中约定由汤平会计师事务所对该内审服务承担最终责任。

（2）甲公司审计项目团队成员 B 曾在甲公司人力资源部负责员工培训工作，于 2020 年 6 月 10 日离开甲公司，加入汤平会计师事务所。

（3）审计项目团队就一疑难会计问题向汤平会计师事务所的技术部咨询。技术部的注册会计师 C 曾负责甲公司 2016—2019 年审计项目质量复核，对甲公司比较熟悉，技术部分派其负责处理该咨询。

3.X 银行拟公开发行股票，委托 ABC 会计师事务所审计其 2×18 年度、2×19 年度和 2×20 年度的财务报表。双方于 2×20 年年底签订审计业务约定书。

假定 ABC 会计师事务所及其审计小组成员与该银行存在以下情况：

（1）ABC 会计师事务所与该银行签订的审计业务约定书约定：审计费用为 1 500 000 元，该银行在 ABC 会计师事务所提交审计报告时支付 50% 的审计费用，剩余 50% 视股票能否上市决定是否支付。

（2）2×19 年 7 月，ABC 会计师事务所按照正常借款条件和程序，向该银行以抵押贷款方式借款 10 000 000 元，用于购置办公用房。

（3）ABC 会计师事务所的合伙人 A 注册会计师目前担任该银行的独立董事。

（4）审计小组成员 C 注册会计师自 2×19 年以来一直协助该银行编制财务报表。

（5）审计小组成员 D 注册会计师的妻子自 2×18 年以来一直担任该银行的统计员。

请分别针对上述 5 种情况，判断 ABC 会计师事务所或相关注册会计师的独立性是否会受到损害，并简要说明理由。

六、案例分析

2022 年 4 月 1 日，白兰会计师事务所接受委托审计甲上市公司 2021 年度财务报表，委派 A 注册会计师担任项目合伙人。白兰会计师事务所和望思会计师事务所使用同一品牌，共享重要专业资源。在审计过程中，甲上市公司与望思会计师事务所组成联合服务团队，向潜在客户推广北京市土地增值税清算相关咨询和信息系统咨询一揽子服务。甲上市公司财务总裁向A私下透露，某金融公司正与甲上市公司秘密协商参股乙公司。A就此事询问了其在该金融公司工作的朋友，并与朋友们讨论了该投资的可能性。此外，B系白兰会计师事务所的合伙人，与A同处一个业务部门。2021年5月1日，B购买了甲上市公司股票1 000股，每股20元，由于尚未出售该股票，白兰会计师事务所未委派B参与甲上市公司审计项目。

1. A注册会计师在执行工作时，应遵守哪些职业道德基本原则？

2. 在审计过程中，A注册会计师与会计师事务所的行为是否违反职业道德要求，并列出相关依据？

3. 如果白兰会计师事务所认为已发生违反注册会计师职业道德守则规定的情况，应当采取什么措施？

七、阅读文献

[1] 萧英达. 比较审计学 [M]. 北京：中国财政经济出版社，1991：349.

[2] 张龙平. 注册会计师审计控制系统研究 [M]. 大连：东北财经大学出版社，1994.

[3] 韩洪灵. 审计理论与实务学习指导书 [M]. 北京：中国人民大学出版社，2019.

[4] 中国注册会计师协会. 审计 [M]. 北京：中国财政经济出版社，2021.

[5] 张彤彤. 审计学 [M]. 3版. 北京：清华大学出版社，2021.

[6] 中国注册会计师协会. 中国注册会计师执业准则应用指南2023 [M]. 北京：中国财政经济出版社，2023.

[7] 中国注册会计师协会. 中国注册会计师协会关于印发《中国注册会计师职业道德守则（2020）》和《中国注册会计师协会非执行会员职业道德守则（2020）》的通知 [S]. 2021-01-05.

八、练习题参考答案

（一）单项选择题

1.B 2.A 3.C 4.A 5.B 6.D 7.D

（二）多项选择题

1.ABCD 2.ABCD 3.ABCD 4.BCD 5.ABCD 6.AB 7.BD

（三）判断题

1.√ 2.× 3.√ 4.× 5.× 6.√

（四）分析题

1.（1）向已承接的项目分配更多时间和有胜任能力的人员，可能能够应对因自身利益产生的不利影响。

（2）由项目组以外的适当复核人员复核已执行的工作或在必要时提供建议，可能能够应对因自我评价产生的不利影响。

（3）向鉴证客户提供非鉴证服务时，指派鉴证业务项目团队以外的其他合伙人和项目组，并确保鉴证业务项目组和非鉴证服务项目组分别向各自的业务主管报告工作，可能能够应对因自我评价、过度推介或密切关系产生的不利影响。

（4）由其他会计师事务所执行或重新执行业务的某些部分，可能能够应对因自身利益、自我评价、过度推介、密切关系或外在压力产生的不利影响。

（5）由不同项目组分别应对具有保密性质的事项，可能能够应对因自身利益产生的不利影响。

2.（1）违反。汤平会计师事务所在向审计客户提供内部审计服务时不得承担管理层职责。

（2）不违反。项目团队成员B在财务报表涵盖期间曾在审计客户工作，但负责员工培训工作，不对甲上市公司财务状况、经营成果和现金流量产生重大影响。

（3）违反。关键审计合伙人不得在"冷却期"为审计项目团队提供任何形式的技术咨询。

3.（1）损害ABC会计师事务所的独立性。这种收费方式将诱导ABC会计师事务所为了收取剩余50%的审计费用而放弃审计原则，甚至帮助X银行粉饰其状况，使事务所与银行有了直接的经济利益关系，属于"对鉴证业务采取或有收费的方式"，违反职业道德规范。

（2）不损害ABC会计师事务所的独立性。通常，会计师事务所不得接受客户的借款，否则将影响其独立性，但如果借款行为遵循正常的程序、条件和要求，则并不限制会计师事务所向银行或其他类似金融机构借贷的行为。

（3）损害 A 注册会计师的独立性。因为 A 注册会计师既是 ABC 会计师事务所的合伙人，又是 X 银行的独立董事，其独立性会受到影响。

（4）损害 C 注册会计师的独立性。这是因为所审计的财务报表是由 C 注册会计师协助编制的，违反了"没有人能独立地评价自己的工作"的基本假定。

（5）不损害 D 注册会计师的独立性。D 注册会计师的妻子是 X 银行的职员，在 X 银行有经济利益。尽管注册会计师的配偶、子女、父母的经济利益应视同注册会计师本人的经济利益，但这种利益属于工资、薪金性质，而非股票、股权性质的，而且注册会计师的妻子所从事的工作内容与审计对象无关，因此不影响 D 注册会计师的独立性。

（五）案例分析提示

1.（1）诚信：注册会计师应当遵循诚信原则，在所有的职业活动中保持正直、诚实守信。

（2）客观公正：注册会计师应当遵循客观公正原则，公正处事，实事求是，不得由于偏见、利益冲突或他人的不当影响而损害自己的职业判断。

（3）独立性：在执行审计和审阅业务、其他鉴证业务时，注册会计师应当遵循独立性原则，从实质上和形式上保持独立性，不得因任何利害关系影响其客观公正。

（4）专业胜任能力和勤勉尽责：根据该原则的要求，注册会计师应当获取并保持应有的专业知识和技能，确保为客户提供具有专业水准的服务。

（5）保密：注册会计师应当遵循保密原则，对职业活动中获知的涉密信息保密。

（6）良好职业行为：注册会计师应当遵循良好职业行为原则，爱岗敬业，遵守相关法律法规，避免发生任何可能损害职业声誉的行为。

2.在审计过程中有多项行为违反了职业道德要求。首先，望思事务所和甲上市公司以双方的名义捆绑提供服务违反了职业道德要求，属于因自身利益/外在压力对独立性产生严重不利影响的情形，会计师事务所不得介入此类商业关系。其次，A注册会计师将客户和潜在投资方未公开的事项与朋友讨论则不符合保密规定。注册会计师未经客户授权，不得向事务所以外的第三方披露所获知的涉密信息。最后，与执行审计业务的项目合伙人同处于一个分部的其他合伙人不得在审计客户中拥有经济利益。

3.（1）终止、暂停或消除引发违规的利益或关系，并处理违规后果。

（2）考虑是否存在适用于该违规行为的法律法规，如果存在，遵守该法律法规的规定，并考虑向相关监管机构报告该违规行为。

（3）按照会计师事务所的政策和程序，立即就该违规行为与项目合伙人、负责独立性相关政策和程序的人员及会计师事务所和网络中的其他相关人员沟通。

（4）评价违规行为的严重程度及其对会计师事务所的客观公正和出具审计报告能力的影响。

（5）根据违规行为的严重程度，确定是否终止审计业务，或者是否能够采取适当行动以妥善处理违规后果。

在作出上述决策时，会计师事务所应当运用职业判断并考虑理性且掌握充分信息的第三方是否很可能得出会计师事务所的客观公正受到损害从而导致无法出具审计报告的结论。

第五章 注册会计师法律责任

一、学习目的与要求

通过本章的学习，了解变化中的法律环境；掌握注册会计师承担法律责任的必备条件，掌握注册会计师法律责任的种类，掌握中国注册会计师的法律责任，掌握注册会计师行业应对法律责任的措施及会计师事务所和注册会计师应对法律责任的措施。

二、相关准则与制度

1.《中国注册会计师审计准则第1141号——财务报表审计中与舞弊相关的责任》

2.《中国注册会计师审计准则第1151号——与治理层的沟通》

3.《中国注册会计师审计准则第1142号——财务报表审计中对法律法规的考虑》

4.《中国注册会计师审计准则第1221号——计划和执行审计工作时的重要性》

5.《中华人民共和国注册会计师法》

6.《中华人民共和国公司法》相关条款

7.《中华人民共和国证券法》相关条款

8.《中华人民共和国刑法》相关条款

9.《中华人民共和国会计法》相关条款

10.《关于审理涉及会计师事务所在审计业务活动中民事侵权赔偿案件的若干规定》（以下简称《司法解释》）

三、预习要览

（一）关键概念

法律责任	违法行为
过错行为	一般过失
重大过失	欺诈
行政责任	民事责任
刑事责任	

（二）关键问题

1.注册会计师承担法律责任的必备条件是什么？

2.注册会计师过失或欺诈责任如何界定？

3.我国法律规定的注册会计师法律责任主要有哪几类？

4.面对注册会计师法律责任的扩展和被控诉讼案件的急剧增加，整个注册会计师行业应采取哪些应对措施？

5.会计师事务所和注册会计师避免法律诉讼的具体措施有哪些？

四、重点与难点解析

1.法律责任是指行为人由于违反法律条款而必须承担的具有强制性、惩罚性的责任，这种责任将给行为人带来不利的法律后果。注册会计师在何种情形下才需承担法律责任，应看其是否达到承担法律责任的必备条件。注册会计师承担法律责任的必备条件（即法律责任的构成要件）因法律责任类型而异。

违约行为是指注册会计师违反相关法律条款的行为。具体表现为两个方面：（1）违反合同约定（违约）。（2）违反法律法规，是指注册会计师直接违反了《中华人民共和国证券法》《中华人民共和国公司法》等法律中规定的义务。过错是指行为人对其所实施的违法行为所持有的心态，即行为人违反法律行为时所表现出来的主观状态。过错包括故意和过失两种形式。注册会计师的过错主要有两类：过失和欺诈。注册会计师的过失因轻重程度不同，可以划分为一般过失和重大过失。

2.我国法律规定的注册会计师法律责任主要有行政责任、民事责任和刑事责任三类。

行政责任是行政法律责任的简称，是指行为主体因其行为违反与行政管理相关的法律、法规，但尚未构成犯罪，依法应当承担的法律后果。行政责任可以分为行政处分和行政处罚。

民事责任是指民事主体因违反合同或者不履行其他法律义务，侵害国家、集体的财产，侵害他人财产、人身权利，依法应当承担的民事法律后果。这种法律后果是由国家法律规定并以强制力保证执行的。

刑事责任是指由于违反国家的法律、法规，情节严重，构成刑事犯罪而应承担的法律后果。违反法律规定应承担的刑罚种类主要包括主刑和附加刑两种。

3.注册会计师行业避免法律诉讼的应对措施包括严格审计程序、加强行业监管、反击恶意诉讼和弥补社会公众期望差距。会计师事务所和注册会计师避免法律诉讼的具体措施，可以概括为严格遵循职业道德守则、建立会计师事务所质量管理制度、谨慎选择合伙人、招收合格的人员，并予以适当培训和督导、与委托人签订业务约定书、审慎选择被审计单位、严格遵守审计准则、提取风险基金或购买责任保险和聘请律师等。

五、练习题

（一）单项选择题

1.注册会计师在执行业务过程中发现被审计单位的内部控制制度设计良好，但由于主管部门和职工舞弊，导致注册会计师未能发现错报事项，这种情况下一般认为注册会计师具有（　　）。

　　A.重大过失　　　　　　　　B.一般过失

　　C.无过失　　　　　　　　　D.舞弊

2.未按特定审计项目获取充分、适当的审计证据就出具审计报告，这种情况视为（　　）。

　　A.违约　　　　　　　　　　B.一般过失

　　C.重大过失　　　　　　　　D.欺诈

3.注册会计师的法律责任包括行政责任、民事责任和刑事责任三种。因违约和过失可能使注册会计师承担（　　）。

　　A.民事责任和行政责任　　　B.行政责任和刑事责任

C.民事责任　　　　　　　　　　D.民事责任和刑事责任

4.注册会计师是否存在欺诈行为，其重要特征是（　　　）。

　　A.未保持应有的职业谨慎　　　B.没有遵守审计准则

　　C.违反保密协议　　　　　　　D.具有不良动机

5.注册会计师的法律责任包括行政责任、民事责任和刑事责任三种。因欺诈可能使注册会计师承担（　　　）。

　　A.民事责任和行政责任　　　　B.行政责任

　　C.行政责任和刑事责任　　　　D.民事责任和刑事责任

6.注册会计师在对 A 股份公司 20×0 年度会计报表进行审计时，按照函证具体准则对有关应收账款进行了函证，并实施了其他必要的审计程序，但最终仍有应收账款中的错报未能被查出。你认为注册会计师的行为属于（　　　）。

　　A.没有过失　　　　　　　　　B.普通过失

　　C.重大过失　　　　　　　　　D.欺诈

7.注册会计师严格按照专业标准的要求执业，没有欺诈行为，即使审计后的财务报表有错报事项，注册会计师一般也不会承担（　　　）。

　　A.过失责任　　　　　　　　　B.行政责任

　　C.民事责任　　　　　　　　　D.法律责任

8.注册会计师是否承担法律责任，关键看其执业中是否（　　　）。

　　A.查出财务报表所有重大错报

　　B.查出财务报表所有重大错误、舞弊和违反法律法规的行为

　　C.按照执业准则的要求执业

　　D.有过失或欺诈行为

9.下列行为中，（　　　）属于被审计单位的错误而非舞弊。

　　A.截留收入

　　B.更改原始凭证，使之与记账凭证一致

　　C.由于疏忽和误解有关事实而作出不恰当的会计估计

　　D.更改账簿记录，操纵利润

10.如果被审计单位的财务报表中存在重大错报，则在（　　　）的情况下注册会计师很可能在诉讼中被判为重大过失。

　　A.审计人员确实遵守了审计准则，但却提出了错误的审计意见

B.注册会计师运用常规审计程序通常能够发现该错报

C.注册会计师明知道存在重大错报但却虚伪陈述，出具无保留意见的审计报告

D.注册会计师基本遵循了审计准则的相关要求

11.以下关于注册会计师过失的说法，不正确的是（　　　）。

A.过失是指在一定条件下，缺少应有的合理谨慎

B.普通过失是指注册会计师没有完全遵循执业准则的要求

C.重大过失是指注册会计师根本没有按执业准则的基本要求执行审计

D.注册会计师一旦出现过失就要承担民事侵权赔偿损失

12.注册会计师未能查出财务报表中重大错报、漏报，法院一般会认为注册会计师可能具有（　　　）。

A.一般过失　　　　　　　　　　　B.重大过失

C.一般过失或重大过失　　　　　　D.欺诈

（二）多项选择题

1.审计人员法律责任包括（　　　）。

A.损失责任　　　　　　　　　　　B.民事责任

C.刑事责任　　　　　　　　　　　D.行政责任

2.一般而言，如果注册会计师在执业过程中（　　　），则有可能导致承担刑事责任。

A.给委托人、其他利害关系人造成损失的

B.因过失提供有重大遗漏的审计报告的

C.在代理记账过程中故意提供虚假证明的

D.在证券交易活动中就资产评估报告弄虚作假的

3.下列关于过失的说法中，正确的有（　　　）。

A.共同过失是指被审计单位存在过失，但是注册会计师没有过失

B.重大过失是指连起码的职业道德都不保持，根本没有遵循专业准则或没有按专业准则的基本要求执行审计

C.普通过失是指没有保持职业上应有的合理的谨慎，对于注册会计师则是指没有完全遵循专业准则的要求

D.通常将过失按其不同程度分为普通过失和重大过失

4.涉及注册会计师法律责任的法律法规有（　　　　）。

A.公司法　　　　　　　　　　B.证券法

C.刑法　　　　　　　　　　　D.最高人民法院的规定

5.会计师事务所和注册会计师为避免法律诉讼的应对措施包括（　　　）。

A.谨慎选择合伙人

B.招收合格的人员，并予以适当培训和督导

C.审慎选择被审计单位

D.建立会计师事务所质量管理制度

6.注册会计师因为以下（　　　　）原因可能导致承担法律责任。

A.重大过失　　　　　　　　　B.欺诈

C.行政责任　　　　　　　　　D.违约

7.（　　　　）对注册会计师法律责任进行了规定。

A.刑法　　　　　　　　　　　B.证券法

C.公司法　　　　　　　　　　D.注册会计师法

8.以下说法中，不正确的有（　　　　）。

A.审计风险会导致审计失败

B.注册会计师可以为财务报表整体不存在重大错报获取绝对保证

C.只要注册会计师完全按照审计准则执业，就可以发现被审计单位所有的舞弊行为

D.如果被审计单位管理层精心策划和掩盖舞弊行为，注册会计师尽管完全按照审计准则执业有时还是不能发现某项重大舞弊行为，这种情形下注册会计师免责

（三）判断题

1.审计师只对被审计单位的财务报表是否存在重大错漏报提供合理保证，而不是绝对保证。　　　　　　　　　　　　　　　　　（　　　）

2.舞弊是指被审计单位使用欺骗的手段获取不当或非法利益的非故意行为。　　　　　　　　　　　　　　　　　　　　　　　　（　　　）

3.经营失败会导致审计失败。　　　　　　　　　　　　　（　　　）

4.通常将过失按不同程度分为普通过失和重大过失。　　　（　　　）

5. 违约、过失和欺诈是引起注册会计师的法律责任的重要原因。

（　　）

6. 对于会计师事务所来说，民事责任一般是指经济赔偿。　（　　）

7. 一般来说，因违约和过失可能引起注册会计师的民事责任和刑事责任，因欺诈可能引起注册会计师的行政责任和民事责任。　（　　）

8. 对于注册会计师来说，行政责任包括警告、暂停执业、吊销注册会计师证书以及罚款。　（　　）

9. 注册会计师为了履行其职责，必须对审计工作作出合理安排，并以应有的职业谨慎态度执行审计业务，以便发现被审计单位报表中存在的所有问题。　（　　）

10. 欺诈是指注册会计师在执业过程中明知财务报告及其他有关材料不真实，但仍然故意作出虚假或失实的陈述，以达到欺骗他人的一种故意行为。　（　　）

11. 在审计过程中，如果由于注册会计师的过失导致财务报表中的若干问题未被揭示出来，并且这些问题综合起来构成对财务报表的重大影响，则应认为注册会计师有重大过失。　（　　）

12. 注册会计师如果未能将财务报表中的错误与舞弊揭露出来，就一定应负审计责任。　（　　）

13. 过失指注册会计师的过错或失误。　（　　）

14. 注册会计师的审计意见应保证被审计单位财务报表的可靠，以利于财务报表使用人作出正确的决策。　（　　）

15. 尽管不能发现被审计单位财务报表中存在的全部错误、舞弊和违反法律法规的行为，注册会计师仍然有责任发现财务报表中的重大错误、舞弊和对财务报表有直接影响的重大违反法律法规行为。　（　　）

（四）分析题

铭仁会计师事务所承办了星海公司 2019 年度会计报表审计业务。2020 年 8 月，星海公司股东李强以星海公司 2019 年度会计报表审计工作存在重大过失、导致其发生重大投资损失为由，向法院提起诉讼，要求铭仁会计师事务所承担民事赔偿责任。

要求：铭仁会计师事务所聘请的律师在准备应诉材料时，提出了以下问题，请代为回答：

1. 何谓普通过失和重大过失？

2. 审计重要性概念在区分普通过失和重大过失中有何重要作用？

3. 在什么情况下，注册会计师可能被认为免于承担民事责任？

4. 在什么情况下，注册会计师可能对第三方承担法律责任？

5. 针对第三方的诉讼，注册会计师应当如何为自己抗辩？

六、案例分析

D注册会计师负责对上市公司丁公司2020年度财务报表进行审计。2020年，丁公司管理层通过与银行串通编制虚假的银行进账单和银行对账单，虚构了一笔大额营业收入。D注册会计师实施了向银行函证等必要的审计程序后，认为丁公司2020年度财务报告不存在重大错报，出具了无保留意见的审计报告。

在丁公司2020年度已审计财务报表公布后，股民甲购入了丁公司股票。随后，丁公司财务舞弊案件曝光，并受到证券监管部门的处罚，其股票价格大幅下跌。为此，股民甲向法院起诉D注册会计师，要求其赔偿损失。D注册会计师以其与股民甲未构成合约关系为由，要求免于承担民事责任。

要求：

（1）为了支持诉讼请求，股民甲应当向法院提出哪些理由？

（2）指出D注册会计师提出的免责理由是否正确，并简要说明理由。

（3）在哪些情形下，D注册会计师可以免于承担民事责任？

七、阅读文献

［1］余玉苗. 审计学［M］. 2版. 北京：清华大学出版社，2008.

［2］阿伦斯，洛布贝克. 审计学——整合方法研究［M］. 石爱中，等译. 北京：中国审计出版社，2001.

［3］《中华人民共和国证券法》，2020-03-01.

［4］《中华人民共和国公司法》，2024-07-01.

［5］2024年注册会计师全国统一考试审计试题.

八、练习题参考答案

（一）单项选择题

1.C 2.C 3.A 4.D 5.D 6.A 7.D 8.D 9.C 10.B 11.D 12.C

（二）多项选择题

1.BCD 2.CD 3.BCD 4.ABCD 5.ABCD 6.ABD 7.ABCD 8.ABC

（三）判断题

1.√ 2.× 3.× 4.√ 5.√ 6.√ 7.× 8.× 9.× 10.√ 11.√ 12.× 13.√ 14.× 15.√

（四）分析题

1.普通过失（也称"一般过失"）通常是指没有保持职业上应有的合理的谨慎。对于注册会计师而言，则是指没有完全遵循专业准则的要求。比如，未按特定审计项目取得必要和充分的审计证据就出具审计报告的情况，可视为一般过失。

重大过失是指连起码的职业谨慎都不保持，对重要的业务或事务不加考虑，满不在乎；对于注册会计师而言，则是指根本没有遵循专业准则或没有按专业准则的基本要求执行审计。

2.如果报表中存在的重大错报事项属于注册会计师运用常规审计程序应当发现，但因工作疏忽而未发现，则属于重大过错。若是由多处不算重大的错报事项累积形成的对财务报表影响较大的错报，即财务报表整体失实，该类错报未被发现，属于一般过失。

3.在下列情况下，注册会计师可能被认为免于承担民事责任：（1）注册会计师本身并无过失，即他执业时严格遵循了专业标准的要求，保持了职业上应有的认真与谨慎；（2）注册会计师虽有过失，但这种过失与损害结果不存在因果关系。

4.在注册会计师存在重大过失或欺诈时，注册会计师应当对第三方承担法律责任。

5.注册会计师可从以下几个方面进行抗辩：（1）注册会计师本身并无过失，即他执业时严格遵循了专业标准的要求，保持了职业上应有的认真与谨慎；（2）注册会计师虽有过失，但这种过失与损害结果不存在因果关系；（3）原告已经超过诉讼时效（自有关机关公布处罚决定日或刑事判决生效日起两年）。

（五）案例分析提示

（1）股民甲应当向法院提出的诉讼理由包括：丁公司报表存在重大错报但是注册会计师出具的审计报告是无保留意见；注册会计师在丁公司财务报表的审计中仅执行了向银行函证等必要的审计程序，没有保持合理的职业谨慎，存在过失；股民甲由于丁公司股价下跌，存在损失；股民甲是由于信任了丁公司报出的2020年度的财务报表和注册会计师的审计报告而购买丁公司股票的。

（2）D注册会计师提出的免责理由是不正确的，会计师事务所因在审计业务活动中对外出具不实报告给利害关系人造成损失的，应当承担侵权赔偿责任，能够证明自己没有过错的除外。不能以没有与利害关系人建立合约关系为由要求免于承担民事责任。

（3）D注册会计师在下列情形下可以免于承担民事责任：①已经遵守执业准则、规则确定的工作程序并保持必要的职业谨慎，但仍未能发现被审计的会计资料错误；②审计业务所必须依赖的金融机构等单位提供虚假或者不实的证明文件，注册会计师在保持必要的职业谨慎情况下仍未能发现其虚假或者不实；③已对被审计单位的舞弊迹象提出警告并在审计报告中予以指明。

第二篇

审计程序与审计技术

第六章　审计目标与审计过程

一、学习目的与要求

通过本章的学习，了解审计目标的含义和审计目标的演变阶段；掌握现阶段我国注册会计师的总体目标，掌握管理层和注册会计师对财务报表的责任及二者关系，掌握被审计单位管理层认定的相关内容以及由此确定的具体审计目标，掌握审计目标的实现过程。

二、相关准则与制度

1.《中国注册会计师审计准则第1101号——注册会计师的总体目标和审计工作的基本要求》

2.《中国注册会计师审计准则第1121号——对财务报表审计实施的质量管理》

3.《中国注册会计师审计准则第1201号——计划审计工作》

三、预习要览

（一）关键概念

审计目标　　　　　　　　　　审计总体目标

管理层认定　　　　　　　　　具体审计目标

（二）关键问题

1.何谓审计总目标？近年来审计总目标有何变化？

2.现阶段我国注册会计师审计的总目标的内容有哪些？

3.何谓具体审计目标？其确定依据是什么？

四、重点与难点解析

1.审计总目标

审计目标是在一定历史环境下，审计主体通过审计实践活动所期望达到的境地或最终结果，它体现了审计的基本职能，是构成审计理论结构的基石，是整个审计系统运行的定向机制，是审计工作的出发点和落脚点。

审计总目标的演变大致可划分为以查错防弊为主要审计目标、以验证财务报表的真实公允性为主要审计目标、查错防弊和验证财务报表的真实公允性两目标并重三个阶段。

20世纪80年代以来，为缩小公众对审计的期望差距，审计职业界开始对"舞弊责任"采取了更加积极的态度。把"发现舞弊"作为审计目标有逐渐被认可的趋势。

2.我国注册会计师审计的总目标

在执行财务报表审计工作时，注册会计师的总体目标是：（1）对财务报表整体是否不存在由于舞弊或错误导致的重大错报获取合理保证，使得注册会计师能够对财务报表是否在所有重大方面按照适用的财务报告编制基础编制发表审计意见；（2）按照审计准则的规定，根据审计结果对财务报表出具审计报告，并与管理层和治理层沟通。

3.被审计单位管理层的责任

被审计单位管理层的责任包括：按照适用的财务报告框架的规定编制财务报表；设计、执行和维护必要的内部控制，使得编制的财务报表不存在由于舞弊或错误导致的重大错报；向注册会计师提供必要的工作条件。

注册会计师的责任是，针对财务报表是否在所有重大方面按照财务报告框架的规定编制并实现公允反映发表审计意见。

被审计单位管理层的责任与注册会计师的审计责任不能相互替代、减轻或免除。

4.审计具体目标

审计具体目标是总目标的具体化，并受到总目标的制约。它包括一般目标和项目目标。

具体目标必须根据被审计单位管理层的认定和审计总目标来确定。管理层对财务报表各组成要素均作出了认定，审计人员的审计工作就是要确定管理层的认定是否恰当。

　　（1）与各类交易和事项相关的认定。

　　① 发生：记录的交易和事项已发生且与被审计单位有关。由发生认定推导出的审计目标是已记录的交易是真实的。例如，没有发生销售交易，但在销售日记账中记录了一笔销售，则违反了该目标。发生认定所要解决的问题是管理层是否把那些不曾发生的项目记入财务报表，它主要与财务报表组成要素的高估有关。

　　② 完整性：所有应当记录的交易和事项均已记录。由完整性认定推导出的审计目标是已发生的交易确实已经记录。例如，发生了销售交易，但没有在销售日记账和总账中记录，则违反了该目标。发生和完整性两者强调的是相反的关注点。发生目标针对潜在的高估，而完整性目标则针对漏记交易（低估）。

　　③ 准确性：与交易和事项有关的金额及其他数据已恰当记录。由准确性认定推导出的审计目标是已记录的交易是按正确金额反映的。

　　④ 截止：交易和事项已记录于正确的会计期间。由截止认定推导出的审计目标是接近资产负债表日的交易记录于恰当的期间。

　　⑤ 分类：交易和事项已记录于恰当的账户。由分类认定推导出的审计目标是被审计单位记录的交易经过适当分类。

　　（2）与期末账户余额相关的认定。

　　① 存在：记录的资产、负债和所有者权益是存在的。由存在认定推导出的审计目标是记录的金额确实存在。

　　② 权利和义务：记录的资产由被审计单位拥有或控制，记录的负债是被审计单位应当履行的偿还义务。由权利和义务认定推导出的审计目标是资产归属于被审计单位，负债属于被审计单位的义务。

　　③ 完整性：所有应当记录的资产、负债和所有者权益均已记录。由完整性认定推导出的审计目标是已存在的金额均已记录。

　　④ 计价和分摊：资产、负债和所有者权益以恰当的金额包括在财务报表中，与之相关的计价或分摊调整已恰当记录。

　　（3）与列报相关的认定。

①发生及权利和义务：披露的交易、事项和其他情况已发生，且与被审计单位有关。如果将没有发生的交易、事项，或与被审计单位无关的交易和事项包括在财务报表中，则违反该目标。

②完整性：所有应当包括在财务报表中的披露均已包括。如果应当披露的事项没有包括在财务报表中，则违反该目标。

③分类和可理解性：财务信息已被恰当地列报和描述，且披露内容表述清楚。

④准确性和计价：财务信息和其他信息已公允披露，且金额恰当。

5.审计一般目标

审计一般目标是指适用于企业财务报表所有项目审计的目标，包括总体合理性、真实性、所有权、完整性、估价、截止、机械准确性、分类、披露。

6.审计目标的实现过程

审计目标的实现过程通常包括接受业务委托、计划审计工作、实施风险评估程序、实施控制测试和实质性程序，以及终结审计和出具审计报告五个阶段。

五、练习题

（一）单项选择题

1.下列不属于所审计期间各类交易、事项及列报的认定的是（   ）。

A.发生   B.完整性

C.截止   D.存在

2.审计目标的实现过程通常包括（   ）。

A.三个阶段   B.四个阶段

C.五个阶段   D.六个阶段

3.下列有关审计的固有限制的说法中，错误的是（   ）。

A.审计存在固有限制，导致注册会计师据以得出结论和形成审计意见的大多数审计证据是说服性而非结论性的

B.由于审计存在固有限制，因此注册会计师不可能将审计风险降至零

C. 审计的固有限制只来源于财务报告的性质

D. 审计的固有限制并不能作为注册会计师满足于说服力不足的审计证据的理由

4. 下列各项认定中，与所审计期间各类交易、事项及列报相关的是（　　）。

A. 存在　　　　　　　　　　B. 准确性

C. 准确性、计价和分摊　　　D. 权利和义务

5. 以下表述指的是"截止"认定的是（　　）。

A. 交易和事项已记录于正确的会计期间

B. 所有应当记录的交易和事项均已记录

C. 记录的资产、负债和所有者权益是存在的

D. 交易和事项已记录于恰当的会计账户

6. 下列有关财务报表审计业务三方关系人的说法中，错误的是（　　）。

A. 某些情况下，管理层和预期使用者可能来自同一企业，但并不意味着两者就是同一方

B. 注册会计师不属于财务报表预期使用者

C. 某项业务如果不存在除责任方之外的其他预期使用者，那么该业务将不构成审计业务

D. 财务报表审计可以减轻管理层或治理层的责任

7. 下列有关被审计单位管理层的说法中，正确的是（　　）。

A. 被审计单位管理层是唯一的预期使用者

B. 被审计单位管理层可能是审计业务的委托人，也可能不是委托人

C. 如果财务报表存在重大错报，注册会计师通过审计未能发现，那么可以在适当程度上减轻管理层和治理层对财务报表的责任

D. 管理层和治理层应对编制财务报表承担主要责任

8. 下列认定当中与利润表组成要素相关的是（　　）。

A. 发生　　　　　　　　　　B. 存在

C. 权利和义务　　　　　　　D. 准确性、计价和分摊

9. 下列有关财务报表审计的说法中，错误的是（　　）。

A. 审计可以提供绝对保证

B. 注册会计师的审计意见主要是向管理层之外的预期使用者提供

C. 进一步审计程序包括控制测试和实质性程序

D. 审计的目的是提高财务报表预期使用者对财务报表的信赖程度

(二) 多项选择题

1. 以下选项中属于管理层和治理层的责任的有 （　　）。

A. 按照适用的财务报告框架的规定编制财务报表，包括使其实现公允反映

B. 设计、执行和维护必要的内部控制，使得编制的财务报表不存在由于舞弊和错误导致的重大错报

C. 向注册会计师提供必要的工作条件

D. 针对财务报表是否在所有重大方面按照财务报告框架编制并实现公允反映发表审计意见

2. 下列有关审计固有限制的说法中，正确的有 （　　）。

A. 审计工作可能因审计收费过低而受到限制

B. 审计工作可能因项目组成员素质和能力的不足而受到限制

C. 审计工作可能因财务报表项目涉及主观决策而受到限制

D. 审计工作可能因高级管理人员的舞弊行为而受到限制

3. 下列属于期末账户余额及列报的认定的有 （　　）。

A. 发生　　　　　　　　　　B. 存在

C. 权利和义务　　　　　　　D. 准确性、计价和分摊

4. 下列各项中，与所审计期间各类交易、事项及相关披露均相关的认定有 （　　）。

A. 存在　　　　　　　　　　B. 发生

C. 完整性　　　　　　　　　D. 分类

5. 下列各项中，属于注册会计师在执业过程中需要作出职业判断的环节的有 （　　）。

A. 与具体会计处理相关的决策

B. 与遵守职业道德要求相关的决策

C. 从决定是否接受业务委托，到出具业务报告

D. 与审计程序相关的决策

6.以下审计工作需要在接受业务委托阶段实现的有（　　　　）。

A.了解和评价审计对象，确定可审性

B.决定是否接受委托

C.商定业务约定条款

D.签订审计业务约定书

7.注册会计师实施的下列审计程序中，能证实采购交易记录的完整性认定的有（　　　　）。

A.检查取得的固定资产

B.从验收单追查至采购明细账

C.追查存货的采购至存货永续盘存记录

D.从卖方发票追查至采购明细账

8.注册会计师对于被审计单位存货的分类和可理解性，应提请其做到（　　　　）。

A.存货的抵押已作揭示

B.存货主要种类和估价基础已揭示

C.存货项目以恰当的金额在财务报表中反映

D.账簿中登记的存货均是真实存在的

9.针对财务报表审计，以下说法中正确的有（　　　　）。

A.审计业务的最终产品是审计报告，不包括后附的财务报表

B.审计的目的是改善财务报表的质量，消除使用财务报表的信息风险

C.审计报告的用户包括管理层在内的财务报表预期使用者

D.审计的基础是专业性，注册会计师应当独立于被审计单位和预期使用者

（三）判断题

1."发生"认定指的是记录的交易和事项均已发生且与被审计单位有关。　　　　　　　　　　　　　　　　　　　　　　　　　　（　　　）

2."存在"或"发生"认定所要解决的问题是，管理层是否把应包括的项目给遗漏了，并不涉及财务报表的金额。　　　　　　　　（　　　）

3.管理层和治理层对编制财务报表承担完全责任，注册会计师对财务报表的编制不承担责任。　　　　　　　　　　　　　　　（　　　）

4.治理层对财务报表的责任是按照适用的财务报告框架的规定编制财务报表，包括使其实现公允反映。 （ ）

5.注册会计师在接受业务委托时，不需要考虑客户的诚信状况。 （ ）

6.如果注册会计师通过对财务报表的审计，未能查出被审计单位财务报表中存在的错报，则表明注册会计师没有履行好相关责任。 （ ）

7."截止"认定指的是交易和事项已记录于正确的会计期间。 （ ）

（四）分析题

1.注册会计师通常依据各类交易、账户余额及列报的相关认定确定审计目标。表6-1给出了各个项目的相关认定。请填写对应的审计目标。

表6-1　　　　　　　　**相关项目的认定及审计目标**

项目	认定	审计目标
应收账款	准确性、计价和分摊	
营业收入	完整性	
固定资产	权利和义务	
存货	存在	

2.注册会计师甲在审计 ABC 股份有限公司（以下简称 ABC 公司）年度财务报表时，根据风险评估的结果，对该公司财务报表的若干项目分别提出了具体审计目标或审计程序，下面摘录了其中的一部分。所摘录的审计目标或审计程序对所述项目并不一定是最重要的。请指出与所列示的审计目标或审计程序最适应的管理层认定，填入表6-2。

表6-2　　　　　　**审计目标或审计程序及管理层认定**

审计目标或审计程序	管理层认定
（1）确定所有的应收票据均反映在账簿记录中	
（2）检查生产设备的购货发票，核实付款人是否为 ABC 公司	
（3）确定当年所购商品验收单的最大号码	
（4）编制或获取营业收入项目的明细表，复核加计是否正确	
（5）核实所记录的应付账款是否均已收到符合要求的材料	

六、案例分析

光大会计师事务所甲、乙注册会计师在对远华公司20×7年度财务报表进行审计时，发现该公司的财务报表、期末账户余额及各类交易和事项可能存在下列导致重大错报的情况：

（1）在销售交易中，发出商品的数量与账单上的数量不符；

（2）期末存货的盘点可能存在较大的差错；

（3）可能存在未入账的应付账款；

（4）在销售交易中，将现销记录为赊销。

请按下列要求，完成表格（见表6-3）。

表6-3　　管理层认定、审计程序、审计目标和审计证据的种类

序号	管理层认定	审计程序	审计目标	审计证据的种类
1				
2				
3				
4				

七、阅读文献

［1］余玉苗．审计学［M］．2版．北京：清华大学出版社，2008．

［2］阿伦斯，洛布贝克．审计学——整合方法研究［M］．石爱中，等译．北京：中国审计出版社，2001．

［3］韩洪灵．审计理论与实务学习指导书［M］．北京：中国人民大学出版社，2019．

［4］中国注册会计师协会．审计［M］．北京：中国财政经济出版社，2021．

［5］张彤彤．审计学［M］．3版．北京：清华大学出版社，2021．

［6］中国注册会计师协会．中国注册会计师执业准则应用指南2023［M］．北京：中国财政经济出版社，2023．

八、练习题参考答案

（一）单项选择题

1.D　2.C　3.C　4.D　5.A　6.C　7.D　8.A　9.A

（二）多项选择题

1.ABC　2.CD　3.BCD　4.BCD　5.ABCD　6.ABCD　7.BD　8.AB
9.ACD

（三）判断题

1.√　2.×　3.√　4.×　5.×　6.×　7.√

（四）分析题

1.以净值记录应收账款；

记录的营业收入包括所有企业已发货、客户已签收的交易；

记录的固定资产属于被审计单位所有；

记录的存货是存在的。

2.完整性；

权利和义务；

截止；

准确性；

存在。

（五）案例分析提示

答案要点参见表6-4。

表6-4　　管理层认定、审计程序、审计目标和审计证据的种类

序号	管理层认定	审计程序	审计目标	审计证据的种类
1	准确性	重新计算	准确性	书面证据
2	存在	检查有形资产	真实存在	实物证据
3	完整性	检查未入账的应付账款	完整性	书面证据
4	分类	检查销售合同和销售记录	分类	书面证据

第七章 审计证据与审计工作底稿

一、学习目的与要求

通过本章的学习，掌握审计证据的含义和种类，掌握各类证据与具体审计目标的关系，掌握审计证据的充分性和适当性两个基本特征，掌握获取审计证据的审计程序；了解审计工作底稿的定义和编制目的，了解审计工作底稿的编制要求和性质；掌握审计工作底稿的格式、内容和范围，掌握审计工作底稿的归档要求，明确利用其他主体的工作。

二、相关准则与制度

1.《中国注册会计师审计准则第1131号——审计工作底稿》
2.《中国注册会计师审计准则第1301号——审计证据》
3.《中国注册会计师审计准则第1313号——分析程序》

三、预习要览

(一) 关键概念

审计证据　　　　　　　　　审计证据的充分性
审计证据的适当性　　　　　函证
重新计算　　　　　　　　　重新执行
分析程序　　　　　　　　　审计工作底稿

(二) 关键问题

1.什么是审计证据？它包括哪些内容？
2.审计证据的种类如何划分？
3.如何理解审计证据的充分性和适当性？
4.获取审计证据的审计程序有哪些？各自的适用范围是什么？
5.审计工作底稿的内容有哪些？

6.注册会计师如何利用其他主体的工作？应注意哪些事项？

四、重点与难点解析

1.审计证据

审计证据，是指注册会计师为了得出审计结论和形成审计意见而使用的信息。审计证据包括构成财务报表基础的会计记录所含有的信息、其他信息、利用管理层专家的工作和使用被审计单位生成的信息。

2.审计证据的种类

根据审计证据的外在具体形态，其可以划分为实物证据、书面证据、口头证据、环境证据。根据获取的证据对审计结论的支持程度，其可以分为直接证据和间接证据。按照证据的来源进行分类，其可以分为来自审计客户内部的证据、来自审计客户外部的证据。根据证据所提供的逻辑证明，其可以划分为正面证据和反面证据。注册会计师决定是否需要对现有的证据进行完善，或者在综合和评价审计证据时，需要考虑证据的证明力强弱。证据的证明力可以划分为充分证明力、部分证明力和无证明力三种类型。

3.审计证据的基本特征

审计证据的充分性和适当性是审计证据的两个基本特征。

审计证据的充分性是对审计证据数量的衡量。注册会计师需要获取的审计证据的数量受其对重大错报风险评估的影响，并受审计证据质量的影响。审计证据的适当性，是对审计证据质量的衡量，亦即审计证据在支持审计意见所依据的结论方面具有的相关性和可靠性。相关性是指审计证据应与审计目标相关联；可靠性是指审计证据应能如实地反映客观事实。

注册会计师在判断审计证据是否充分、适当时，应当考虑下列主要因素：（1）审计风险。错报风险越大，需要的审计证据可能就越多。（2）具体审计项目的重要性。越是重要的审计项目，注册会计师就越需要获取充分的审计证据以支持其审计结论或意见；否则一旦出现判断错误，就会影响注册会计师对审计整体的判断，从而导致注册会计师的整体判断失误。（3）注册会计师及其业务助理人员的审计经验。丰富的审计经验，可使注册会计师及其助理人员从较少的审计证据中判断出被审事项是否存在错误或舞弊行为。相对来说，此时就可减少对审计证据数量的依赖程度。（4）审计过程中是否发现错误或舞弊。一旦审计过程中发现了被审事项存在错误或舞弊，则被审计单位整体财务报表存在问题的可能性就增加了，因此注册会计师需增加审计证据的数量，以确保能得出合理的审计结论，形成恰当的审计意见。（5）审计证据的质量。审计证据质量越高，需要的审计证据可能越少。

4.获取审计证据的审计程序

注册会计师可以采用检查记录或文件、检查有形资产、观察、询问、外部函证、重新计算、重新执行和分析程序等具体审计程序来获取审计证据。

检查记录或文件是指注册会计师对被审计单位内部或外部生成的，以纸质、电子或其他介质形式存在的记录或文件进行审查。

检查有形资产是指注册会计师对资产实物进行审查。

观察是指注册会计师察看相关人员正在从事的活动或执行的程序。

询问是指注册会计师以书面或口头方式，向被审计单位内部或外部的知情人员获取财务信息和非财务信息，并对答复进行评价的过程。

函证（即外部函证），是指注册会计师直接从第三方（被询证者）获取书面答复作为审计证据的过程。书面答复可以采用纸质、电子或其他介质等形式。询证函有积极式询证函和消极式询证函两种形式。

重新计算是指注册会计师以人工方式或使用计算机辅助审计技术，对记录或文件中的数据计算的准确性进行核对。

重新执行是指注册会计师以人工方式或使用计算机辅助审计技术，重新独立执行作为被审计单位内部控制组成部分的程序或控制。

分析程序是指注册会计师通过分析不同财务数据之间以及财务数据与非财务数据之间的内在关系，对财务信息作出评价。分析程序还包括在必要时对识别出的、与其他相关信息不一致或与预期值差异重大的波动或关系进行调查。

在实施风险评估程序、控制测试或实质性程序时，注册会计师可根据需要单独或综合运用上述程序，以获取充分、适当的审计证据。

5.审计工作底稿

审计工作底稿，是指注册会计师对制订的审计计划、实施的审计程序、获取的相关审计证据，以及得出的审计结论作出的记录。审计工作底稿是审计证据的载体，是注册会计师在审计过程中形成的审计工作记录和获取的资料。它形成于审计过程，也反映整个审计过程。

审计工作底稿具有存在形式多样、业务导向、内容重要等诸多性质。审计工作底稿通常包括总体审计策略、具体审计计划、分析表、问题备忘录、重大事项概要、询证函回函、管理层声明书、核对表、有关重大事项的往来信件（包括电子邮件），以及对被审计单位文件记录的摘要或复印件等。此外，审计工作底稿通常还包括业务约定书、管理建议书、项目组内部或与被审计单位举行的会议的记录、与其他人士（如其他注册会计师、律师、专家等）的沟通文件及错报汇总等。

通常，审计工作底稿包括下列全部或部分要素：审计工作底稿的标题、审计过程记录、审计结论、审计标识及其说明、索引号及编号、编制者姓名及编制日期、复核者姓名及复核日期、其他应说明事项。其他应说明事项即注册会计师根据其专业判断，认为应在审计工作底稿中予以记录的其他相关事项。

注册会计师应当按照会计师事务所质量管理政策和程序的规定，及时将审计工作底稿归整为最终审计档案。审计工作底稿的归档期限为审计报告日后60日内。如果注册会计师未能完成审计业务，审计工作底稿的归档期限为审计业务中止后的60日内。

6.注册会计师利用其他主体的工作

（1）利用组成部分注册会计师的工作。组成部分注册会计师是指基于集团审计目的，按照集团项目组的要求，对组成部分财务信息执行相关工作的注册会计师。

（2）利用专家工作。在审计中，限于自身技能、知识和经验，注册会计师可能要利用专家的工作。在利用专家的工作时，注册会计师应当获取充分、适当的审计证据，以确信专家的工作可以满足审计的需要。注册会计师应当实施以下程序，以获取专家工作能够满足审计需要的充分、适当的审计证据：①在确定是否利用专家工作时，考虑专家工作涉及项目的性质、复杂程度和重大错报风险，是否可获取其他审计证据以支持审计结论，以及项目组成员是否具有相关的知识和经验；②在计划利用专家工作时，对专家的专业胜任能力和客观性进行评价，并考虑专家的工作范围是否可以满足审计的需要；③在将专家的工作结果作为审计证据时，评价专家工作的适当性。

（3）利用内部审计人员的工作。注册会计师应当充分了解内部审计工作，以识别和评估财务报表重大错报风险，并设计和实施进一步审计程序。有效的内部审计通常有助于注册会计师修改审计程序的性质和时间，并缩小实施审计程序的范围，但不能完全取代注册会计师应当实施的审计程序。在某些情况下，考虑内部审计活动后，注册会计师可能认为内部审计对其实施的审计程序没有任何作用。

五、练习题

（一）单项选择题

1. 下列关于从其他来源获取的可作为审计证据的信息的说法中，错误的是（　　）。

A. 从其他来源获取的可作为审计证据的信息包括注册会计师从被审计单位内部或外部获取的会计记录以外的信息

B. 会计记录中含有的信息本身并不足以提供充分的审计证据作为对财务报表发表审计意见的基础，注册会计师还应当从其他来源获取可作为审计证据的信息

C. 附有验货单的订购单属于从其他来源获取的可作为审计证据的信息的范畴

D. 财务报表依据的会计记录中包含的信息和从其他来源获取的信息共同构成了审计证据，两者缺一不可

2. 下列关于审计证据的说法中，正确的是（　　）。

A. 会计记录不能作为审计证据的来源

B. 信息的缺乏不能构成审计证据

C. 注册会计师可以靠获取更多的审计证据来弥补其质量上的缺陷

D. 审计证据在性质上具有累积性

3. 下列各项中，不影响审计证据可靠性的是（　　）。

A. 被审计单位内部控制是否有效

B. 用作审计证据的信息与相关认定之间的关系

C. 审计证据的来源

D.审计证据的存在形式

4.如果注册会计师获取的审计证据不一致，而且这种不一致可能是重大的，注册会计师应当采取的措施是（　　）。

A.扩大审计程序的范围，直到不一致得到解决，并针对账户余额或各类交易获得必要保证

B.实施替代的审计程序

C.发表保留或无法表示意见的审计报告

D.直接定义为重大错报

5.会计师事务所接受委托对被审计单位进行审计并形成了审计工作底稿，下列各方中，拥有其所有权的是（　　）。

A.被审计单位

B.执行审计工作的注册会计师

C.会计师事务所

D.会计师事务所和被审计单位

6.审计工作底稿的归档期限为审计报告日后的（　　）。

A.30日内　　　　　　　　　　B.60日内

C.90日内　　　　　　　　　　D.180日内

7.会计师事务所应当自审计报告日起，对审计工作底稿（　　）。

A.至少保存8年　　　　　　　B.至少保存10年

C.至少保存15年　　　　　　　D.永久保存

8.能够证实具体审计目标中的机械准确性目标的证据是（　　）。

A.环境证据　　　　　　　　　B.实物证据

C.书面证据　　　　　　　　　D.口头证据

9.注册会计师于2021年3月1日完成审计工作，3月5日提交审计报告给被审计单位，被审计单位于3月20日对外公布，则注册会计师完成审计工作底稿归档的最后期限为（　　）。

A.2021年3月1日　　　　　　　B.2021年4月30日

C.2021年5月4日　　　　　　　D.2021年5月19日

10.在归整或保存审计工作底稿时，下列表述中正确的是（　　）。

A.在完成最终审计档案的归整工作后，不得修改现有审计工作底稿或增加新的审计工作底稿

B. 如果未能完成审计业务，审计工作底稿无须进行归档

C. 在审计报告日后将审计工作底稿归整为最终审计工作档案是审计工作的组成部分，可能涉及实施新的审计程序或得出新的审计结论

D. 如果注册会计师完成了审计业务，会计师事务所应当自审计报告日起，对审计工作底稿至少保存10年

（二）多项选择题

1. 下列关于审计证据的说法中，正确的有（　　　）。

A. 从外部独立来源获取的审计证据比被审计单位内部生成的审计证据更相关

B. 审计证据包括支持和佐证认定的信息，也包括与这些认定相矛盾的信息

C. 会计师事务所接受或保持客户时实施质量管理程序所获取的信息不属于审计证据

D. 在某些情况下，信息的缺乏本身也构成审计证据

2. 注册会计师在判断审计证据是否充分、适当时，应考虑（　　　）。

A. 经济因素　　　　　　　　　　B. 审计风险

C. 具体审计项目的重要性　　　　D. 总体规模与特征

3. 下列各项中，可能构成审计证据的有（　　　）。

A. 注册会计师在本期审计中获取的信息

B. 注册会计师在以前审计中获取的信息

C. 会计师事务所接受业务时实施质量管理程序获取的信息

D. 被审计单位聘请的专家编制的信息

4. 评价审计证据的适当性时，注册会计师一般考虑（　　　）。

A. 审计证据的相关性　　　　　　B. 审计证据的充分性

C. 审计证据的来源和及时性　　　D. 审计证据的客观性

5. 环境证据包括（　　　）。

A. 被审计单位经营条件、经营方针

B. 被审计单位各种管理制度和管理水平

C. 被审计单位管理人员和会计人员的素质

D. 被审计单位内部控制情况

6. 审计工作底稿的格式、要素和范围取决于诸多因素，包括（　　）。

A. 编制审计工作底稿使用的文字

B. 审计工作底稿的归档期限

C. 实施审计程序的性质

D. 已获取审计证据的重要程度

7. 注册会计师在审计工作底稿归档期间作出的下列变动中，属于事务性变动的有（　　）。

A. 删除被取代的审计工作底稿

B. 将审计报告日前已收回的询证函进行编号和交叉索引

C. 获取估值专家的评估报告最终版本并归入审计工作底稿

D. 对审计档案归整工作的完成核对表签字认可

8. 在完成最终审计档案的归整工作后，如果发现有必要修改现有审计工作底稿或增加新的审计工作底稿，无论修改或增加的性质如何，注册会计师都应当记录的内容有（　　）。

A. 修改或增加审计工作底稿复核的时间

B. 修改或增加审计工作底稿的具体理由

C. 修改或增加审计工作底稿的人员

D. 修改或增加审计工作底稿复核的人员

9. 下列有关审计工作底稿保存期限的说法中，正确的有（　　）。

A. 如果没有完成审计业务，会计师事务所应当自审计业务中止日后，对审计工作底稿保存10年

B. 如果没有完成审计业务，会计师事务所应当自审计业务中止日起，对审计工作底稿保存10年

C. 如果完成了审计业务，会计师事务所应当自审计报告日后，对审计工作底稿保存10年

D. 如果完成了审计业务，会计师事务所应当自审计报告日起，对审计工作底稿保存10年

（三）判断题

1. 如果审计证据的质量存在缺陷，那么注册会计师仅靠获取更多的审计证据可能无法弥补其质量方面的缺陷。（　　）

2. 从外部独立来源获取的审计证据比被审计单位内部生成的审计证据更相关。 （　　）

3. 审计证据的充分性会影响审计证据的适当性。 （　　）

4. 特定的审计程序可能只为某些认定提供审计证据，而与其他认定无关。 （　　）

5. 对于消极式询证函而言，未收到回函就代表着函证的信息不存在错报。 （　　）

6. 当被审计单位管理层拒绝审计项目组向客户寄发询证函时，审计项目组应当直接视为审计范围受到限制，考虑其对审计意见类型的影响。 （　　）

7. 会计记录中含有的信息本身并不足以提供充分的审计证据作为对财务报表发表审计意见的基础，注册会计师还应当从其他来源获取可作为审计证据的信息。 （　　）

8. 在执行审计程序的过程中，对库存现金的监盘最好采取突击性的检查。 （　　）

9. 从独立的外部来源获得的审计证据必然是可靠的。 （　　）

10. 不同来源的审计证据可能会证实同一认定。 （　　）

11. 记录审计工作底稿归档后获取的关于资产负债表期后事项的审计证据属于审计工作底稿归档过程中的事务性变动。 （　　）

12. 审计工作底稿可以以纸质、电子形式或其他介质形式存在。 （　　）

六、案例分析

1. 注册会计师张杰在对恒基公司20×7年度财务报表进行审计时，收集到以下6组证据：

（1）收料单与购货发票。

（2）销货发票副本与产品出库单。

（3）领料单与材料成本计算表。

（4）工资计算单与工资发放单。

（5）存货盘点表与存货监盘记录。

（6）银行询证函回函与银行对账单。

要求：

请分别说明每组证据中哪项审计证据较为可靠，并简要说明理由。

2.以下审计程序属于哪一种实质性程序？获取了什么证据？与哪些审计具体目标相关？填入相应的表格（见表7-1）中。

表7-1 　　　　　　　　　　　审计程序分析

序号	审计程序	实质性程序名称	审计证据	审计具体目标
1	从有关记录审查至"已付款"支票			
2	重新计算应付利息费用			
3	向管理层询问存货过时情况			
4	调节年末银行存款账户			
5	计算存货周转率并与同行资料进行比较			
6	向债务人函证应收账款余额			
7	从销货账记录审查至销货发票			
8	审查应予资本化却计入修理费的证据			
9	分析行业成本数据变化趋势			
10	审查年度中所购买的土地所有权契约			
11	抽查报表日后销售收入、退货记录、发货单和货运凭证			
12	盘点库存现金			

七、阅读文献

［1］余玉苗．审计学［M］．2版．北京：清华大学出版社，2008．

［2］阿伦斯，洛布贝克．审计学——整合方法研究［M］．石爱中，等译．北京：中国审计出版社，2001．

［3］韩洪灵．审计理论与实务学习指导书［M］．北京：中国人民大学出版社，2019．

［4］中国注册会计师协会. 审计［M］. 北京：中国财政经济出版社，2021.

［5］张彤彤. 审计学［M］. 3版. 北京：清华大学出版社，2021.

［6］中国注册会计师协会. 中国注册会计师执业准则应用指南2023［M］. 北京：中国财政经济出版社，2023.

八、练习题参考答案

（一）单项选择题

1.C 2.D 3.B 4.A 5.C 6.B 7.B 8.C 9.B 10.D

（二）多项选择题

1.BD 2.BCD 3.ABCD 4.ACD 5.ABCD 6.CD 7.ABD 8.BCD 9.BD

（三）判断题

1.√ 2.× 3.× 4.√ 5.× 6.× 7.√ 8.√ 9.× 10.√ 11.× 12.√

（四）案例分析提示

1.（1）购货发票比收料单可靠。这是因为购货发票来自公司以外的机构或人员，而收料单是公司自行编制的。

（2）销货发票副本比产品出库单可靠。这是因为销货发票是在外部流转的，并获得公司以外的机构或个人的承认，而产品出库单只在公司内部流转。

（3）领料单比材料成本计算表可靠。这是因为领料单预先被连续编号，并且经过公司不同部门人员的审核，而材料成本计算表只在公司的会计部门内部流转。

（4）工资发放单比工资计算单可靠。这是因为工资发放单须经会计部门以外的工资领取人签字确认，而工资计算单只在会计部门内部流转。

（5）存货监盘记录比存货盘点表可靠。这是因为存货监盘记录是注册会计师自行编制的，而存货盘点表是公司提供的。

（6）银行询证函回函比银行对账单可靠。这是因为银行询证函回函是注册会计师直接获取的，未经公司有关职员之手，而银行对账单经过公司有关职员之手，存在伪造、涂改的可能性。

2.答案要点参见表7-2。

表7-2　　　　　　　　　　　审计程序分析

序号	审计程序	实质性程序名称	审计证据	审计具体目标
1	从有关记录审查至"已付款"支票	交易细节测试	书面证据	真实性
2	重新计算应付利息费用	余额细节测试	书面证据	估价
3	向管理层询问存货过时情况	余额细节测试	口头证据	估价
4	调节年末银行存款账户	余额细节测试	书面证据	估价
5	计算存货周转率并与同行资料进行比较	分析程序	书面证据	整体合理性
6	向债务人函证应收账款余额	余额细节测试	书面证据	真实性、估价、截止、所有权
7	从销货账记录审查至销货发票	交易细节测试	书面证据	完整性
8	审查应予资本化却计入修理费的证据	余额细节测试	书面证据	估价、分类、披露
9	分析行业成本数据变化趋势	分析程序	环境证据	真实性、完整性、估价
10	审查年度中所购买的土地所有权契约	交易细节测试	书面证据	所有权
11	抽查报表日后销售收入、退货记录、发货单和货运凭证	交易细节测试	书面证据	截止
12	盘点库存现金	余额细节测试	实物证据	真实性

第八章　计划审计工作

一、学习目的与要求

通过本章的学习，了解客户关系和具体业务的接受与保持，了解评价遵守职业道德规范的情况；掌握审计业务约定书的作用、格式和内容，掌握总体审计策略的制定和内容，掌握具体审计计划的制订；理解重要性的含义，掌握确定计划的重要性水平应考虑的因素及重要性的定量考虑和定性考虑，掌握财务报表整体重要性和实际执行的重要性的含义；理解审计风险、重要性和审计证据之间的关系；掌握审计风险的含义和审计风险模型。

二、相关准则与制度

1.《中国注册会计师审计准则第1101号——注册会计师的总体目标和审计工作的基本要求》

2.《中国注册会计师审计准则第1111号——就审计业务约定条款达成一致意见》

3.《中国注册会计师审计准则第1151号——与治理层的沟通》

4.《中国注册会计师审计准则第1201号——计划审计工作》

5.《中国注册会计师审计准则第1221号——计划和执行审计工作时的重要性》

三、预习要览

(一) 关键概念

审计业务约定书　　　　　　总体审计策略

具体审计计划　　　　　　　审计重要性

尚未更正错报的汇总数　　　审计风险

审计风险模型　　　　　　　　重大错报风险

检查风险

（二）关键问题

1. 什么是初步业务活动？注册会计师在接受和保持审计业务时通常需要进行哪些初步业务活动？

2. 什么是审计业务约定书？它包括哪些主要内容？

3. 什么是总体审计策略和具体审计计划？它们主要包括哪些内容？

4. 什么是审计重要性？注册会计师在审计过程中为什么要考虑重要性？

5. 注册会计师如何确定审计重要性水平？

6. 什么是尚未更正错报的汇总数？注册会计师应当如何评价它？

7. 什么是审计风险？它包含哪些组成要素？这些组成要素之间是什么关系？

8. 审计风险、审计证据与重要性水平之间是什么关系？对审计过程有什么影响？

四、重点与难点解析

本章主要讲述了初步业务活动、总体审计策略和具体审计计划、审计重要性、审计风险四个方面的内容。

1. 初步业务活动

注册会计师应当在本期审计业务开始时开展初步业务活动，针对保持客户关系和具体审计业务实施相应的质量管理程序，评价遵守职业道德要求的情况（包括评价遵守独立性要求的情况），就业务约定条款与被审计单位达成一致意见。

会计师事务所在确定接受客户的委托、签订业务约定书前，应先对客户的基本情况进行调查和相关评估，确定是否可以接受该项委托。会计师事务所应当制定有关客户关系和具体业务接受与保持的政策和程序，只有在已考虑客户的诚信且没有信息表明客户缺乏诚信，能够胜任该项业务并具有执行业务必要的素质、时间和资源以及能够遵守相关职业道德要求的条件下才能接受或保持客户关系和具体业务。

在承接或保持审计业务前，注册会计师应当实施下列工作：（1）确定审计的前提条件存在；（2）确认与管理层和治理层就审计业务约定条款达成一致意见。

审计业务约定书是指会计师事务所与被审计单位签订的，用以记录和确认审计业务的委托与受托关系、财务报表审计的目标和范围、双方的责任以及拟出具审计报告的预期形式和内容等事项的书面协议。注册会计师应当在审计业务开始前，与被审计单位就审计业务约定条款达成一致意见，并签订审计业务约定书，以避免双方对审计业务的理解产生分歧。

审计业务约定书的具体内容可能因被审计单位的不同而存在差异，但应当包括下列主要方面：财务报表审计的目标、双方的责任、管理层编制财务报告采用的编制基础、执行审计工作的安排，包括出具审计报告的时间要求、注册会计师拟出具的审计报告的预期形式和内容，以及在特定情况下对出具的审计报告可能不同于预期形式和内容的说明、由于测试的性质和审计的其他固有限制，以及内部控制的固有局限性，不可避免地存在着某些重大错报可能仍然未被发现的风险、管理层向注册会计师提供的必要工作条件、注册会计师不受限制地接触任何与审计有关的记录、文件和所需要的其他信息、管理层对其作出的与审计有关的声明予以书面确认、注册会计师对执业过程中获知的信息保密、审计收费，包括收费的计算基础和收费安排、违约责任、解决争议的方法和签约双方法定代表人或其授权代表的签字盖章，以及签约双方加盖的公章。如果情况需要，注册会计师应当考虑在审计业务约定书中列明：在某些方面对利用其他注册会计师和专家工作的安排、与审计涉及的内部审计人员和被审计单位其他员工工作的协调、预期向被审计单位提交的其他函件或报告、与治理层整体直接沟通、在首次接受审计委托时，对与前任注册会计师沟通的安排和注册会计师与被审计单位之间需要达成进一步协议的事项。

如果审计业务约定条款发生变更，注册会计师应当与管理层就新的业务约定条款达成一致意见，并记录于业务约定书或其他适当形式的书面协议中。

2.总体审计策略和具体审计计划

注册会计师应当制定总体审计策略，用以确定审计工作的范围、时间安排和方向，以及指导具体审计计划的制订。在制定总体审计策略时，注册会计师需做到：第一，应当确定审计业务的特征，包括采用的会计准则、特定行业的报告要求以及被审计单位组成部分的分布等，以界定审计范围；第二，明确审计业务的报告目标，以计划审计的时间安排和所需沟通的性质，包括提交审计报告的时间要求，预期与管理层和治理层沟通的重要日期等；第三，根据职业判断，考虑用以指导项目组工作方向的重要因素，包括确定适当的重要性水平，初步识别可能存在较高的重大错报风险的领域，初步识别重要的组成部分和账户余额，评价是否需要针对内部控制的有效性获取审计证据，识别被审计单位、所处行业、财务报告要求及其他相关方面最近发生的重大变化等；第四，考虑初步业务活动的结果，并考虑项目合伙人对被审计单位执行其他业务时获得的经验是否与审计业务相关；第五，确定执行业务所需资源的性质、时间安排和范围。

具体审计计划应当包括：（1）计划对项目组成员实施指导、监督并复核其工作的性质、时间安排和范围。（2）为了识别和评估财务报表重大错报风险，注册会计师计划实施的风险评估程序的性质、时间安排和范围。（3）针对评估的认定层次的重大错报风险，注册会计师计划实施的进一步审计程序的性质、时间安排和范围。（4）根据中国注册会计师审计准则的规定，注册会计师针对审计业务需要实施的其他审计程序。

在财务报表审计中，注册会计师应当就财务报表审计相关事项与治理层沟通。

3.审计重要性

在财务报表审计中，如果合理预期错报（包括漏报）单独或汇总起来可能影响财务报表使用者依据财务报表作出的经济决策，则通常认为错报是重大的。通常而言，对重要性概念可从三个方面进行理解：（1）对重要性的判断与具体环境有关。（2）对重要性的判断受错报的金额或性质的影响，或受两者共同作用的影响。（3）判断重要性是从财务报表使用者整体需求的角度出发的。重要性的判断是一个复杂的过程，离不开特定的环境。影响重要性的因素很多，不同的审计对象的重要性不同，同一审计对象的重要性在不同时期也可能不同。注册会计师不能机械地套用，只能根据被审计单位面临的环境，并综合考虑其他因素，充分发挥其主观能动性进行专业判断，合理确定重要性水平。

注册会计师在确定计划的重要性水平时，需要考虑4个主要因素：（1）被审计单位及其环境的基本情况。（2）审计的目标，包括特定报告要求。（3）财务报表各项目的性质及其相互关系。（4）财务报表项目的金额及其波动幅度。

注册会计师应当从数量和性质两个方面考虑重要性。重要性的数量即重要性水平，是针对错报的金额大小而言的。确定多大金额的错报会影响到财务报表使用者所作出的决策，是注册会计师运用职业判断的结果。注册会计师通常先选择一个恰当的基准，再选用适当的百分比乘以该基准，从而得出财务报表层次的重要性水平。在实务中，有许多汇总性财务数据可以用作确定财务报表层次重要性水平的基准，如总资产、净资产、流动资产、流动负债、销售收入、费用总额、毛利、净利润等。注册会计师在评价未更正错报对财务报表的影响时，不仅要考虑错报金额的大小，还要考虑错报的性质以及错报发生的特定环境。例如，错报对遵守法律法规要求的影响程度、错报对遵守债务契约或其他合同要求的影响程度、错报掩盖收益或其他趋势变化的程度（尤其在联系宏观经济背景和行业形势进行考虑时）、错报对用于评价被审计单位财务状况、经营成果或现金流量的有关比率的影响程度、错报对财务报表中列报的分部信息的影响程度、错报对增加管理层报酬的影响程度等。从重要性的数量方面，注册会计师应当考虑财务报表层次和各类交易、账户余额和披露认定层次的重要性。

重要性与审计风险之间存在反向关系。重要性水平越高，审计风险越低；重要性水平越低，审计风险越高。注册会计师在确定审计程序的性质、时间安排和范围时应当考虑这种反向关系。重要性水平与审计证据的数量之间也存在反向的关系。一般而言，重要性水平越低，所需收集的审计证据越多；重要性水平越高，所需收集的审计证据越少。

未更正错报是指注册会计师在审计过程中累积的且被审计单位未更正的错报。在评价未更正错报的影响之前，注册会计师应当重新评估之前按照审计准则的规定确定的重要性，以根据被审计单位的实际财务结果确认其是否仍然适当。

4.审计风险

审计风险是指当财务报表存在重大错报时，注册会计师发表不恰当审计意见的风险。

审计风险取决于重大错报风险和检查风险。重大错报风险是指财务报表在审计前存在重大错报的风险。检查风险是指某类交易、账户余额或披露的某一认定发生错报，该错报单独或连同其他错报可能是重大的，但注册会计师执行的实质性程序未能发现这种错报的可能性。

审计风险、重大错报风险和检查风险之间的关系用模型表示为：

审计风险＝重大错报风险×检查风险

在既定的审计风险水平下，可接受的检查风险水平与认定层次重大错报风险的评估结果成反向关系。一般而言，评估的重大错报风险越高，可接受的检查风险越低；评估的重大错报风险越低，可接受的检查风险越高。

同样，在既定的重大错报风险水平下，注册会计师可以接受的审计风险与可以接受的检查风险成正向关系。一般而言，注册会计师可以接受的审计风险越高，可以接受的检查风险的水平就越高；反之，注册会计师可以接受的审计风险越低，可以接受的检查风险的水平就越低。

五、练习题

（一）单项选择题

1.下列各项中，不属于财务报表审计的前提条件的是（　　）。

A.管理层设计、执行和维护必要的内部控制，以使财务报表不存在由于舞弊或错误导致的重大错报

B.管理层按照适用的财务报告编制基础编制财务报表，并使其实现公允反映

C.管理层承诺将更正注册会计师在审计过程中识别出的重大错报

D.管理层向注册会计师提供必要的工作条件

2.下列因素中，注册会计师在确定实际执行的重要性时无须考虑的是（　　）。

A.是不是首次接受委托的审计项目

B.前期审计中识别出的错报的数量和性质

C. 是否存在值得关注的内部控制缺陷

D. 是否存在财务报表使用者特别关注的项目

3. 注册会计师应当在审计业务开始时开展初步业务活动。下列各项中，不属于初步业务活动的是（　　　）。

A. 就审计业务条款与被审计单位达成一致意见

B. 在执行首次审计业务时，查阅前任注册会计师的审计工作底稿

C. 评价遵守相关职业道德要求的情况

D. 针对保持客户关系和具体审计业务实施相应的质量管理程序

4. 下列有关审计计划的说法中，正确的是（　　　）。

A. 总体审计策略不受具体审计计划的影响

B. 具体审计计划的核心是确定审计的范围和审计方案

C. 制订审计计划的工作应当在实施进一步审计程序之前完成

D. 制定总体审计策略的过程通常在具体审计计划之前

5. 下列各项中不属于注册会计师使用财务报表整体重要性的目的的是（　　　）。

A. 确定进一步审计程序的性质、时间安排和范围

B. 确定审计中识别出的错报是否需要累积

C. 评价已识别的错报对审计意见的影响

D. 识别和评估重大错报风险

6. 现场审计工作开始之前起草审计计划的通常是（　　　）。

A. 会计师事务所主要负责人　　　　B. 审计项目参与人

C. 审计项目负责人　　　　　　　　D. 会计师事务所的法定代表人

7. 在审计计划阶段，利用审计风险模型确定某项认定的计划检查风险水平，所使用的控制风险是审计人员的（　　　）。

A. 实际估计水平　　　　　　　　　B. 计划估计水平

C. 实际水平　　　　　　　　　　　D. 计划可接受水平

8. 下列事项中，属于注册会计师总体审计策略审核事项的是（　　　）。

A. 审计程序能否达到审计目标

B. 审计程序能否适合各审计项目的具体情况

C. 对审计重要性的确定和审计风险的评估是否恰当

D.重点审计程序的制定是否恰当

9.关于审计计划的下列说法中，错误的是（　　　）。

A.审计计划是对审计工作的一种预先规划

B.执行过程中可随时根据情况对审计计划作出必要的修订、补充

C.注册会计师在整个审计过程中，应按照审计计划执行审计业务

D.在完成外勤审计工作之后，必须再对审计计划作出修改

10.通常情况下，审计计划阶段的主要工作不包括（　　　）。

A.初步评价被审计单位的内部控制制度

B.调查了解被审计单位的基本情况

C.确定重要性，分析审计风险

D.复核审计工作底稿，审计期后事项

11.使用重要性水平，可能无助于实现下列目的的是（　　　）。

A.确定风险评估程序的性质、时间安排和范围

B.识别和评估重大错报风险

C.确定进一步审计程序的性质、时间安排和范围

D.确定重大不确定事项发生的可能性

12.实质性程序的结果表明，控制风险水平高于控制风险的初步估计水平，注册会计师应当考虑是否（　　　）。

A.重新了解内部控制

B.追加相应的审计程序

C.重新执行控制测试

D.重新确定重要性水平和可接受的审计风险

13.财务报表在审计前存在重大错报的可能性，称为（　　　）。

A.控制风险　　　　　　　　B.检查风险

C.审计风险　　　　　　　　D.重大错报风险

14.如果注册会计师不同意变更业务，被审计单位又不允许继续执行原审计业务，注册会计师应当（　　　）。

A.解除业务约定　　　　　　B.执行新业务

C.同意变更业务　　　　　　D.出具否定意见

15.A注册会计师负责对甲公司20×7年度财务报表进行审计。在本期审计业务开始时，A注册会计师应当开展的初步业务活动是（　　　）。

A. 就审计范围与甲公司管理层沟通

B. 获取甲公司管理层声明书

C. 就审计责任与甲公司治理层沟通

D. 评价项目组成员的独立性

16. 审计风险不包括的风险要素是（　　　）。

A. 程序风险　　　　　　　　　　B. 检查风险

C. 固有风险　　　　　　　　　　D. 控制风险

17. 在确定计划的审计程序后，如果 C 注册会计师决定接受更低的重要性水平，审计风险将增加。下列做法正确的是（　　　）。

　A. 如有可能，通过扩大控制测试范围或实施追加的控制测试，降低评估的检查风险

　B. 通过修改计划实施的实质性程序的性质、时间安排和范围，降低检查风险

　C. 如有可能，通过扩大控制测试范围或实施追加的实质性程序，降低评估的重大错报风险

　D. 通过修改计划实施的实质性程序的性质、时间安排和范围，降低评估的审计风险

（二）多项选择题

1. 确定财务报表层次重要性水平时常用的基准包括（　　　）。

A. 资产总额　　　　　　　　　　B. 净资产

C. 营业收入　　　　　　　　　　D. 营业外收入

2. 下列情形中，注册会计师可能认为需要在审计过程中修改财务报表整体的重要性的有（　　　）。

　A. 被审计单位发生重大变化

　B. 注册会计师获取了新的信息

　C. 通过实施进一步审计程序，注册会计师对被审计单位及其经营所了解的情况发生变化

　D. 审计过程中累积错报的汇总数接近财务报表整体的重要性

3. 下列各项中，通常可以作为变更审计业务的合理理由的有（　　　）。

　A. 环境变化对审计服务的需求产生影响

B.委托方对原来要求的审计业务的性质存在误解

C.管理层对审计范围施加限制

D.客观因素导致审计范围受到限制

4.下列关于重要性的说法中，正确的有（　　　）。

A.重要性在计划审计工作和评价错报影响时需要运用

B.判断一项错报对财务报表是否重大，应当考虑对个别特定财务报表使用者产生的影响

C.重要性水平是以财务报表使用者决策时对信息的需求为基础确定的

D.不同环境下对重要性的判断可能是不同的

5.下列各项中，注册会计师在所有审计业务中均应当确定的有（　　　）。

A.财务报表整体的重要性　　　　　B.可容忍错报

C.明显微小错报的临界值　　　　　D.实际执行的重要性

6.审计风险取决于（　　　）。

A.重大错报风险　　　　　　　　　B.控制风险

C.固有风险　　　　　　　　　　　D.检查风险

7.审计业务约定书应当包括（　　　）。

A.重要性水平　　　　　　　　　　B.会计责任与审计责任

C.审计收费　　　　　　　　　　　D.审计范围

8.审计业务约定书中审计范围要明确（　　　）。

A.所审计财务报表的内容　　　　　B.所审计财务报表的名称

C.所审计财务报表的日期　　　　　D.所审计财务报表的期间

9.会计师事务所在签署审计业务约定书前，应评价自身的胜任能力，此评价的内容有（　　　）。

A.评价执行审计的能力

B.评价审计的独立性

C.评价保持应有的谨慎的能力

D.评价会计师事务所的质量管理情况

10.审计业务约定书中应当明确审计收费的（　　　）。

A.计费依据　　　　　　　　　　　B.计费标准

C.付费方式 D.付费时间

11.根据审计准则的相关规定，会计师事务所在审计业务约定书中承诺的对被审计单位的主要义务有（   ）。

A.高效、优质地为被审计单位服务

B.按照约定时间完成审计业务，出具审计报告

C.对在执业过程中获悉的商业秘密保密

D.确保审计收费的合理性

12.确定计划的重要性水平应考虑的因素有（   ）。

A.被审计单位及其环境的基本情况

B.审计目标

C.财务报表各项目的性质及相互之间的关系

D.财务报表项目的金额及波动幅度

13.下列属于注册会计师可以控制的有（   ）。

A.审计风险 B.重大错报风险

C.控制风险 D.检查风险

14.以下有关重要性的理解中，正确的有（   ）。

A.重要性是针对审计报告而言的

B.重要性应从财务报表使用者的角度考虑

C.重要性的判断离不开特定的环境

D.重要性与可容忍误差成反向关系

15.注册会计师对重要性水平作出初步判断时，除可运用其审计经验外，还应当考虑（   ）。

A.有关法规对财务会计的影响

B.财务报表各项目的金额及波动幅度

C.内部控制与审计风险的评估结果

D.财务报表各项目的性质及相互关系

16.注册会计师执行年度财务报表审计时，运用重要性原则的目的主要有（   ）。

A.提高审计效率 B.保证审计质量

C.查出错误与舞弊 D.提高会计信息质量

17.如果已发现但尚未调整的错报或漏报的汇总数超过重要性水平，

为降低审计风险，注册会计师应考虑采取的措施包括（　　　）。

　　A.修改审计计划，将重要性水平调整至更高的水平

　　B.扩大实质性程序的范围，进一步确认汇总数是否重要

　　C.提请被审计单位调整财务报表，以使汇总数低于重要性水平

　　D.发表保留意见或否定意见

18.如果经过实质性程序后，注册会计师认为与某一重要账户或交易类别的认定有关的检查风险不能降低至可接受的水平，那么，注册会计师应发表（　　　）。

　　A.无保留意见　　　　　　　　B.保留意见

　　C.否定意见　　　　　　　　　D.无法表示意见

（三）判断题

1.审计计划分为总体审计策略和具体审计计划两个层次。　　（　　）

2.重要性水平是一个经验值，注册会计师只能通过职业判断确定。

　　　　　　　　　　　　　　　　　　　　　　　　　　（　　）

3.审计风险与重要性之间存在正向关系。　　　　　　　（　　）

4.审计风险只取决于重大错报风险。　　　　　　　　　（　　）

5.风险评估程序不包括观察和检查。　　　　　　　　　（　　）

6.注册会计师应当在制订具体审计计划时确定财务报表整体的重要性。　　　　　　　　　　　　　　　　　　　　　　　　　（　　）

7.对重要性的判断是根据具体环境作出的。　　　　　　（　　）

8.制定总体审计策略的过程通常在具体审计计划之前。　　（　　）

9.错报可能不会孤立发生，一项错报的发生还可能表明存在其他错报。　　　　　　　　　　　　　　　　　　　　　　　　　（　　）

10.重大错报风险是指财务报表在审计前存在重大错报的可能性。

　　　　　　　　　　　　　　　　　　　　　　　　　　（　　）

11.由于审计业务约定书具有法律效力，所以它应按民法典来规范。　　　　　　　　　　　　　　　　　　　　　　　　　　（　　）

12.会计师事务所无法胜任或不能按时完成某项业务时，如能从其他会计师事务所临时聘请到相关专业人员，即可接受该项业务的委托。

　　　　　　　　　　　　　　　　　　　　　　　　　　（　　）

13.注册会计师审计小规模企业，应当运用职业判断，合理确定审

计重要性和审计风险水平，并可根据实际情况适当简化审计计划。

（　　）

14. 审计收费可以采用计件收费和计时收费两种方法。从注册会计师业务的发展趋势来看，计时收费应成为审计收费的基本方法。（　　）

15. 审计人员应该选择各财务报表中最高的重要性水平作为财务报表层次的重要性水平。

（　　）

16. 账户层次的重要性水平就是实质性程序的可容忍误差。（　　）

17. 当累计尚未更正错报、漏报的汇总数接近重要性水平时，注册会计师应考虑扩大实质性程序的范围或提请被审计单位调整财务报表，以降低审计风险。

（　　）

18. 不论重大错报风险的评估结果如何，注册会计师都要对各重要账户或交易类别实施实质性程序。

（　　）

19. 注册会计师对重要性水平作出初步判断的目的是确定所需审计证据的数量。

（　　）

20. 当重大错报风险的水平较高时，注册会计师必须追加审计程序，将检查风险尽量降低，以便使整个审计风险降低至可接受的水平。

（　　）

21. 注册会计师实施有关审计程序后，如仍认为某一重要账户或交易类别认定的检查风险不能降低至可接受的水平，应当发表保留意见或否定意见。

（　　）

22. 重大错报风险越高，表明财务报表存在重大错误的可能性就越大，相应地，要求的检查风险就越低。

（　　）

23. 财务报表项目的性质不同，在财务报表中其被错报、漏报的风险也不一样。

（　　）

24. 一般而言，重要性水平愈高，所需要证据的数量就愈多。

（　　）

25. 重大错报风险越低，注册会计师就可以执行越有限的控制测试。

（　　）

26. 审计人员只有在确定实质性程序的性质、时间和范围时，才应考虑重要性和审计风险之间的反向关系。

（　　）

(四) 分析题

1.某注册会计师在评价被审计单位的审计风险时，分别假定了A、B、C、D四种情况（见表8-1）。

表8-1 审计风险评价

风险类别	情况A	情况B	情况C	情况D
可接受的审计风险（%）	1	2	3	4
重大错报风险（%）	60	50	80	70

要求：

（1）在上述四种情况下，可接受的检查风险水平分别是多少？

（2）哪种情况下注册会计师需要获取最多的审计证据？

（3）写出审计风险模型，并分析各要素与审计证据之间的关系。

（4）简要说明审计风险与重要性水平之间的关系。

2.某注册会计师接受委托审计A公司20×7年度的财务报表，通过查阅A公司的财务报表，找到如下数据（见表8-2）。

表8-2 有关数据

项目	金额（万元）
资产总额	90 000
净资产	44 000
主营业务收入	120 000
净利润	12 060

而且，根据以往的审计经验，确定了在计算重要性水平时各项目对应的百分比（见表8-3）。

表8-3 各项目对应的百分比

项目	资产总额	净资产	主营业务收入	净利润
百分比（%）	0.5	1	0.5	5

要求：

（1）试计算确定财务报表整体的重要性水平。

（2）简述重要性水平与审计证据之间的关系。

（五）讨论题

中国注册会计师协会曾经发布的《独立审计具体准则第9号——内部控制与审计风险》第三条指出："审计风险，是指会计报表存在重大错报或漏报，而注册会计师审计后发表不恰当审计意见的可能性。审计风险包括固有风险、控制风险和检查风险。"第十九条指出："固有风险是指假定不存在相关内部控制时，某一账户、交易类别单独或连同其他账户、交易类别产生重大错报或漏报的可能性。"第二十二条指出："控制风险是指某一账户或交易类别单独或连同其他账户、交易类别产生错报或漏报，而未能被内部控制防止、发现或纠正的可能性。"

2010年，中国注册会计师协会发布《中国注册会计师执业准则（2010）》。《〈中国注册会计师审计准则第1101号——注册会计师的总体目标和审计工作的基本要求〉应用指南》第三十三条指出："审计风险取决于重大错报风险和检查风险。"第三十五条指出："重大错报风险可能存在于下列两个层次：（1）财务报表层次；（2）各类交易、账户余额和披露的认定层次。"第四十三条指出："在既定的审计风险水平下，可接受的检查风险水平与评估的认定层次重大错报风险成反向关系。"

要求：

1. 审计风险的组成要素发生了什么变化？

2. 审计风险组成要素发生变化的原因是什么？

3. 新的审计风险模型对审计过程会产生哪些影响？

六、案例分析

1. A股份有限公司委托B会计师事务所对其财务报表进行审计，B会计师事务所在了解了客户的基本情况并初步评价了审计风险后，决定接受委托，双方签订的审计业务约定书如下：

审计业务约定书

甲方：A股份有限公司

乙方：B会计师事务所

甲方委托乙方对甲方2021年度财务报表进行审计，经双方协商达成如下约定：

（1）委托目的和审计范围

①委托目的：年度财务报表审计。

②审计范围：甲方2021年12月31日的资产负债表；2021年度的现金流量表。

（2）双方的责任与义务

①乙方的责任与义务：

A.乙方应按照《中华人民共和国注册会计师法》《中国注册会计师执业准则》的要求，对被审计单位提供的财务报表和有关资料，实施必要的审计程序，出具真实、合法的审计报告。

B.乙方在审计过程中，如发现被审计单位的内部控制有重大缺陷，也应将情况报告给委托方。乙方在适当的情况下应出具管理建议书。

C.乙方按照约定的时间完成审计业务，出具审计报告。

②甲方的责任与义务：

A.甲方对乙方开展审计工作应给予充分的合作，提供必要的条件，并按乙方的要求，提供被审计单位完整的会计资料及其他各种与审计业务有关的资料。

B.甲方应按照约定的条件，及时足额地支付审计费用。

C.甲方的会计责任是建立、健全内部控制，保证资产的安全、完整，保证会计资料的真实、合法和完整。财务报表由被审计单位负责，乙方的审计责任并不能替代、减轻或免除被审计单位的会计责任。

（3）出具审计报告的时间要求

甲方应于签订审计业务约定书后的15日内提供审计所需的全部资料，受托方应于委托方提供审计所需的全部资料后的45日内出具审计报告。

如果在审计过程中出现不可预见的、影响审计工作如期完成的情况或者其他情况，均需经过双方协商变更约定事项。

（4）审计费用及支付方式

本项业务审计费用为人民币2万元整。上述审计费用应在审计业务约定书签订后先支付50%，审计报告完成时，再支付余下50%。

（5）本约定书经双方签署后生效，约定事项全部完成后失效

（6）违约责任

双方按照《中华人民共和国民法典》承担违约责任。

……

甲方：A股份有限公司（盖章）　　　代表：（签字）

乙方：B会计师事务所（盖章）　　　代表：（签字）

要求：

上述审计业务约定书是否存在问题？如果存在问题，请指出来，并作出相应的修改。

2.中建会计师事务所与M公司于2021年12月20日经协商取得一致意见后签订了审计业务约定书如下：

审计业务约定书

中建会计师事务所：

兹委托该所办理下列业务，费用按规定支付，请受理为盼。

委托单位（盖章）　　委托单位负责人（盖章）

日期：2021年12月20日

委托业务：

审计2021年12月31日的资产负债表、2021年度的利润表及现金流量表。

双方的责任和义务如下：

委托方：

（1）建立、健全内部控制制度，保护资产的安全、完整，保证会计资料的真实性、合法性和完整性。

（2）提供必要的工作条件及合作。

（3）按本约定书的约定及时支付费用。

受托方：

（1）按照《中国注册会计师执业准则》的要求出具审计报告，保证审计报告的真实、合法。

（2）对执业过程中知悉的商业秘密保密。

审计收费：

应收本约定审计事项的费用为：人民币叁万元整。

会计师事务所意见：同意接受委托。

会计师事务所（公章）事务所负责人（盖章）

日期：2021 年 12 月 20 日

要求：

分析该审计业务约定书的不足之处。

3.A 注册会计师在对 B 公司实施审计的过程中，按照以下步骤编制了审计计划：

（1）了解被审计单位经营及所属行业的基本情况；

（2）了解被审计单位的内部控制；

（3）执行分析性复核程序；

（4）考虑审计风险；

（5）初步评价重要性水平；

（6）对重要认定制定初步审计策略；

（7）确定检查风险及设计实质性程序；

（8）进行控制测试及评估控制风险。

要求：

（1）请分析上述编制审计计划的步骤是否正确。如果不正确，说明应当如何改正。

（2）请指出上述哪些步骤属于制定总体审计策略的步骤，哪些步骤属于制订具体审计计划的步骤。

七、阅读文献

[1] 卡迈克尔，威林翰，沙勒．审计概念与方法——现行理论与实

务指南［M］. 刘明辉，胡英坤，译. 大连：东北财经大学出版社，1999.

［2］阿伦斯，洛布贝克. 审计学——整合方法研究［M］. 石爱中，等译. 北京：中国审计出版社，2001.

［3］韩洪灵. 审计理论与实务学习指导书［M］. 北京：中国人民大学出版社，2019.

［4］中国注册会计师协会. 审计［M］. 北京：中国财政经济出版社，2021.

［5］张彤彤. 审计学［M］. 3版. 北京：清华大学出版社，2021.

［6］中国注册会计师协会. 中国注册会计师执业准则应用指南2023［M］. 北京：中国财政经济出版社，2023.

八、练习题参考答案

（一）单项选择题

1.C　2.D　3.B　4.D　5.A　6.C　7.B　8.C　9.D　10.D　11.D　12.B　13.D　14.A　15.D　16.A　17.B

（二）多项选择题

1.ABC　2.ABC　3.AB　4.ACD　5.ACD　6.AD　7.BCD　8.BCD　9.ABC　10.ABCD　11.BC　12.ABCD　13.AD　14.BC　15.ABCD　16.AB　17.BC　18.BD

（三）判断题

1.√　2.√　3.×　4.×　5.×　6.×　7.√　8.√　9.√　10.√　11.×　12.×　13.√　14.√　15.×　16.×　17.√　18.√　19.√　20.√　21.×　22.√　23.√　24.×　25.×　26.×

（四）分析题

1.（1）A、B、C、D四种情况下可接受的检查风险水平分别是1.67%、4%、3.75%、5.71%。

（2）A种情况下注册会计师需要获取最多的审计证据。

（3）审计风险模型为：

$AR=MMR\times DR$

其中，AR为审计风险，MMR为重大错报风险，DR为检查风险。

可接受的审计风险与审计证据的数量是反向关系，即可接受的审计风险越低，需要收集的审计证据越多。重大错报风险与审计证据是正向关系，即重大错报风险水平越高，需要收集的审计证据越多。可接受的检查风险与审计证据是反向关系，即可接受的检查风险越低，需要收集的审计证据越多。

（4）审计风险与重要性水平是反向关系，即重要性水平越高，审计风险越低；重要性水平越低，审计风险越高。

2.（1）财务报表层次的重要性水平见表8-4。

表8-4   重要性水平

项目	金额（万元）	百分比（%）	重要性水平（万元）
资产总额	90 000	0.5	450
净资产	44 000	1	440
主营业务收入	120 000	0.5	600
净利润	12 060	5	603

所以，财务报表层次的重要性水平是440万元。

（2）重要性水平和审计证据是反向关系，即重要性水平越低，需要收集的审计证据越多；反之则反。

（五）讨论题

1. 在原审计风险模型下，审计风险包括固有风险、控制风险和检查风险；在新审计风险模型下，审计风险包括重大错报风险和检查风险，检查风险没有变化，以重大错报风险替代了固有风险和控制风险。

2. 变化的原因主要有两个方面：一是原模型下，固有风险和控制风险的划分在理论上可行，在实务中难以操作和评估；二是原模型难以充分体现风险基础审计的原则，不能充分关注重大错报风险，审计资源的配置与重大错报风险没有实现有效的一致。

3. 在新的审计风险模型下，注册会计师重点要完成的一项工作就是了解被审计单位及其环境，评估重大错报风险，对识别出的重大错报风险实施进一步审计程序，包括控制测试和实质性程序，更充分地体现了风险导向的理念。这一点在原审计风险模型下没有得到充分体现。

（六）案例分析提示

1.以下是该审计业务约定书存在的问题及修改：

（1）审计范围表述不恰当：还应当包括2021年度的利润表。

（2）缺少审计报告的使用责任：甲方应正确使用审计报告，由于使用不当所造成的后果，与乙方无关。

（3）缺少保密条款：乙方对在执行业务过程中知悉的商业秘密负有保密责任。

（4）缺少签订日期。

2.该审计业务约定书存在以下不足：

（1）"委托业务"应明确委托业务的范围和目的，而本约定书只说明了业务范围，即对3张财务报表进行审计，未明确目的。因此应明确：受托方经审计后，对财务报表的合法性和公允性发表审计意见。

（2）双方的义务不完整。

委托方的义务除所列两条外，还应明确：委托方为受托方及时提供审计工作所要求的全部会计资料和其他有关资料，以及全部所需资料的最后提供日期（如在20××年××月××日之前提供所需全部资料）。

受托方的义务除所列保密条款之外，还应明确：受托方应按照约定时间完成审计业务，出具审计报告，以及审计报告的最晚提交日（即在20××年××月××日之前出具审计报告）。

（3）审计业务约定书中没有明确审计报告的使用责任。

（4）审计业务约定书中没有明确该约定书的有效期间，即生效日和失效日。

（5）审计业务约定书中没有说明违约责任。

3.上述编制审计计划的步骤是错误的，正确的步骤应当是：

（1）了解被审计单位经营及所属行业的基本情况；

（2）执行分析性复核程序；

（3）初步评价重要性水平；

（4）考虑审计风险；

（5）对重要认定制定初步审计策略；

（6）了解被审计单位的内部控制；

（7）进行控制测试及评估控制风险；

（8）确定检查风险及设计实质性程序。

在改正后的步骤中，（1）、（2）、（3）、（4）属于制定总体审计策略；（5）、（6）、（7）、（8）属于制订具体审计计划。

第九章　风险评估

一、学习目的与要求

通过本章的学习，了解风险评估的意义、程序和信息来源，了解被审计单位及其环境、适用的财务报告编制基础，包括被审计单位的组织结构、所有权和治理结构、业务模式（包括该业务模式利用信息技术的程度）；了解被审计单位所在行业形势、法律环境和监管环境以及其他外部因素；了解被审计单位财务业绩的衡量标准，包括内部和外部使用的衡量标准；明白适用的财务报告编制基础、会计政策及变更会计政策的原因；了解固有风险因素如何影响认定易于发生错报的可能性，以及被审计单位的内部控制体系各要素；掌握内部控制的基本理论；掌握识别和评估重大错报风险的审计程序；了解可能表明被审计单位存在重大错报风险的事项和情况及需要特别考虑的重大错报风险及对风险评估的修正。

二、相关准则与制度

1.《中国注册会计师审计准则第 1101 号——注册会计师的总体目标和审计工作的基本要求》

2.《中国注册会计师审计准则第 1151 号——与治理层的沟通》

3.《中国注册会计师审计准则第 1211 号——重大错报风险的识别和评估》

4.《中国注册会计师审计准则第 1231 号——针对评估的重大错报风险采取的应对措施》

5.《中国注册会计师审计准则第 1341 号——书面声明》

三、预习要览

（一）关键概念

风险评估　　　　　　　　　　风险评估程序

被审计单位的性质　　　　　　财务业绩的衡量标准

内部控制　　　　　　　　　　控制环境

风险评估过程　　　　　　　　信息系统与沟通

控制活动　　　　　　　　　　控制监督

评估重大错报风险　　　　　　特别风险

（二）关键问题

1. 什么是风险评估？其意义何在？

2. 注册会计师为了了解被审计单位及其环境，应当实施的风险评估程序主要包括哪些？

3. 注册会计师应当了解的被审计单位本身及其内部和外部环境的内容有哪些？

4. 被审计单位对会计政策的选择和运用包括哪些内容？

5. 衡量和评价被审计单位财务业绩的内容有哪些？

6. 内部控制的内涵、要素是什么？

7. 控制环境包括哪些内容？

8. 信息系统与沟通的含义及作用是什么？

9. 控制活动有哪些？

10. 如何对控制进行监督？

11. 如何评估重大错报风险？

四、重点与难点解析

1. 风险评估及其意义

风险评估是现代审计的一项重要程序。风险评估是指通过了解被审计单位及其环境、适用的财务报告编制基础和内部控制体系各要素，以识别和评估财务报表重大错报风险为目的，在设计和实施进一步审计程序之前实施的程序。

实施风险评估有以下重要意义：第一，有助于重要性水平的确定，并可帮助注册会计师随着审计工作的进程评估其对重要性的判断是否适当或是否需要调整；第二，有助于注册会计师考虑被审计单位会计政策的选择和运用是否恰当及财务报表的列报（包括披露）是否适当；第三，有助于注册会计师识别与财务报表中金额或披露相关的需要特别考虑的领域，包括关联方交易、管理层运用持续经营假设的合理性、交易是否具有合理的商业目的等；第四，有助于注册会计师确定实施分析程序时所使用的预期值；第五，有助于注册会计师设计和实施进一步审计程序，将审计风险降至可接受的低水平；第六，有助于评价所获取的审计证据的充分性和适当性。

2.风险评估程序

注册会计师为了了解被审计单位及其环境应当实施的风险评估程序主要包括询问被审计单位管理层和内部其他相关人员、分析程序、观察和检查、其他审计程序等。

3.被审计单位本身及其内部和外部环境

注册会计师应当了解的被审计单位本身及其内部和外部环境的内容具体包括：（1）组织结构、所有权和治理结构、业务模式；（2）行业形势、法律环境和监管环境及其他外部因素；（3）被审计单位财务业绩的衡量标准；（4）适用的财务报告编制基础、会计政策及变更会计政策的原因；（5）了解固有风险因素如何影响认定易于发生错报的可能性；（6）被审计单位的内部控制体系各要素。

4.适用的财务报告编制基础、会计政策及变更会计政策的原因

在了解被审计单位适用的财务报告编制基础，以及如何根据被审计单位及其环境的性质和情况运用该编制基础时，注册会计师可能需要考虑的事项包括：（1）被审计单位与适用的财务报告编制基础相关的财务报告实务；（2）对被审计单位会计政策的选择和运用（包括发生的变化以及变化的原因）获得的了解。

5.内部控制

内部控制是被审计单位为了合理保证财务报告的可靠性、经营的效率和效果以及对法律法规的遵守，由治理层、管理层及其他人员设计和执行的政策与程序，主要包括控制环境、风险评估过程、信息系统与沟通、控制活动、对控制的监督等五个要素。

6.控制环境

控制环境是指对建立、加强或削弱特定政策、程序及其效率产生影响的各种因素，包括治理职能和管理职能，以及治理层和管理层对内部控制及其重要性的态度、认识和措施。控制环境设定了被审计单位的内部控制基调，影响员工对内部控制的认识和态度。良好的控制环境是实施有效的内部控制的基础。控制环境主要包括以下要素：（1）对诚信和道德价值观念的沟通与落实；（2）对胜任能力的重视；（3）治理层的参与程度；（4）管理层的理念和经营风格；（5）组织结构；（6）职权与责任的分配；（7）人力资源政策与实务。

7.信息系统与沟通

一个组织的信息系统是指为了确认、汇总、分析、分类、记录以及报告公司交易和相关事件与情况，并保持对相关资产和负债的受托责任而建立的方法和记录。企业在一定的时间内要以一定的形式确定、收集和交换信息，从而使员工能够行使职权。良好的信息系统与沟通可以使企业及时掌握营运状况和组织中发生的各种情况，可以及时地为企业的员工提供履行职责所需的各种信息，从而使企业的经营和管理流畅地进行下去。一个良好的信息系统应能生成包括经营情况、财务和法规遵循情况的信息。

8.控制活动

控制活动是指为了保证管理指令得到实施而制定并执行的控制政策和程序。控制活动包括与授权、业绩评价、信息处理、实物控制和职责分离等相关的活动。

9.对控制的监督

控制活动不一定完全充分有效，因而，监督对控制的持续有效运行十分重要。对控制的监督是指被审计单位评价内部控制在一段时间内运行有效性的过程，该过程包括及时评价控制的设计和运行，以及根据情况的变化采取必要的纠正措施。对控制的监督主要包括两个方面：一是管理控制方法；二是内部审计。

10.重大错报风险

了解被审计单位及其环境、适用的财务报告编制基础和内部控制体系各要素的目的之一就是评估重大错报风险。注册会计师应当识别和评估财务报表层次以及各类交易、账户余额、披露认定层次的重大错报风险。在识别和评估重大错报风险时，注册会计师应当实施下列审计程序：（1）在了解被审计单位及其环境、适用的财务报告编制基础和内部控制体系各要素的整个过程中识别风险，并考虑各类交易、账户余额、披露；（2）将识别的风险与认定层次可能发生错报的领域相联系；（3）考虑识别的风险是否重大；（4）考虑识别的风险导致财务报表发生重大错报的可能性。某些重大错报风险可能与特定的某类交易、账户余额、披露的认定相关；某些重大错报风险可能与财务报表整体广泛相关，进而影响多项认定。

五、练习题

（一）单项选择题

1.有关了解被审计单位及其环境的说法中，正确的是（　　）。

A.注册会计师对被审计单位及其环境的了解贯穿于整个审计过程

B.注册会计师对被审计单位及其环境了解的程度，高于管理层为经营管理企业而对被审计单位及其环境需要了解的程度

C.对于非上市实体，注册会计师可以不了解被审计单位及其环境

D.注册会计师对被审计单位及其环境了解的程度，取决于被审计单位管理层的配合程度

2.下列各项中，注册会计师在确定某项重大错报风险是否为特别风险时，通常无须确认的是（　　）。

A.交易的复杂程度

B.风险是否涉及重大的关联方交易

C.被审计单位财务人员的胜任能力

D.财务信息计量的主观程度

3.在确定控制活动是否能够防止或发现并纠正重大错报时，下列审计程序中可能无法实现这一目的的是（　　）。

A.检查文件和记录

B.观察员工执行的控制活动

C.询问员工执行控制活动的情况

D.使用高度汇总的数据实施分析程序

4.了解被审计单位财务业绩衡量标准的最重要的目的是（　　）。

A.了解被审计单位的业绩趋势

B.考虑是否存在舞弊风险

C.将被审计单位的业绩与同行业作比较

D.确定被审计单位的业绩是否达到预算

5.针对仅通过实质性程序无法应对的重大错报风险，下列措施中最恰当的是（　　）。

A.测试更多的自动化应用控制

B.用系统选样方法实施货币单元抽样

C.考虑依赖的相关控制的有效性，并对其进行了解、评估和测试

D.将实质性分析程序与细节测试相结合

6.以下有关了解被审计单位内部控制的说法中，不恰当的是（　　）。

A.注册会计师不需要了解被审计单位所有的内部控制

B.与财务报告目标相关的内部控制可能与审计无关

C.如果在设计和实施进一步审计程序时拟利用被审计单位内部生成的信息，针对该信息完整性和准确性的控制可能与审计相关

D.注册会计师无须了解与经营目标相关的内部控制

7.下列关于评估被审计单位重大错报风险的说法中，不正确的是（　　）。

A.被审计单位的重大错报风险，仅指财务报表层次的重大错报风险

B.被审计单位的重大错报风险，包含财务报表层和认定层两个层次

C.在评估重大错报风险时，注册会计师应当将所了解的控制与特定认定相联系

D.注册会计师对认定层次重大错报风险的评估，可能随着审计过程中不断获取的审计证据而作出相应的调整

8.在风险评估程序中，（　　）程序本身并不足以评价控制的设计以及确定其是否得到执行，应当将其与其他风险评估程序结合使用。

A.检查文件和报告　　　　　　B.穿行测试

C.观察特定控制的运用　　　　　D.询问

9.注册会计师在进行风险评估时，以下关于参与项目组讨论人员的表述中，错误的是（　　　）。

A.所有项目组成员都应该参与讨论

B.项目组的关键成员应当参与讨论

C.聘请的专家可能需要参与项目组讨论

D.参与讨论人员的范围会受到其职责经验和信息需要的影响

10.审计风险取决于重大错报风险和检查风险。下列表述正确的是（　　　）。

A.注册会计师应当合理设计审计程序的性质、时间安排和范围，并有效执行审计程序以控制重大错报风险

B.在既定的审计风险水平下，注册会计师应当实施审计程序，将重大错报风险降至可接受的水平

C.注册会计师应当合理设计审计程序的性质、时间安排和范围，并有效执行审计程序以消除检查风险

D.注册会计师应当获取认定层次充分、适当的审计证据，以便在完成审计工作时能够以可以接受的低审计风险对财务报表整体发表审计意见

11.下列各项中，属于对控制的监督的是（　　　）。

A.授权与批准

B.职权与责任的分配

C.调节

D.内审部门定期评估内控的有效性

（二）多项选择题

1.下列各项中，不属于被审计单位设计和实施内部控制的责任主体的有（　　　）。

A.被审计单位的供应商

B.被审计单位的出纳人员

C.负责被审计单位财务报表审计的注册会计师

D.负责被审计单位内部控制审计的注册会计师

2.下列属于注册会计师应当了解的被审计单位行业情况的

有（　　　　）。

A. 能源供应与成本

B. 产品生产技术的变化

C. 生产经营的季节性和周期性

D. 所在行业的市场供求与竞争

3. 评估的重大错报风险的水平越高，注册会计师应当（　　　　）。

A. 实施越详细的实质性程序

B. 确定越低的可接受检查风险水平

C. 实施越详细的控制测试程序

D. 确定越高的可接受检查风险水平

4. 分析程序可以用在（　　　　）方面。

A. 风险评估程序

B. 控制测试

C. 审计结束阶段对报表进行总体复核

D. 实质性程序

5. 注册会计师可以从（　　　　）方面了解被审计单位的法律环境及监管环境。

A. 是否存在新出台的法律法规

B. 国家对某一行业的企业是否有特殊的监管要求

C. 国家货币、财政、税收和贸易等方面政策的变化是否对被审计单位的经营活动产生影响

D. 与被审计单位相关的税务法规是否发生变化

6. 在了解被审计单位内部控制时，注册会计师通常会（　　　　）。

A. 现场观察某项控制的运行

B. 查阅上期工作底稿

C. 追踪交易在财务报告信息系统中的处理过程

D. 重新执行某项控制

7. 在了解公司控制环境时，注册会计师应当关注的内容有（　　　　）。

A. 公司治理层相对于管理层的独立性

B. 公司对控制的监督

C. 公司管理层的理念和经营风格

D. 公司员工整体的道德价值观

8. 风险评估程序包括（　　　）。

A. 观察和检查

B. 分析程序

C. 询问被审计单位管理层和内部其他相关人员

D. 重新执行

9. 注册会计师应当从（　　　）方面了解被审计单位的性质。

A. 营销结构

B. 组织结构

C. 所有权结构

D. 经营活动、投资活动、筹资活动

10. 评估的重大错报风险的水平越高，注册会计师应当（　　　）。

A. 确定越高的可接受检查风险水平

B. 实施更详细的控制测试程序

C. 实施更详细的实质性程序

D. 确定越低的可接受检查风险水平

E. 职责分离

（三）判断题

1. 注册会计师无须了解被审计单位的所有内部控制，只需了解与审计相关的内部控制。　　　　　　　　　　　　　　　　　　　　　（　　）

2. 注册会计师应当了解被审计单位的可能导致财务报表重大错报的相关经营风险，而无须关注被审计单位的目标和战略。　　　　　（　　）

3. 注册会计师通过穿行测试可以确定被审计单位内部控制是否得到执行。　　　　　　　　　　　　　　　　　　　　　　　　　　　（　　）

4. 注册会计师可以控制重大错报风险水平。　　　　　　　　　（　　）

5. 风险评估程序是指注册会计师为了解被审计单位及其环境，以识别和评估重大错报风险而实施的审计程序。　　　　　　　　　　　（　　）

6. 了解被审计单位及其环境是一个连续和动态收集、更新与分析信息的过程，贯穿于整个审计过程的始终。　　　　　　　　　　　　（　　）

7. 多数经营风险最终都会产生财务后果，从而影响财务报表，但并非所有经营风险都会导致重大错报风险。　　　　　　　　　　　（　　）

8. 注册会计师应当及时将注意到的内部控制设计或执行方面的重大缺陷，告知适当层次的管理层或治理层。 （　　）

9. 注册会计师了解被审计单位的经营风险有助于其识别财务报表重大错报风险，注册会计师没有责任识别或评估对财务报表没有影响的经营风险。 （　　）

10. 在确定审计程序后，如果注册会计师决定接受更低的重要性水平，审计风险将增加。 （　　）

11. 评价对被审计单位及其环境了解的程度是否恰当，关键是看注册会计师对被审计单位及其环境的了解是否实施了风险评估程序。 （　　）

12. 如果不拟信赖内部控制，注册会计师就无须对内部控制进行了解、测试和评价。 （　　）

13. 如果某项错报是（或可能是）由舞弊造成的，无论其金额大小，考虑到某些错报发生的环境，即使其金额低于计划的重要性水平，注册会计师仍可能认为其单独或连同其他错报从性质上看是重大的。 （　　）

14. 如果尚未更正错报汇总数超过了重要性水平，对财务报表的影响可能是重大的，那么注册会计师就应当考虑扩大审计程序的范围。 （　　）

15. 注册会计师对重大错报风险的评估是一种判断。若评估的重大错报风险比较低，注册会计师可以不用针对被审计单位所有重大的各类交易、账户余额、列报实施实质性程序。 （　　）

16. 经营风险可能对各类交易、账产余额以及列报认定层次或财务报表层次产生间接影响。 （　　）

17. 注册会计师对控制的了解可以代替对控制运行有效性的测试。 （　　）

18. 日常的、不复杂的、经正规处理的交易不太可能产生特别风险，特别风险通常与重大的非常规交易和判断事项无关。 （　　）

19. 控制可能与某一认定直接相关，也可能与某一认定间接相关。关系越间接，控制在防止或发现并纠正认定中错报的作用越小。 （　　）

20. 重大错报风险评估结果一旦确定，不应当再予以更新。 （　　）

21. 小型被审计单位，管理层可能没有正式的风险评估过程，注册会计师应当评估其经营风险为最高水平。　　　　　　　　（　　　）

六、案例分析

广华会计师事务所注册会计师甲和乙接受事务所的委派对美华股份有限公司（以下简称美华公司）2021年度财务报表进行审计。在预备调查阶段，注册会计师通过调查问卷等形式了解到美华公司销售与收款循环的内部控制，描述如下：

（1）销售部门收到顾客的订单后，由经理对品种、规格、数量、价格、付款条件、结算方式等详细审核后签章，交仓库办理发货手续。

（2）仓库在发运商品出库时，均必须由管理员根据经批准的订单，填制一式四联的销售单。在各联上签章后，第一联作为发运单，由工作人员配货并随货交给顾客；第二联送会计部门；第三联送应收账款专管员；第四联则由管理员按编号顺序连同订单一并归档保存，作为盘存的依据。

（3）会计部门收到销售单后，根据单中所列资料，开具统一的销售发票，将顾客联寄送顾客，将销售联交应收账款专管员，作为记账和收款的凭据。

（4）应收账款专管员收到发票后，将发票与销售单核对，如无错误，据以登记应收账款明细账，并将发票和销售单按顾客顺序归档保存。

要求：

（1）指出美华公司在销售与收款循环的内部控制中存在的缺陷。

（2）针对存在的缺陷，提出改善措施。

七、阅读文献

［1］余玉苗. 审计学［M］. 2版. 北京：清华大学出版社，2008.

［2］阿伦斯，洛布贝克. 审计学——整合方法研究［M］. 石爱中，等译. 北京：中国审计出版社，2001.

［3］韩洪灵. 审计理论与实务学习指导书［M］. 北京：中国人民大学出版社，2019.

[4] 中国注册会计师协会. 审计 [M]. 北京：中国财政经济出版社，2021.

[5] 张彤彤. 审计学 [M]. 3版. 北京：清华大学出版社，2021.

[6] 中国注册会计师协会. 中国注册会计师执业准则应用指南2023 [M]. 北京：中国财政经济出版社，2023.

八、练习题参考答案

（一）单项选择题

1.A 2.C 3.D 4.B 5.C 6.D 7.A 8.D 9.A 10.D 11.D

（二）多项选择题

1.ACD 2.ABCD 3.AB 4.ACD 5.ABCD 6.ABC 7.ACD 8.ABC 9.BCD 10.CD

（三）判断题

1.√ 2.× 3.√ 4.× 5.√ 6.√ 7.√ 8.√ 9.√ 10.√ 11.× 12.× 13.√ 14.√ 15.× 16.× 17.× 18.× 19.√ 20.× 21.×

（四）案例分析提示

（1）美华公司在销售与收款循环的内部控制中存在以下缺陷：①没有根据批准的订单编制销售通知单。②销售单不应由仓库部门编制，也不能代替装运凭证。③货物的发出与装运的职责不应由同一部门承担。④会计部门开具销售发票时没有核对装运凭证、销售单和商品价目表。⑤负责销售账和应收款登记两项不相容职务不应由同一人办理。⑥没有对销售与收款循环进行独立稽核。

（2）针对上述存在的问题，应提出的改善措施如下：①销售部门必须根据批准的订单编制一式多联、连续编号的销售通知单，分别用于批准赊销、审核发出与装运货物、记录发货数量及向顾客开具账单。②货物的发出和装运由仓库和运输部门分别办理。③运输部门必须根据已批准的销售单编制一式多联、连续编号的提货单，装运货物，仓库部门核对经批准的销售单与提货单后发货。④会计部门必须在核对装运凭证（提货单）、销售单和商品价目表无误的情况下，才能开具销售发票。⑤将收款业务和负责销售账的业务分开。⑥设置独立稽核人员专门审核销售发票的单价、加总、入账日期等。

第十章 风险应对

一、学习目的与要求

通过本章的学习，了解针对财务报表层次重大错报风险的总体应对措施及其对总体审计方案的影响；了解进一步审计程序的内涵和要求；掌握进一步审计程序的性质、时间和范围的含义及选择；掌握控制测试的时间和范围的含义及选择；掌握实质性程序的性质、时间和范围的含义及选择。

二、相关准则与制度

1.《中国注册会计师审计准则第1211号——重大错报风险的识别和评估》

2.《中国注册会计师审计准则第1231号——针对评估的重大错报风险采取的应对措施》

3.《中国注册会计师审计准则第1301号——审计证据》

三、预习要览

(一)关键概念

财务报表层次重大错报风险　　审计总体方案

进一步审计程序　　　　　　　控制测试

实质性程序

(二)关键问题

1.财务报表层次重大错报风险及其总体应对措施是什么？

2.在评估财务报表层次重大错报风险时对内部控制环境缺陷应作何考虑？

3.什么是进一步审计程序的总体方案？它与财务报表层次重大错报

风险有何关系?

4. 进一步审计程序的含义和性质是什么? 注册会计师应如何确定进一步审计程序的范围?

5. 控制测试的含义是什么? 何种情况下需要实施控制测试?

6. 注册会计师应如何考虑控制测试的范围?

7. 实质性程序的含义及总体要求是什么?

8. 注册会计师应如何对实施实质性程序的时间加以考虑?

9. 在确定实质性程序的范围时应注意哪些问题?

四、重点与难点解析

1. 财务报表层次重大错报风险及总体应对措施

所谓财务报表层次重大错报风险,是指识别的与财务报表整体相关、涉及多项认定从而具有广泛影响的重大错报风险。在评估重大错报风险时,注册会计师应当确定,识别的重大错报风险是与特定的某类交易、账户余额、披露的认定相关,还是与财务报表整体广泛相关,进而影响多项认定。如果重大错报风险是与财务报表整体相关,则属于财务报表层次的重大错报风险。

针对评估的财务报表层次重大错报风险的总体应对措施包括:(1)向项目组强调在收集和评价审计证据过程中保持职业怀疑态度的必要性。(2)分派更有经验或具有特殊技能的审计人员,或利用专家的工作。(3)对指导和监督项目组成员并复核其工作的性质、时间安排和范围作出调整。对于财务报表层次重大错报风险较高的被审计单位,项目组的高级注册会计师应强化对一般注册会计师的督导,严格复核一般注册会计师的工作。(4)在选择进一步审计程序时,应当注意使某些程序不被管理层预见或事先了解。(5)对总体审计策略或拟实施的审计程序作出调整。

2. 在评估财务报表层次重大错报风险时对内部控制环境缺陷的考虑

财务报表层次的重大错报风险很可能源于薄弱的控制环境。薄弱的控制环境带来的风险可能对财务报表产生广泛影响,而不限于某类交易、账户余额和披露。如果控制环境存在缺陷,注册会计师在对拟实施审计程序的性质、时间和范围作出总体修改时应当考虑:(1)在期末而非期中实施更多的审计程序。控制环境的缺陷通常会削弱期中获得的审计证据的可信赖程度。（2）主要依赖实质性程序获取审计证据。良好的控制环境是其他控制要素发挥作用的基础。控制环境存在缺陷通常会削弱其他控制要素的作用，导致注册会计师可能无法信赖内部控制，而主要依赖实施实质性程序获取审计证据。（3）修改审计程序的性质，获取更具说服力的审计证据。修改审计程序的性质主要是指调整拟实施审计程序的类别及组合。（4）扩大审计程序的范围。例如，扩大样本规模，或采用更详细的数据实施分析程序。

3.进一步审计程序的总体方案及其与财务报表层次重大错报风险的关系

注册会计师针对财务报表层次重大错报风险拟实施的进一步审计程序的总体方案包括实质性方案和综合性方案。实质性方案是指注册会计师实施的进一步审计程序以实质性程序为主；综合性方案是指注册会计师在实施进一步审计程序时，将控制测试与实质性程序结合使用。

注册会计师评估的财务报表层次重大错报风险以及采取的总体应对措施，对拟实施进一步审计程序的总体方案具有重大影响。当评估的财务报表层次重大错报风险属于高风险水平（并相应采取更强调审计程序不可预见性，重视调整审计程序的性质、时间和范围等总体应对措施）时，拟实施进一步审计程序的总体方案往往更倾向于实质性方案。反之，则采用综合性方案。但在某些情况下，如仅通过实质性程序无法应对的重大错报风险，则注册会计师必须通过实施控制测试，才可能有效应对评估出的某一认定的重大错报风险。

4.进一步审计程序的含义和设计要求

进一步审计程序是相对于风险评估程序而言的，是指注册会计师针对评估的各类交易、账户余额、披露认定层次重大错报风险实施的审计程序，包括控制测试和实质性程序。实质性程序包括对各类交易、账户余额、披露的细节测试和实质性分析程序。进一步审计程序是获取审计证据的重要手段，注册会计师应当考虑进一步审计程序的性质、时间和范围，以便有效地获取充分、适当的审计证据。

注册会计师设计和实施的进一步审计程序的性质、时间和范围，应当与评估的认定层次重大错报风险具有明确的对应关系，使审计程序更具有目的性和针对性，有的放矢地配置审计资源，提高审计效率和效果。在设计和实施进一步审计程序的性质、时间和范围时，保证审计程序的性质对风险具有高度针对性是最重要的。这是因为，一般说来，评估的重大错报风险越高，实施进一步审计程序的范围也应越广，但只有首先确保进一步审计程序的性质与特定风险相关时，扩大审计程序的范围才是有效的。

在设计进一步审计程序时，注册会计师应当考虑：（1）风险的重要性。风险的重要性是指风险可能造成的后果的严重程度。风险的后果越严重，就越需要注册会计师关注和重视，越需要精心设计有针对性的进一步审计程序。（2）重大错报发生的可能性。重大错报发生的可能性越大，同样越需要注册会计师精心设计进一步审计程序。（3）涉及的各类交易、账户余额和披露的特征。不同的交易、账户余额和披露，产生的认定层次的重大错报风险也会存在差异，适用的审计程序也有差别，需要注册会计师区别对待，并设计有针对性的进一步审计程序予以应对。（4）被审计单位采用的特定控制的性质。不同性质的控制（无论是人工控制还是自动化控制）对注册会计师设计进一步的审计程序都具有重要影响。（5）注册会计师是否拟获取审计证据，以确定内部控制在防止或发现并纠正重大错报方面的有效性。如果注册会计师拟在风险评估时预期内部控制运行有效，随后拟实施的进一步审计程序必须包括控制测试，且实质性程序自然会受到之前控制测试结果的影响。

5.进一步审计程序的性质及其确定

进一步审计程序的性质是指进一步审计程序的目的和类型。进一步审计程序的目的包括通过实施控制测试以确定内部控制运行的有效性，通过实施实质性程序以发现认定层次的重大错报。进一步审计程序的类型包括检查、观察、询问、函证、重新计算、重新执行和分析程序。不同的审计程序应对特定认定错报风险的效力不同，所以，在应对评估的风险时，合理确定审计程序的性质是非常重要的。

注册会计师应当根据认定层次重大错报风险的评估结果选择审计程序。评估的认定层次重大错报风险越高，对通过实质性程序获取的审计证据的相关性和可靠性的要求越高，从而可能影响进一步审计程序的类型及其综合运用。例如，当注册会计师判断某类交易协议的完整性存在更高的重大错报风险时，除了检查文件以外，注册会计师还可能决定向第三方询问或函证协议条款的完整性。在确定拟实施的审计程序时，注册会计师应当考虑评估的认定层次重大错报风险产生的原因，包括考虑各类交易、账户余额、披露的具体特征以及内部控制。例如，注册会计师可能判断某特定类别的交易即使在不存在相关控制的情况下发生重大错报的风险仍较低，此时注册会计师可能认为仅实施实质性程序就可以获取充分、适当的审计证据。

如果在实施进一步审计程序时拟利用被审计单位信息系统生成的信息，注册会计师应当就信息的准确性和完整性获取审计证据。

6.进一步审计程序的时间的含义及选择

进一步审计程序的时间是指注册会计师何时实施进一步审计程序，或审计证据适用的期间或时点。进一步审计程序的时间，在某些情况下指的是审计程序的实施时间，在另一些情况下是指需要获取的审计证据适用的期间或时点。

在确定何时实施进一步审计程序时，注册会计师应当考虑：（1）控制环境。良好的控制环境可以抵消在期中实施进一步审计程序的局限性，使注册会计师在确定实施进一步审计程序的时间时有更大的灵活性。（2）何时能得到相关信息。例如，某些控制活动可能仅在期中（或期中以前）发生，而之后可能难以再被观察到。注册会计师如果希望获取相关信息，则需要考虑能够获取相关信息的时间。（3）错报风险的性质。例如，被审计单位可能为了保证盈利目标的实现而在会计期末以后伪造销售合同以虚增收入，此时注册会计师需要考虑在期末（即资产负债表日）这个特定时点获取被审计单位截至期末所能提供的所有销售合同及相关资料，以防范被审计单位在资产负债表日后伪造销售合同虚增收入的行为。（4）审计证据适用的期间或时点。注册会计师应当根据需要获取的特定审计证据确定何时实施进一步审计程序。

虽然注册会计师在很多情况下可以根据具体情况选择实施进一步审计程序的时间，但也存在着一些限制选择的情况。某些审计程序只能在期末或期末以后实施，包括将财务报表与会计记录相核对，检查财务报表编制过程中所作的会计调整等。另外，如果被审计单位在期末或接近期末发生了重大交易，或重大交易在期末尚未完成，注册会计师应当考虑交易的发生或截止等认定可能存在的重大错报风险，并在期末或期末以后检查此类交易。

7.进一步审计程序的范围的含义及确定

进一步审计程序的范围是指实施进一步审计程序的数量，包括抽取的样本量、对某项控制活动的观察次数等。在确定审计程序的范围时，注册会计师应当考虑：（1）确定的重要性水平。确定的重要性水平越低，注册会计师实施进一步审计程序的范围越广。（2）评估的重大错报风险。评估的重大错报风险越高，对拟获取审计证据的相关性、可靠性的要求就越高，因此注册会计师实施的进一步审计程序的范围也越广。（3）计划获取的保证程度。计划获取的保证程度越高，对测试结果的可靠性要求就越高，因此注册会计师实施的进一步审计程序的范围也越广。

在考虑确定进一步审计程序的范围时，为了提高进一步审计程序的效率，注册会计师可以使用计算机辅助审计技术对电子化的交易和账户文档进行更广泛的测试，包括从主要电子文档中选取交易样本，或按照某一特征对交易进行分类，或对总体而非样本进行测试。

8.控制测试的含义及需要实施控制测试的具体情形

控制测试指的是测试控制运行的有效性。测试控制运行的有效性与确定控制是否得到执行所需获取的审计证据是不同的。在实施风险评估程序以获取控制是否得到执行所需的审计证据时，注册会计师应当确定某项控制是否存在，被审计单位是否正在使用。在测试控制运行的有效性时，注册会计师应当从下列方面获取关于控制是否有效运行的审计证据：（1）控制在所审计期间的不同时点是如何运行的；（2）控制是否得到一贯执行；（3）控制由谁执行；（4）控制以何种方式运行。如果被审计单位在所审计期间内的不同时期使用了不同的控制，注册会计师应当考虑不同时期控制运行的有效性。

控制运行有效性强调的是控制能够在各个不同时点按照既定设计得以一贯执行。因此，在了解控制是否得以执行时，注册会计师只需抽取少量的交易进行检查或观察某几个时点。但在测试控制运行的有效性时，注册会计师需要抽取足够数量的交易进行检查或对多个不同时点进行观察。

测试控制运行的有效性与确定控制是否得到执行所需获取的审计证据虽然存在差异，但两者也有联系。为评价控制设计和确定控制是否得到执行而实施的某些风险评估程序尽管并非专为控制测试而设计，但可能提供有关控制运行有效性的审计证据，注册会计师可以考虑在评价控制设计和获取其得到执行的审计证据的同时测试控制运行有效性，以提高审计效率；同时注册会计师应当考虑这些审计证据是否足以实现控制测试的目的。

控制测试并非在任何情况下都需要实施。当存在下列情形之一时，注册会计师应当实施控制测试：（1）在评估认定层次重大错报风险时，预期控制的运行是有效的。如果在评估认定层次重大错报风险时预期控制的运行是有效的，注册会计师应当实施控制测试，就控制在相关期间或时点的运行有效性获取充分、适当的审计证据。注册会计师通过实施风险评估程序，可能发现某项控制的设计是存在的，也是合理的，同时得到了执行。在这种情况下，出于成本效益的考虑，注册会计师可能预期，如果相关控制在不同时点都得到了一贯执行，与该项控制有关的财务报表认定发生重大错报的可能性就不会很大，也就可以考虑通过实施控制测试而减少实施实质性程序。为此，注册会计师可能会认为值得对相关控制在不同时点是否得到了一贯执行进行测试，即实施控制测试。这种测试主要是出于成本效益的考虑，其前提是注册会计师在了解内部控制以后认为某项控制存在着被信赖和利用的可能。也就是说，只有在认为控制设计合理、能够防止或发现并纠正认定层次的重大错报时，注册会计师才有必要对控制运行的有效性实施测试。（2）仅实施实质性程序不足以提供认定层次充分、适当的审计证据。如果认为仅实施实质性程序获取的审计证据无法将认定层次重大错报风险降至可接受的低水平，注册会计师应当实施相关的控制测试，以获取控制运行有效性的审计证据。

9.控制测试的时间及注册会计师对其的考虑

控制测试的时间直接关系到通过控制测试获取的审计证据的时间问题。通过控制测试获取的审计证据的时间涉及两个问题：一是证据什么时候获得和适用于审计期间的哪一部分；二是在本审计期间对以前期间控制设计和运行有效证据的依赖程度。一般说来，注册会计师应当根据控制测试的目的确定控制测试的时间，并确定拟信赖的相关控制的时点或期间。如果仅需要测试控制在特定时点的运行有效性，注册会计师只需要获取该时点的审计证据。如果需要获取控制在某一期间有效运行的审计证据，仅获取与时点相关的审计证据是不充分的，注册会计师还应当辅以其他控制测试，包括测试被审计单位对控制的监督。

在选择控制测试时间时，注册会计师需要考虑两个方面的问题：一是期中测试所获取的审计证据；二是以前审计中所获取的审计证据。

注册会计师可能在期中实施进一步审计程序。但即使注册会计师已获取有关控制在期中运行有效性的审计证据，仍然需要考虑如何能够将控制在期中运行有效性的审计证据合理延伸至期末。因此，如果已获取有关控制在期中运行有效性的审计证据，并拟利用该证据，注册会计师应当实施下列审计程序：（1）获取这些控制在剩余期间变化情况的审计证据。针对期中已获取审计证据的控制，考察这些控制在剩余期间的变化情况：如果这些控制在剩余期间没有发生变化，注册会计师可能决定信赖期中获取的审计证据；如果这些控制在剩余期间发生了变化，注册会计师需要了解并测试控制的变化对期中审计证据的影响。（2）确定针对剩余期间还需获取的补充审计证据。针对期中证据以外的、剩余期间的补充证据，注册会计师应当考虑：①评估的认定层次重大错报风险的重大程度。评估的重大错报风险对财务报表的影响越大，注册会计师需要获取的剩余期间的补充证据就越多。②在期中测试的特定控制。例如，对自动化运行的控制，注册会计师更可能测试信息系统一般控制的运行有效性，以获取控制在剩余期间运行有效性的审计证据。③在期中对有关控制运行有效性获取的审计证据的程度。如果注册会计师在期中对有关控制运行有效性获取的审计证据比较充分，可以考虑适当减少需要获取的剩余期间的补充证据。④剩余期间的长度。剩余期间越长，注册会计师需要获取的剩余期间的补充证据就越多。⑤在信赖控制的基础上拟减少进一步实质性程序的范围。注册会计师对相关控制的信赖程度越高，通常在信赖控制的基础上拟减少进一步实质性程序的范围就越广。在这种情况下，注册会计师需要获取的剩余期间的补充证据就越多。⑥控制环境。在注册会计师总体上拟信赖控制的前提下，控制环境越薄弱（或把握程度越低），注册会计师需要获取的剩余期间的补充证据就越多。

被审计单位对控制的监督起到的是一种检验相关控制在所有相关时点是否都有效运行的作用，因此，除了上述测试剩余期间控制的运行有效性外，通过测试被审计单位对控制的监督，注册会计师也可以获取补充审计证据，以便更有把握地将控制在期中运行有效性的审计证据延伸至期末。

在连续审计的情况下，以前审计获取的审计证据可能是有用的，这是因为被审计单位内部控制中的一些要素往往是相对稳定的（相对于具体的交易、账户余额和披露），注册会计师在本期审计时可以适当考虑利用以前审计获取的有关控制运行有效性的审计证据。但是，如果拟信赖以前审计获取的有关控制运行有效性的审计证据，注册会计师应当通过实施询问并结合观察或检查程序，获取这些控制是否已经发生变化的审计证据。如果这些控制在本期发生变化，注册会计师应当考虑以前审计获取的有关控制运行有效性的审计证据是否与本期审计相关。

如果拟信赖的控制自上次测试后已发生变化，注册会计师应当在本期审计中测试这些控制的运行有效性。如果拟信赖的控制自上次测试后未发生变化，且不属于旨在减轻特别风险的控制，注册会计师应当运用职业判断确定是否在本期审计中测试其运行有效性，以及本次测试与上次测试的时间间隔，但两次测试的时间间隔不得超过两年。

在确定利用以前审计获取的有关控制运行有效性的审计证据是否适当以及再次测试控制的时间间隔时，注册会计师应当考虑内部控制其他要素的有效性、控制特征（无论是人工控制还是自动化控制）产生的风险、信息技术一般控制的有效性、控制设计及其运行的有效性、由于环境发生变化而特定控制缺乏相应变化导致的风险、重大错报的风险和对控制的拟信赖程度。

当出现下列情况时，注册会计师应当缩短再次测试控制的时间间隔或完全不信赖以前审计获取的审计证据：①控制环境薄弱；②对控制的监督薄弱；③相关控制中人工控制的成分较大；④信息技术一般控制薄弱；⑤对控制运行产生重大影响的人事变动；⑥环境的变化表明需要对控制作出相应变动；⑦重大错报风险较大或对控制的拟信赖程度较高。

如果拟信赖以前审计获取的某些控制运行有效性的审计证据，注册会计师应当在每次审计时从中选取足够数量的控制，测试其运行有效性；不应将所有拟信赖控制的测试集中于某一次审计，而在之后的审计中不进行任何测试。

如果确定评估的认定层次重大错报风险是特别风险，并拟信赖旨在减轻特别风险的控制，注册会计师不应依赖以前审计获取的审计证据，而应在本期审计中测试这些控制的运行有效性。也就是说，如果注册会计师拟信赖针对特别风险的控制，那么所有关于该控制运行有效性的审计证据必须来自当年的控制测试，注册会计师应当在每次审计中都测试这类控制。

10.控制测试的范围及其确定

控制测试的范围主要是指某项控制活动的测试次数。注册会计师应当设计控制测试，以获取控制在整个拟信赖的期间有效运行的充分、适当的审计证据。

在确定某项控制的测试范围时，注册会计师通常考虑：（1）执行控制的频率，是指在整个拟信赖的期间，被审计单位执行控制的频率。控制执行的频率越高，控制测试的范围越广。（2）在所审计期间，注册会计师拟信赖控制运行有效性的时间长度。拟信赖控制运行有效性的时间长度不同，在该时间长度内发生的控制活动次数也不同。注册会计师需要根据拟信赖控制运行有效性的时间长度确定控制测试的范围。拟信赖控制运行有效性的期间越长，控制测试的范围越广。（3）证据的相关性和可靠性，是指为证实控制能够防止或发现并纠正认定层次重大错报所需获取审计证据的相关性和可靠性。对审计证据的相关性和可靠性要求越高，控制测试的范围越广。（4）通过测试与认定相关的其他控制获取的审计证据的范围。针对同一认定，可能存在不同的控制。当针对其他控制获取审计证据的充分性和适当性较高时，测试该控制的范围可适当缩小。（5）在风险评估时拟信赖控制运行有效性的程度。注册会计师在风险评估时对控制运行有效性的拟信赖程度越高，需要实施控制测试的范围越广。（6）控制的预期偏差。预期偏差可以用控制未得到执行的预期次数占控制应当得到执行次数的比率加以衡量。考虑该因素，是因为在考虑测试结果是否可以得出控制运行有效性的结论时，不可能只要出现任何控制执行偏差就认定控制运行无效，所以需要确定一个合理水平的预期偏差率。控制的预期偏差率越高，需要实施控制测试的范围越广。如果控制的预期偏差率过高，注册会计师应当考虑控制可能不足以将认定层次的重大错报风险降至可接受的低水平，从而针对某一认定实施的控制测试可能是无效的。

此外，对于自动化控制来说，信息技术处理具有内在一贯性，除非系统发生变动，注册会计师通常不需要增加自动化控制的测试范围。对于一项自动化应用控制，一旦确定被审计单位正在执行该控制，注册会计师通常无须扩大控制测试的范围，但需要考虑测试与该应用控制有关的一般控制的运行有效性：确定系统是否发生更改，如果发生更改，是否存在适当的系统更改控制；确定对交易的处理是否使用授权批准的软件版本，以确定该项控制是否持续有效运行。

11.实质性程序的含义及总体要求

实质性程序是指注册会计师针对评估的重大错报风险实施的直接用以发现认定层次重大错报的审计程序。实质性程序包括对各类交易、账户余额和披露的细节测试以及实质性分析程序。注册会计师应当针对评估的重大错报风险设计和实施实质性程序，以发现认定层次的重大错报。由于注册会计师对重大错报风险的评估是一种判断，可能无法充分识别所有的重大错报风险，加之内部控制存在固有局限性，所以无论评估的重大错报风险结果如何，注册会计师都应当针对所有重大的各类交易、账户余额和披露实施实质性程序。

总体而言，注册会计师实施的实质性程序应当包括与财务报表编制相关的审计程序：（1）将财务报表与其所依据的会计记录相核对；（2）检查财务报表编制过程中作出的重大会计分录和其他会计调整。

注册会计师对会计分录和其他会计调整检查的性质和范围，取决于被审计单位财务报告过程的性质和复杂程度以及由此产生的重大错报风险。如果认为评估的认定层次重大错报风险是特别风险，注册会计师应当专门针对该风险实施实质性程序。如果认为管理层面临实现盈利指标的压力而可能提前确认收入，注册会计师在设计询证函时不仅应当考虑函证应收账款的账户余额，还应当考虑询证销售协议的细节条款（如交货、结算及退货条款）；注册会计师还可考虑在实施函证的基础上针对销售协议及其变动情况询问被审计单位的非财务人员。如果针对特别风险仅实施实质性程序，注册会计师应当使用细节测试，或将细节测试和实质性分析程序结合使用，以获取充分、适当的审计证据。

12.实质性程序的性质及其设计

实质性程序的性质是指实质性程序的类型及其组合。实质性程序的两种基本类型包括细节测试和实质性分析程序。细节测试是对各类交易、账户余额、披露的具体细节进行测试，目的在于直接识别财务报表认定是否存在错报。实质性分析程序从技术特征上仍然是分析程序，主要是通过研究数据间的关系评价信息，只是将该技术方法用作实质性程序，即用以识别各类交易、账户余额、披露及相关认定是否存在错报。

注册会计师应当根据各类交易、账户余额、披露的性质选择实质性程序的类型。细节测试和实质性分析程序的目的和技术手段存在一定差异，细节测试适用于对各类交易、账户余额、披露认定的测试，尤其是对存在或发生、计价认定的测试；对在一段时间内存在可预期关系的大量交易，注册会计师可以考虑实施实质性分析程序。

注册会计师应当针对评估的风险设计细节测试，获取充分、适当的审计证据，以达到认定层次所计划的保证水平。

在设计实质性分析程序时，注册会计师应当考虑：（1）对特定认定使用实质性分析程序的适当性；（2）对已记录的金额或比率作出预期时，所依据的内部或外部数据的可靠性；（3）作出预期的准确程度是否足以在计划的保证水平上识别重大错报；（4）已记录金额与预期值之间可接受的差异额。

此外，在实施实质性分析程序时，如果使用被审计单位编制的信息，注册会计师应当考虑测试与信息编制相关的控制，以及这些信息是否在本期或前期经过审计。

13.注册会计师对实施实质性程序的时间的考虑

毫无疑问，大量的实质性程序需要在期末执行，但也可以在期中实施部分实质性程序，以获取一定的审计证据。此外，在连续审计的情况下，以前审计所获取的审计证据也可能有利用价值。对于在期中实施的程序及所获取的审计证据以及以前审计所获取的审计证据，注册会计师要给予专门的考虑。具体说来，如果在期中实施了实质性程序，注册会计师应当针对剩余期间实施进一步的实质性程序，或将实质性程序和控制测试结合使用，以将期中测试得出的结论合理延伸至期末。因此，是否在期中实施实质性程序，首先取决于注册会计师对审计资源利用效率的考虑，只有在注册会计师权衡期中消耗的审计资源和针对剩余期间实施实质性程序消耗的审计资源的总和显著小于完全在期末实施实质性程序所需消耗的审计资源时，才有必要在期中实施实质性程序。

此外，在决定是否在期中实施实质性程序时，注册会计师应当考虑：（1）控制环境和其他相关的控制。控制环境和其他相关的控制越薄弱，注册会计师越不宜依赖期中实施的实质性程序。注册会计师应当考虑针对剩余期间仅实施实质性程序是否足够。如果认为实施实质性程序本身不充分，注册会计师还应测试剩余期间相关控制运行的有效性或针对期末实施实质性程序。（2）实施审计程序所需信息在期中之后的可获得性。如果实施实质性程序所需信息在期中之后可能难以获取，注册会计师应考虑在期中实施实质性程序；但如果实施实质性程序所需信息在期中之后的可获得性并不存在明显困难，则在期末实施实质性程序更为适当。（3）实质性程序的目标。如果针对某项认定实施实质性程序的目标就包括获取该认定的期中审计证据，注册会计师应在期中实施实质性程序。（4）评估的重大错报风险。注册会计师评估的某项认定的重大错报风险越高，针对该认定所需获取的审计证据的相关性和可靠性要求也就越高，注册会计师越应当考虑将实质性程序集中于期末（或接近期末）实施。如果已识别出由舞弊导致的重大错报风险，为将期中得出的结论延伸至期末而实施的审计程序通常是无效的，注册会计师应当考虑在期末或者接近期末实施实质性程序。（5）各类交易或账户余额以及相关认定的性质。例如，某些交易或账户余额以及相关认定的特殊性质（如收入截止认定、未决诉讼）决定了注册会计师必须在期末（或接近期末）实施实质性程序。（6）针对剩余期间，能否通过实施实质性程序或将实质性程序与控制测试相结合，降低期末存在错报而未被发现的风险。如果针对剩余期间注册会计师可以通过实施实质性程序或将实质性程序与控制测试相结合，较有把握地降低期末存在错报而未被发现的风险，注册会计师可以考虑在期中实施实质性程序；但如果针对剩余期间注册会计师认为还需要消耗大量审计资源才有可能降低期末存在错报而未被发现的风险，甚至没有把握通过适当的进一步审计程序降低期末存在错报而未被发现的风险,注册会计师就不宜在期中实施实质性程序。

在确定针对剩余期间拟实施的实质性程序时,注册会计师应当考虑是否已在期中实施了控制测试,并考虑与财务报告相关的信息系统能否充分提供与期末账户余额及剩余期间交易有关的信息。在针对剩余期间实施实质性程序时,注册会计师应当重点关注并调查重大的异常交易或分录、重大波动以及各类交易或账户余额在构成上的重大或异常变动。如果拟针对剩余期间实施实质性分析程序,注册会计师应当考虑某类交易的期末累计发生额或账户期末余额在金额、相对重要性及构成方面能否被合理预期。

如果在期中检查出某类交易或账户余额存在错报,注册会计师应当考虑修改与该类交易或账户余额相关的风险评估以及针对剩余期间拟实施实质性程序的性质、时间和范围,或考虑在期末扩大实质性程序的范围或重新实施实质性程序。

在以前审计中实施实质性程序获取的审计证据,通常对本期只有很弱的证据效力或没有证据效力,不足以应对本期的重大错报风险。只有当以前获取的审计证据及其相关事项未发生重大变动时(例如,以前审计通过实质性程序测试过的某项诉讼在本期没有任何实质性进展),以前获取的审计证据才可能用作本期的有效审计证据。但是,如果拟利用以前审计中实施实质性程序获取的审计证据,注册会计师应当在本期实施审计程序,以确定这些审计证据是否具有持续相关性。

14.实质性程序范围的确定

在确定实质性程序的范围时,注册会计师应当考虑评估的认定层次重大错报风险和实施控制测试的结果。注册会计师评估的认定层次的重大错报风险越高,需要实施实质性程序的范围越广。如果对控制测试结果不满意,注册会计师应当考虑扩大实质性程序的范围。

对于细节测试,注册会计师除了从样本量的角度考虑测试范围外,还要考虑选样方法的有效性等因素。例如,从总体中选取大额或异常项目,而不是进行代表性抽样或分层抽样。

对于实质性分析程序,注册会计师应当确定已记录金额与预期值之间可接受的差异额。在确定该差异额时,注册会计师应当主要考虑各类交易、账户余额、披露及相关认定的重要性和计划的保证水平。实施分析程序可能发现偏差，但并非所有的偏差都值得展开进一步调查。可容忍或可接受的偏差（即预期偏差）越大，作为实质性分析程序一部分的进一步调查的范围就越小。

五、练习题

（一）单项选择题

1.针对重大账户余额，下列审计程序中注册会计师应当实施的是（　　）。

A.控制测试

B.实质性分析程序和细节测试

C.控制测试和实质性程序

D.实质性程序

2.下列有关实质性程序时间安排的说法中，错误的是（　　）。

A.如果实施实质性程序所需信息在期中之后难以获取，注册会计师应考虑在期中实施实质性程序

B.控制环境和其他相关的控制越薄弱，注册会计师越不宜在期中实施实质性程序

C.如在期中实施了实质性程序，应针对剩余期间实施控制测试，以将期中测试得出的结论合理延伸至期末

D.注册会计师评估的某项认定的重大错报风险越高，越应当考虑将实质性程序集中在期末或接近期末实施

3.在确定控制测试的范围时，注册会计师通常考虑的因素不包括（　　）。

A.控制的预期偏差

B.控制的执行频率

C.在风险评估时拟信赖控制运行有效性的程度

D.总体变异性

4.关于审计程序的下列说法中正确的是（　　）。

A.对所有财务报表项目都应当执行实质性程序

B.控制测试是财务报表审计中必须执行的程序

C.在了解被审计单位的内部控制时，需要了解内部控制的执行是

否有效

D.风险评估是财务报表审计中必须执行的程序

5.下列审计程序不能运用于控制测试的是（　　）。

A.分析程序　　　　　　　　　　B.观察

C.询问　　　　　　　　　　　　D.检查

6.注册会计师针对财务报表层次重大错报风险所采取的应对措施是（　　）。

A.总体应对措施　　　　　　　　B.进一步审计程序

C.控制测试　　　　　　　　　　D.实质性程序

7.注册会计师从成本效益的角度往往考虑采用的进一步审计程序方案是（　　）。

A.实质性方案　　　　　　　　　B.综合性方案

C.控制测试　　　　　　　　　　D.实质性程序

8.下列有关控制测试程序的说法中，正确的是（　　）。

A.注册会计师应当将观察与其他审计程序结合使用

B.检查程序适用于所有控制测试

C.重新执行程序适用于所有控制测试

D.通常只有当询问、观察和检查程序结合在一起仍无法获得充分的证据时，注册会计师才考虑实施重新执行程序

9.下列有关控制测试目的的说法中，正确的是（　　）。

A.控制测试旨在评价内部控制在防止或发现并纠正认定层次重大错报方面的运行有效性

B.控制测试旨在发现认定层次发生错报的金额

C.控制测试旨在验证实质性程序结果的可靠性

D.控制测试旨在确定控制是否得到执行

10.下列有关实质性程序的时间安排的说法中，正确的是（　　）。

A.实质性程序应当在控制测试完成后实施

B.应对舞弊风险的实质性程序应当在资产负债表日后实施

C.针对账户余额的实质性程序应当在接近资产负债表日实施

D.实质性程序的时间安排受被审计单位控制环境的影响

11.针对识别出的认定层次的特别风险，注册会计师应当（　　）。

A. 与其他认定层次的重大错报风险一并实施实质性程序

B. 专门针对特别风险实施实质性程序

C. 专门针对特别风险实施实质性分析程序

D. 加大控制测试的样本量

12. 实质性程序是注册会计师针对评估的重大错报风险实施的直接用以发现（　　）重大错报的审计程序。

A. 被审计单位财务报表潜在　　　　B. 财务报表层次

C. 认定层次　　　　　　　　　　　D. 财务报表存在的

13. 下列有关注册会计师实施进一步审计程序的时间的说法中，错误的是（　　）。

A. 如果被审计单位的控制环境良好，注册会计师可以更多地在期中实施进一步审计程序

B. 注册会计师在确定何时实施进一步审计程序时需要考虑能够获取相关信息的时间

C. 对于被审计单位发生的重大交易，注册会计师应当在期中实施控制测试

D. 如果评估的重大错报风险为低水平，注册会计师可以选择资产负债表日前适当日期为截止日实施函证

（二）多项选择题

1. 下列做法中，可以提高审计程序的不可预见性的有（　　）。

A. 向以前没有询问过的被审计单位员工询问

B. 对被审计单位银行存款年末余额实施函证

C. 对销售收入和销售退回延长截止测试期间

D. 对以前通常不测试的金额较小的项目实施实质性程序

2. 以下属于总体应对措施的有（　　）。

A. 对主营业务收入实施实质性分析程序

B. 审计项目负责人要向项目组强调保持职业怀疑的必要性

C. 项目负责人对项目组成员提供更多的督导

D. 审计项目负责人在安排项目组成员时，应安排更有经验或具有特殊技能的审计人员，必要时还要利用专家的工作

3. 下列有关注册会计师设计进一步审计程序的说法中正确的

有（　　　）。

A. 无论选择何种方案，注册会计师都应当对所有重大的各类交易、账户余额、列报设计和实施实质性程序

B. 注册会计师设计和实施的进一步审计程序的性质、时间和范围，应当与评估的认定层次重大错报风险具有明确的对应关系

C. 在注册会计师设计和实施的进一步审计程序的性质、时间和范围中，时间是最重要的

D. 注册会计师在确定进一步审计程序的性质时，应考虑认定层次重大错报风险的评估结果和评估的认定层次重大错报风险产生的原因

4. 为应对较高的财务报表层次重大错报风险，注册会计师可对拟实施审计程序作出的总体修改有（　　　）。

A. 在期中实施更多的审计程序

B. 主要依赖实质性程序获取审计证据

C. 扩大审计程序的范围

D. 更多地实施检查账面记录或相关文件等审计程序

5. 应当实施控制测试的情形有（　　　）。

A. 相关控制虽未得到执行，但设计合理

B. 预期控制的运行是有效的

C. 仅实施实质性程序不足以提供认定层次充分、适当的审计证据

D. 相关控制虽然设计有缺陷，但预期运行有效

6. 控制测试时通常采用的审计程序有（　　　）。

A. 询问和观察　　　　　　　　　B. 检查

C. 分析程序　　　　　　　　　　D. 穿行测试和重新执行

7. 可用于实质性程序的审计程序有（　　　）。

A. 观察和检查　　　　　　　　　B. 询问和函证

C. 分析程序和重新计算　　　　　D. 重新执行

8. 下列有关采用总体审计方案的说法中，错误的有（　　　）。

A. 注册会计师可以针对不同认定采用不同的审计方案

B. 注册会计师可以采用综合性方案或实质性方案应对重大错报风险

C.注册会计师应当采用实质性方案应对特别风险

D.注册会计师应当采用与前期审计一致的审计方案，除非评估的重大错报风险发生重大变化

9.在下列对内部控制的了解的表述中，正确的有（　　）。

A.如果不打算依赖控制，注册会计师就没有必要进一步了解业务流程层面的控制

B.如果不打算信赖内部控制，注册会计师就没有必要进行穿行测试

C.如果认为仅通过实质性程序无法将认定层次的检查风险降至可接受的水平，注册会计师应当了解和评估相关的控制活动

D.针对特别风险，注册会计师应当了解和评估相关的控制活动

10.下列有关审计程序不可预见性的说法中，正确的有（　　）。

A.注册会计师需要与被审计单位管理层事先沟通拟实施具有不可预见性的审计程序的要求，但不能告知其具体内容

B.注册会计师应当在签订审计业务约定书时明确提出拟在审计过程中实施具有不可预见性的审计程序，但并不能明确其具体内容

C.注册会计师通过调整实施审计程序的时间，可以增加审计程序的不可预见性

D.注册会计师采用不同的抽样方法使当年抽取的测试样本与以前有所不同，可以增加审计程序的不可预见性

11.在应对评估的重大错报风险时，注册会计师应选择实质性方案的有（　　）。

A.实施控制测试不符合成本效益原则

B.被审计单位高级管理人员存在舞弊

C.被审计单位的控制环境存在严重缺陷

D.被审计单位不存在与特定认定相关的内部控制

12.作为进一步审计程序的类型之一，控制测试并非在任何情况下都需要实施。当存在下列（　　）情形之一时，注册会计师应当实施控制测试。

A.在评估认定层次重大错报风险时，预期控制的运行是无效的

B. 在评估认定层次重大错报风险时，预期控制的运行是有效的

C. 仅实施实质性程序不足以提供认定层次充分、适当的审计证据

D. 仅实施实质性程序足以提供认定层次充分、适当的审计证据

13. 实质性程序是指注册会计师针对评估的重大错报风险实施的直接用以发现认定层次重大错报的审计程序。注册会计师实施的实质性程序包括（　　　）。

A. 穿行测试

B. 风险评估程序

C. 实质性分析程序

D. 对各类交易、账户余额、列报的细节测试

（三）判断题

1. 不论重大错报风险的评估结果如何，注册会计师均应对各重要账户或交易类别进行控制测试和实质性程序。　　　　　　　　　（　　）

2. 如果测试的控制是针对特别风险的，不应依赖以前审计获取的证据，应在本期测试。　　　　　　　　　　　　　　　　　　　（　　）

3. 为提高审计效率，注册会计师可以考虑在评价控制设计和测试控制是否得以执行的同时测试控制运行的有效性。　　　　　　　（　　）

4. 对于自动化应用控制，注册会计师只需要对控制进行穿行测试就可以测试控制的运行有效性。　　　　　　　　　　　　　　　（　　）

5. 以前年度审计实施实质性程序获得的证据在本期审计中一般不再适用。　　　　　　　　　　　　　　　　　　　　　　　　　（　　）

6. 在进一步审计程序中，实质性分析程序不是必须执行的程序，但是细节测试必须执行。　　　　　　　　　　　　　　　　　　（　　）

7. 控制测试的目的是发现内控运行是否有效，实质性程序的目的是发现报表金额是否存在重大错报。　　　　　　　　　　　　（　　）

8. 如果仅实施实质性程序并不能够提供认定层次充分、适当的审计证据，就必须执行控制测试。　　　　　　　　　　　　　　（　　）

9. 对于与收入完整性认定相关的重大错报风险，细节测试通常更有效。　　　　　　　　　　　　　　　　　　　　　　　　　（　　）

10. 若评估的财务报表层次重大错报风险较高，注册会计师应考虑在期末而非期中实施更多的审计程序。　　　　　　　　　　（　　）

11. 进一步审计程序的时间是指注册会计师何时实施进一步审计程序。（　　）

12. 如果在期中实施了进一步审计程序，审计师还应当针对剩余期间获取审计证据。（　　）

13. 审计师应当对所有重大的各类交易、账户余额、列报设计和实施实质性程序。（　　）

14. 注册会计师评估的认定层次的重大错报风险越高，需要实施实质性程序的范围越小。（　　）

（四）分析题

1. 简述注册会计师应当针对评估的财务报表层次重大错报风险确定的总体应对措施。

2. 简要说明注册会计师增加审计程序不可预见性的方法。

3. 简述针对特别风险，注册会计师可能实施的程序组合。

4. 简述注册会计师设计实质性分析程序时应考虑的因素。

5. 注册会计师在期中实施实质性程序时应当考虑哪些因素？

六、案例分析

A注册会计师负责审计甲上市公司2020年度财务报表，确定财务报表整体的重要性水平为230万元。其他相关事项如下：

（1）根据以往年度审计结果，甲公司针对主要业务流程（包括销售与收款、采购与付款，以及生产与薪酬等）的内部控制是有效的，因此A注册会计师决定在2020年度审计中继续采用综合性审计方案。

（2）在实施进一步审计程序时拟利用被审计单位信息系统生成的信息，审计项目组成员就拟利用信息的准确性获取了审计证据。

（3）甲公司2020年度无形资产为880万元，A注册会计师认为重大错报风险较低，拟仅实施控制测试。

（4）甲公司2020年度多次向银行和其他企业抵押借款。为应对与财务报表披露的完整性认定相关的重大错报风险，A注册会计师决定扩大对实物资产的检查范围。

（5）审计项目组评估认为应收账款的重大错报风险较低，对甲公司2020年11月30日的应收账款余额实施了函证程序，未发现差异。2020

年12月31日的应收账款余额较11月30日无重大变动。审计项目组据此认为已对年末应收账款余额的存在认定获取了充分、适当的审计证据。

（6）审计项目组成员在实施实质性程序时发现的被审计单位存在的重大错报表明其内部控制存在重大缺陷，A注册会计师就这些缺陷与管理层和治理层进行了沟通。

要求：

针对事项（1）至（6），简要说明A注册会计师或审计项目组成员的做法是否恰当。如不恰当，简要说明理由。

七、阅读文献

［1］中国注册会计师协会. 中国注册会计师执业准则应用指南［M］. 上海：立信会计出版社，2020.

［2］韩洪灵. 审计理论与实务学习指导书［M］. 北京：中国人民大学出版社，2019.

［3］中国注册会计师协会. 审计［M］. 北京：中国财政经济出版社，2021.

［4］张彤彤. 审计学［M］. 3版. 北京：清华大学出版社，2021.

八、练习题参考答案

（一）单项选择题

1.D　2.C　3.D　4.D　5.A　6.A　7.B　8.D　9.A　10.D　11.B　12.C　13.C

（二）多项选择题

1.ACD　2.BCD　3.ABD　4.BC　5.BC　6.ABD　7.ABC　8.CD　9.ACD　10.ACD　11.ABCD　12.BC　13.CD

（三）判断题

1.√　2.√　3.×　4.×　5.√　6.√　7.√　8.√　9.√　10.√　11.√　12.√　13.√　14.×

（四）分析题

1.（1）向项目组强调在收集和评价审计证据过程中保持职业怀疑态度的必要性；

（2）分派更有经验或具有特殊技能的注册会计师，或利用专家的工作；

（3）提供更多的督导；

（4）在选择进一步审计程序时，应当注意使某些程序不被管理层预见或事先了解；

（5）对拟实施审计程序的性质、时间和范围作出总体修改。

2.（1）对某些以前未测试的低于设定的重要性水平或风险较小的账户余额和认定实施实质性程序；

（2）调整实施审计程序的时间，使其超出被审计单位的预期；

（3）采取不同的审计抽样方法，使当年抽取的测试样本与以前有所不同；

（4）选取不同的地点实施程序，或预先不告知被审计单位所选定的测试地点。

3.（1）细节测试；

（2）细节测试+实质性分析程序；

（3）细节测试+实质性分析程序+控制测试；

（4）控制测试+细节测试；

（5）控制测试+实质性分析程序。

4.（1）对特定认定使用实质性分析程序的适当性；

（2）对已记录的金额或比率作出预期时，所依据的内部或外部数据的可靠性；

（3）作出预期的准确程度是否足以在计划的保证水平上识别重大错报；

（4）已记录金额与预期值之间可接受的差异额。

5.（1）控制环境和其他相关的控制；

（2）实施审计程序所需信息在期中之后的可获得性；

（3）实质性程序的目标；

（4）评估的重大错报风险；

（5）各类交易或账户余额以及相关认定的性质；

（6）针对剩余期间，能否通过实施实质性程序或将实质性程序与控制测试相结合，降低期末存在错报而未被发现的风险。

（五）案例分析提示

（1）不恰当。注册会计师不能仅依据以往的审计经验确定进一步审计程序的总体方案，而要根据本年度重大错报风险的评估结果，并考虑控制是否发生变化，是否出现其他使信赖控制不再适当的因素来确定是否继续选用综合性方案。

（2）不恰当。如果在实施进一步审计程序时拟利用被审计单位信息系统生成的信息，注册会计师应当就信息的准确性和完整性获取审计证据。

（3）不恰当。针对重大类别的交易仅实施控制测试不够，应针对重大类别的交易实施实质性程序。

（4）不恰当。为应对抵押借款披露的完整性的重大错报风险，应实施对借款协议、契约的检查程序。检查实物资产与审计目标无关。

（5）不恰当。注册会计师应对 2020 年 11 月 30 日和 12 月 31 日之间应收账款的变动情况实施进一步审计程序。

（6）恰当。

第十一章 审计抽样

一、学习目的与要求

通过本章的学习，了解审计抽样的概念和特征，了解审计抽样的种类及各种审计抽样的特征及应用，了解选择测试项目的方法，了解对其他选取测试项目方法的考虑，了解抽样风险和非抽样风险的概念及种类，了解注册会计师在设计样本时应考虑的因素，了解变量抽样的基本概念；掌握实施风险评估程序、控制测试和实质性程序时对审计抽样的考虑，掌握选取样本的方法，掌握样本结果评价的程序及内容，掌握属性抽样中使用的基本概念，掌握固定样本规模抽样、停-走抽样和发现抽样方法，掌握变量抽样的方法。

二、相关准则与制度

1.《中国注册会计师审计准则第 1314 号——审计抽样》
2.《中国注册会计师鉴证业务基本准则》

三、预习要览

（一）关键概念

审计抽样	其他选择测试项目的方法
统计抽样	非统计抽样
属性抽样	变量抽样
双重目的抽样	抽样风险
非抽样风险	可信赖程度
可容忍误差	样本误差
总体误差	

（二）关键问题

1. 审计抽样和其他选取测试项目的方法的含义是什么？
2. 获取审计证据的审计抽样和其他选取测试项目的方法有哪些？
3. 抽样风险和非抽样风险对审计的影响怎样？
4. 如何设计审计样本？
5. 随机选样、系统选样和随意选样的优缺点及适用范围是什么？
6. 如何评价样本结果？
7. 属性抽样审计的程序是什么？
8. 变量抽样审计的程序是什么？

四、重点与难点解析

1. 审计抽样（见表11-1）

表11-1   **审计抽样**

审计抽样和其他选取测试项目的方法概述	在设计审计程序时，注册会计师应当确定选取测试项目的适当方法。选取测试项目旨在确定实施审计程序的范围，即实施审计程序的数量。可以使用的方法包括选取全部项目、选取特定项目和审计抽样，我们把选取全部项目和选取特定项目称为其他选取测试项目的方法 审计抽样，是指注册会计师对某类交易或账户余额中低于百分之百的项目实施审计程序，使所有抽样单元都有被选取的机会。审计抽样可使注册会计师获取和评价与被选取项目的某些特征有关的审计证据，以形成或帮助形成对从中抽取样本的总体结论 注册会计师拟实施的审计程序将对运用审计抽样产生重要影响，有些审计程序可以使用审计抽样，有些审计程序则不宜使用审计抽样，此时便需要采用其他选取测试项目的方法。注册会计师可以根据具体情况，单独或综合使用选取测试项目的方法。总的要求是，使用的方法应当能够有效提供充分、适当的审计证据，以实现审计程序的目标			
审计抽样的种类	根据抽样技术的不同划分	统计抽样	在统计抽样理论的指导下进行审计抽样	有科学的理论依据，可以定量控制风险	要求注册会计师具有一定的理论基础
		非统计抽样	根据注册会计师的经验或判断进行审计抽样，包括任意抽样和判断抽样	通常成本较低	主观随意性较强，结果的可靠性较差

		属性抽样	根据样本的偏差率推断总体的偏差率	旨在测定总体特征的发生频率所采用的一种方法	应用于控制测试
审计抽样的种类	根据作为对象的总体特征划分	变量抽样	根据样本的差错额推断总体的差错额	用来估计总体错误金额而采用的一种方法	应用于实质性程序
		双重目的抽样	同时进行控制测试和实质性程序所采取的审计抽样		
样本设计	样本设计应考虑的因素	样本设计是指注册会计师对审计样本进行计划。在计划样本时，注册会计师应当对审计程序的目标、抽样总体的属性、抽样单元、误差的构成条件、可容忍误差、预期总体误差等进行综合考虑			
	对抽样风险的考虑	控制测试应关注的抽样风险	信赖过度风险	导致错误结论，影响审计效果	
			信赖不足风险	导致执行过多的审计程序，降低审计效率	
		细节测试应关注的抽样风险	误受风险	形成不恰当的审计结论，影响审计效果	
			误拒风险	执行额外的审计程序，降低审计效率	
选样方法	随机选样	随机选样使用随机数表或计算机辅助审计技术选样，是指对审计对象总体或子总体的所有项目，按随机规则选取样本的一种选样方法			
	系统选样	系统选样也称等距选样，是指首先计算选样间距，确定选样起点，然后，根据间距，顺序选取样本的一种选样方法			
	随意选样	随意选样就是不考虑金额大小、资料取得的难易程度及个人偏好，以随意的方式选出样本。随意选样的缺点在于很难完全无偏见地选取样本项目			

	分析样本误差	对样本误差应从数量和性质两个方面加以分析	
控制测试中抽样技术的应用	推断总体误差	根据抽样中发现的误差，采用适当的方法，推断审计对象的总体误差。当将总体划分为几个层次时，应先对每一层次作个别的推断，然后将推断结果加以汇总	
	重估抽样风险	在进行细节测试时，如果推断的总体误差超过了可容忍误差，经重估后的抽样风险不能被接受，则应增加样本量或执行替代审计程序。如果推断的总体误差接近可容忍误差，应考虑是否增加样本量或执行替代审计程序 在进行控制测试时，如果注册会计师认为抽样结果无法达到其对所测试的内部控制制度的预期信赖程度，应考虑增加样本量或修改实质性测试程序	
	形成审计结论	注册会计师在评价抽样结果的基础上，应根据所取得的证据，确定审计证据是否足以证实某一审计对象的总体特征，从而得出审计结论	
控制测试中抽样技术的应用	属性抽样	固定样本规模抽样	固定样本规模抽样是一种使用最为广泛的属性抽样方法，常用于估计审计对象总体中某种误差发生的比例
		停-走抽样	从预计总体误差为零开始，通过边抽样边评价来完成抽样工作。在这种方法下，每一步骤完成后，注册会计师都需要决定是停止抽样还是继续下一个步骤，所以样本量是不固定的
		发现抽样	在既定的可信赖程度下，在假定误差以既定的误差率存在于总体之中的情况下，至少查出一个误差的抽样方法。发现抽样也是属性抽样的一种特殊形式，主要用于查找重大舞弊事项

细节测试中抽样技术的应用	变量抽样	比率估计抽样	比率估计抽样是以样本实际价值与账面价值之间的比率关系来估计总体实际价值与账面价值之间的比率关系，然后以这个比率乘以总体的账面价值，从而求出总体的实际价值的估计金额的一种抽样方法
		差额估计抽样	差额估计抽样是以样本实际价值与账面价值的平均差额来估计总体实际价值与账面价值的平均差额，然后以这个平均差额乘以总体项目个数，从而求出总体的实际价值的估计金额的一种抽样方法

2.获取审计证据时对审计抽样和其他选择测试项目方法的考虑

（1）实施风险评估程序时的考虑。风险评估程序通常不需要考虑审计抽样和其他选取测试项目的方法。注册会计师在实施风险评估程序以了解被审计单位及其环境时，一般都会采用询问、分析程序、检查和观察程序，目的是识别和评估重大错报风险，而不是要对包含全部抽样单元的总体得出结论。另外，风险评估程序实施的范围比较广泛，获取的信息具有较强的主观性，这些都决定了实施风险评估程序不宜使用审计抽样。但是，如果注册会计师在了解控制的设计和确定其是否得到执行时，一并计划和实施控制测试，即执行双重目的测试，则可以考虑使用审计抽样，但此时的审计抽样是针对控制测试进行的。

（2）实施控制测试时的考虑。在被审计单位的控制的运行留下轨迹的情况下，注册会计师可以考虑使用审计抽样和其他选取测试项目的方法实施控制测试。在了解了被审计单位的内部控制之后，注册会计师应当识别可表明控制有效运行的特征，同时识别控制没有得到有效执行时可能出现的异常情况，然后就可以对所识别的特征是否存在进行测试。如果表明控制有效运行的特征留下了书面证据，注册会计师就可以在控制测试中使用审计抽样。某些控制的运行可能没有书面记录，或文件记录与证实控制运行有效性不相关，即属于没有留下运行轨迹的控制，对这类控制实施测试不涉及审计抽样，注册会计师通常应考虑实施询问、观察等程序来获取相关控制运行有效性的审计证据。

（3）实施实质性程序时的考虑。实质性程序包括对各类交易、账户余额和披露的细节测试和实质性分析程序。注册会计师只有在实施细节测试程序时，才需要考虑审计抽样和其他选取测试项目的方法。在实施细节测试时，注册会计师可以使用审计抽样和其他选取测试项目的方法获取审计证据，以验证有关财务报表金额的一项或多项认定，或对某些金额作出独立估计。在实施实质性分析程序时不需要使用审计抽样和其他选取测试项目的方法。

（4）对其他选取测试项目方法的考虑。

① 选取全部项目。在确定适当的选取测试项目方法时，注册会计师应当考虑与所测试认定有关的重大错报风险和审计效率。在存在下列情形之一时，注册会计师可以考虑选取全部项目进行测试：第一，总体由少量的大额项目构成。如果某类交易或账户余额中的所有项目的金额都较大，注册会计师可以考虑选取全部项目进行测试。第二，存在特别风险且其他方法未提供充分、适当的审计证据。某类交易或账户余额中的所有项目的单个金额可能不大，但却存在特别风险，注册会计师也可能需要测试全部项目。存在特别风险的项目主要包括：a.管理层高度参与的，或错报可能性较大的交易事项或账户余额；b.非常规的交易事项或账户余额，特别是与关联方有关的交易事项或账户余额；c.长期不变的账户余额，如滞销的存货余额或账龄较长的应收账款余额；d.可疑的非正常项目，或明显的不规范项目；e.以前发生过错误的项目；f.期末人为调整的项目；g.其他存在特别风险的项目。第三，符合成本效益原则。由于信息系统自动执行的计算或其他程序具有重复性，对全部项目进行检查符合成本效益原则，注册会计师可以运用计算机辅助审计技术对全部项目进行测试。对全部项目进行审查，通常更适用于细节测试。例如，在截止测试中，注册会计师通常对截止日前后一段时间发生的全部交易进行测试。

② 选取特定项目。根据对被审计单位的了解、评估的重大错报风险以及所测试总体的特征等，注册会计师可以确定从总体中选取特定项目进行测试。选取的特定项目可能包括： a.大额或关键项目。关键项目本身就具有重要性。选择大额项目进行测试，可以保证较少的测试项目的金额在总体金额中占有较高的比例，以便对总体的推断有较高的可

靠性。b.超过某一金额的全部项目。抽取超过某一设定金额的全部项目进行测试，可以保证某类交易或账户的大部分金额得到验证。c.被用于获取某些信息的项目。如果注册会计师选择某些项目进行测试的目的是获取与被审计单位的性质、交易的性质以及内部控制等事项有关的信息，那么对这些项目的测试实际上属于风险评估程序。d.被用于测试控制活动的项目。同样，如果对某些项目进行测试的目的是确定某项控制是否得到有效执行，则该种测试亦属于风险评估程序。

此外，可疑的项目、异常的项目、以前发生过错误的项目，均属于具有高风险特征的项目，也应作为特定项目进行测试。

五、练习题

（一）单项选择题

1.下列各项风险中，对审计工作的效率和效果都有影响的是（　　）。

A.非抽样风险　　　　　　　　B.信赖过度风险

C.信赖不足风险　　　　　　　D.误受风险

2.下列样本选取方法不属于非概率性选样的是（　　）。

A.随机抽样　　　　　　　　　B.判断抽样

C.随意抽样　　　　　　　　　D.整群抽样

3.主要用于查找重大非法事项、有极高的可信赖程度的抽样方法是（　　）。

A.发现抽样　　　　　　　　　B.固定样本规模抽样

C.停-走抽样　　　　　　　　　D.变动样本规模抽样

4.总体中各项目之间差异越大，总体标准差（　　）。

A.越大　　　　　　　　　　　B.越小

C.不变　　　　　　　　　　　D.不确定

5.非抽样风险与样本量的关系是（　　）。

A.没有关系　　　　　　　　　B.同向变动关系

C.反向变动关系　　　　　　　D.有时同向变动

6.注册会计师实施的下列审计程序中，通常会涉及审计抽样的是（　　）。

A. 细节测试

B. 实质性分析程序

C. 对未留下运行轨迹的控制进行的控制测试

D. 风险评估程序

7.下列抽样方法中，适合在控制测试中使用的是（　　　）。

A. 货币单元抽样 　　　　　　　　B. 随意抽样

C. 系统抽样 　　　　　　　　　　D. 整群抽样

8.注册会计师采用系统选样法选取销售发票的样本，销售发票的总体范围是1—2 000，设定的样本量是100，如果选样的起点是19，则选取的第5个样本是（　　　）。

A.119 　　　　　　　　　　　　　B.59

C.99 　　　　　　　　　　　　　　D.79

9.在下列控制测试中使用统计抽样的情况中，注册会计师可以直接作出接受总体的结论的是（　　　）。

A. 总体偏差率上限低于可容忍偏差率

B. 总体偏差率上限低于但接近可容忍偏差率

C. 总体偏差率上限等于可容忍偏差率

D. 总体偏差率上限高于可容忍偏差率

10.下列关于预计总体误差的说法中，正确的是（　　　）。

A. 以前对被审计单位的审计经验不能够作为确定本期预计总体误差的基础

B. 即使预计总体误差超过了可容忍误差，但考虑到职业判断存在局限性，我们仍可接受总体

C. 预计总体误差越大，可容忍误差越小

D. 预计总体误差与样本规模同向变动

11.审计人员采用系统选样法进行随机抽样，要从1 000个应收账款记录中选择10%的记录进行测试，其抽样间距为（　　　）。

A.2 　　　　　　　　　　　　　　B.4

C.8 　　　　　　　　　　　　　　D.10

12.注册会计师由于专业判断的失误造成审计结论与客户的客观事实不符，这种可能性属于（　　　）。

A.非抽样风险　　　　　　　　　B.抽样风险

C.误拒风险　　　　　　　　　　D.信赖过度风险

（二）多项选择题

1.下列各项抽样风险中，影响审计效果的有（　　）。

A.误受风险　　　　　　　　　　B.误拒风险

C.信赖过度风险　　　　　　　　D.信赖不足风险

2.下列各项中，与控制测试样本规模成反向变动关系的有（　　）。

A.总体规模　　　　　　　　　　B.预计总体偏差率

C.可接受的信赖过度风险　　　　D.可容忍偏差率

3.在细节测试中，运用非统计抽样评价样本结果的说法中，正确的有（　　）。

　A.如果调整后的总体错报小于可容忍错报，但两者很接近，则总体可以接受

　B.注册会计师应当运用其经验和职业判断考虑抽样风险

　C.如果调整后的总体错报大于可容忍错报，则总体不能接受

　D.如果调整后的总体错报远远小于可容忍错报，则总体可以接受

4.注册会计师实施的下列审计程序中，通常不会涉及审计抽样的有（　　）。

A.细节测试　　　　　　　　　　B.实质性分析程序

C.风险评估程序　　　　　　　　D.控制测试

5.在设计审计程序时，注册会计师选取测试项目的方法包括（　　）。

A.审计抽样　　　　　　　　　　B.选取重大的项目

C.选取特定的项目　　　　　　　D.选取全部项目

6.下列关于抽样风险和非抽样风险的说法中，正确的有（　　）。

A.在细节测试中，注册会计师对误拒风险的关注程度更高

B.抽样风险是由抽样引起的，只要使用了审计抽样，抽样风险就会存在

C.抽样风险与样本规模和抽样方法相关

D.非抽样风险是由人为错误造成的，不能消除

7.关于属性抽样与变量抽样的论述中，正确的有（　　）。

A.属性抽样的误差单位为百分比，而变量抽样的误差单位为金额

B.属性抽样往往用于控制测试，而变量抽样往往用于实质性程序

C.属性抽样可了解非会计信息，而变量抽样用来了解会计信息

D.属性抽样要依据非统计抽样，而变量抽样的依据是统计抽样

8.注册会计师拟使用审计抽样获取审计证据，以下程序中，你认为通常可以采用审计抽样的有（　　　　）。

A.对被审计单位及其环境进行了解

B.运用分析程序证实营业收入的发生认定

C.证明被审计单位的赊销审批控制一贯有效运行

D.对应收账款进行函证

（三）判断题

1.统计抽样不存在非抽样风险。　　　　　　　　　　　　　　（　　　）

2.选取特定项目进行测试是审计抽样的一种。　　　　　　　（　　　）

3.对全部项目进行检查，通常更适用于控制测试，而不是细节测试。　　　　　　　　　　　　　　　　　　　　　　　　　（　　　）

4.在实质性程序中，审计抽样只能在实施细节测试时使用。（　　　）

5.误拒风险和信赖过度风险影响审计效率。　　　　　　　　（　　　）

6.对审计工作进行适当的指导、监督和复核可降低抽样风险。

（　　　）

7.注册会计师在对抽样总体进行分层后，对某一层中的样本项目实施审计程序的结果，可以用于推断构成该层的项目，也可以用于推断整个总体。　　　　　　　　　　　　　　　　　　　　　　　（　　　）

8.系统选样，也称等距选样，是指首先计算选样间隔，确定选样起点，然后根据间隔、顺序选取样本的一种选样方法，系统选样方法使用方便，并可用于无限总体。但使用系统选样方法要求总体必须是随机排列的，否则容易产生较大偏差。　　　　　　　　　　　　　　　　（　　　）

9.在使用统计抽样时，注册会计师可以准确地计量和控制抽样风险。在使用非统计抽样时，注册会计师同样可以利用经验量化抽样风险。　　　　　　　　　　　　　　　　　　　　　　　　　　　（　　　）

10.在统计抽样中，注册会计师是运用概率论评价样本结果和计量抽样风险的，所以注册会计师不需运用职业判断，但是非统计抽样也称

判断抽样，注册会计师运用时，需要运用职业判断。　　　（　　）

11. 如果一个总体中的某些项目被认为存在较低的重大错报风险，则注册会计师无须对这些项目实施检查。　　　（　　）

12. 在细节测试中，运用非统计抽样评价样本结果，如果调整后的总体错报大于可容忍错报，则总体不能接受。　　　（　　）

（四）分析题

1. 审计人员在对某公司 2021 年 3 月的工资单进行审查时，决定从 900 名职工的工资单中抽取 30 名职工进行审查，并使用系统抽样方法选样。

要求：

抽样间距应为多少？

2. 某委托人应收账款的编号为 0001 至 5000，审计人员拟利用随机数表选择其中的 175 份进行函证（随机数表见教材）。

要求：

（1）以第 2 行、第 1 列数字为起始点，自左向右，以各数的后四位数为准，审计人员选择的最初 5 个样本的号码分别是多少？

（2）以第 4 行、第 2 列数字为起始点，自上而下，以各数的后四位数为准，审计人员选择的最初 5 个样本的号码分别是多少？

3. 假设被审计单位的应付账款账面总值为 5 000 000 元，共计 4 000 个账户，注册会计师为对应付账款总额进行估计，选出 200 个账户，账面价值为 240 000 元，审定后认定的价值为 245 600 元。

要求：

请分别使用比率估计抽样和差额估计抽样估计应付账款总体金额。

六、阅读文献

［1］余玉苗. 审计学［M］. 2 版. 北京：清华大学出版社，2008.

［2］阿伦斯，洛布贝克. 审计学——整合方法研究［M］. 石爱中，等译. 北京：中国审计出版社，2001.

［3］韩洪灵. 审计理论与实务学习指导书［M］. 北京：中国人民大学出版社，2019.

［4］中国注册会计师协会. 审计［M］. 北京：中国财政经济出版

社，2021.

[5] 张彤彤. 审计学［M］. 3版. 北京：清华大学出版社，2021.

［6］中国注册会计师协会. 中国注册会计师执业准则应用指南2023［M］. 北京：中国财政经济出版社，2023.

七、练习题参考答案

（一）单项选择题

1.A　2.A　3.A　4.A　5.A　6.A　7.C　8.C　9.A　10.D　11.D　12.A

（二）多项选择题

1.AC　2.CD　3.BCD　4.BC　5.ABCD　6.BC　7.ABC　8.CD

（三）判断题

1.×　2.×　3.×　4.√　5.×　6.×　7.×　8.√　9.×　10.×　11.×　12.√

（四）分析题

1.抽样间距应为30（900÷30）。

2.（1）2368，0995，4130，2527，2167。

（2）3093，2905，1977，4342，0961。

3.根据比率估计抽样的计算公式：

估计应付账款总体价值=总体账面价值×（样本实际价值÷样本账面价值）

$$=5\ 000\ 000×（245\ 600÷240\ 000）$$

$$=5\ 116\ 666.67（元）$$

或者，运用差额估计抽样计算公式：

估计的总体差额=（样本实际价值–样本账面价值）÷样本量×总体项目个数

$$=（245\ 600\ –240\ 000）÷200×4\ 000$$

$$=112\ 000（元）$$

估计应付账款总体价值=112 000+5 000 000=5 112 000（元）

第十二章 终结审计与审计报告

一、学习目的与要求

通过本章的学习，了解审计差异调整表和试算平衡表的编制；掌握与治理层和管理层的沟通；了解复核审计工作；掌握审计报告的基本内容；掌握审计报告的基本类型和签发不同意见审计报告的条件要求。

二、相关准则与制度

1.《中国注册会计师审计准则第 1151 号——与治理层的沟通》

2.《中国注册会计师审计准则第 1341 号——书面声明》

3.《中国注册会计师审计准则第 1501 号——对财务报表形成审计意见和出具审计报告》

4.《中国注册会计师审计准则第 1502 号——在审计报告中发表非无保留意见》

5.《中国注册会计师审计准则第 1504 号——在审计报告中沟通关键审计事项》

三、预习要览

(一) 关键概念

审计差异调整表   试算平衡表

复核审计工作   审计报告

无保留意见   保留意见

否定意见   无法表示意见

标准无保留意见的审计报告   非标准审计报告

带强调事项段的审计报告   关键审计事项

（二）关键问题

1. 审计报告包括哪些基本内容？

2. 如何确定关键审计事项？

3. 在什么情况下注册会计师应发表无保留意见的审计报告？

4. 在什么情况下注册会计师应发表保留意见的审计报告？

5. 在什么情况下注册会计师应发表否定意见的审计报告？

6. 在什么情况下注册会计师应发表无法表示意见的审计报告？

7. 在什么情况下注册会计师应发表带强调事项段的审计报告？

四、重点与难点解析

1. 编制审计差异调整表和试算平衡表。

在审计过程中，对于注册会计师发现的被审计单位会计处理方法与适用的会计准则和相关会计制度的不一致，即审计差异内容，项目负责人应当根据审计重要性原则进行初步确认并汇总，编制审计差异调整表，并建议被审计单位进行调整，使调整后的财务报表能够公允反映被审计单位的财务状况、经营成果和现金流量。

2. 与治理层和管理层的沟通。

在结束审计外勤工作前，注册会计师应完成下列工作：取得被审计单位管理层和律师的声明书，并就有关事项与被审计单位不同层次的人员进行及时沟通。沟通事项包括审计工作中发现的问题、注册会计师的独立性、要求和商定沟通的其他事项。沟通的形式涉及口头沟通和书面沟通。沟通的时间因沟通事项的重大程度和性质，以及治理层拟采取的措施等业务环境的不同而不同。

3. 复核审计工作。

编制审计报告以前，注册会计师应根据审计计划中拟定的内容、范围和要求，对审计工作底稿进行整理和复核。项目负责人应当在审计过程的适当阶段及时实施复核，以使重大事项在出具审计报告前能够得到满意解决。在出具审计报告前，项目负责人应当通过复核审计工作底稿和与项目组进行讨论，确信获取的审计证据已经充分、适当，足以支持形成的结论和拟出具的审计报告。项目负责人应当对复核的范围和时间予以适当记录。

4.审计报告的要素。

审计报告的要素包括标题，收件人，审计意见，形成审计意见的基础，管理层对财务报表的责任，注册会计师对财务报表审计的责任，按照相关要求履行其他报告的责任（如适用），注册会计师的签名与盖章，会计师事务所的名称、地址和公章，报告日期十项基本内容。标准无保留意见的审计报告包括上述十项基本内容，但非标准审计报告的内容因审计意见的不同而有所不同。

5.关键审计事项。

关键审计事项是指注册会计师根据职业判断认为对当期财务报表审计最为重要的事项。注册会计师应当考虑下列方面：（1）按照《中国注册会计师审计准则第1211号——重大错报风险的识别和评估》的规定，评估的重大错报风险较高的领域或识别出的特别风险。（2）与财务报表中涉及重大管理层判断（包括被认为具有高度不确定性的会计估计）的领域相关的重大审计判断。（3）当期重大交易或事项对审计的影响。确定哪些事项对当期财务报表审计最为重要，从而构成关键审计事项，并在审计报告中单设一部分，以"关键审计事项"为标题，在该部分使用恰当的子标题逐项描述关键审计事项。

6.非无保留审计意见。

审计报告的审计意见段应当有标志性的专业术语。在出具保留意见的审计报告时，对审计意见部分应以"保留意见"为标题，审计意见段中应当使用"除……可能产生的影响外"等术语。当将"形成审计意见的基础"这一标题改为"形成保留意见的基础"时，该部分应包含对导致发表保留意见的事项的描述。如果财务报表中存在与具体金额（包括财务报表附注中的定量披露）相关的重大错报，注册会计师应当在"形成保留意见的基础"部分说明并量化该错报的财务影响。如果无法量化财务影响，注册会计师应当在该部分说明这一情况。如果因无法获取充分、适当的审计证据而导致发表保留意见，注册会计师应当在"形成保留意见的基础"部分说明无法获取审计证据的原因。在出具否定意见的审计报告时，对审计意见部分应以"否定意见"为标题。当将"形成审计意见的基础"这一标题改为"形成否定意见的基础"时，该部分应包含对导致发表否定意见的事项的描述，说明注意到的、将导致发表否定意见的所有其他事项及其影响。在出具无法表示意见的审计报告时，对审计意见部分应以"无法表示意见"为标题。在审计意见部分，只强调"我们接受委托"，而非"我们审计了……"。当将"形成审计意见的基础"这一标题改为"形成无法表示意见的基础"时，该部分应当包含对导致发表无法表示意见的事项的描述，说明注册会计师无法获取审计证据的原因，以及注意到的、将导致发表无法表示意见的所有其他事项及其影响。

7. 当被审计财务报表中存在错报时，注册会计师可能发表无保留意见、保留意见或否定意见的审计报告。如果错报不重大，不影响财务报表使用者依据报表作出的决策，则可以发表无保留意见的审计报告；如果错报重大，可能影响财务报表使用者依据报表作出的决策，应当根据重大错报对财务报表的影响程度发表保留意见或否定意见的审计报告。当注册会计师的审计范围受到重大限制时，注册会计师可能发表保留意见或无法表示意见的审计报告。

8. 如果运用持续经营假设是适当的，当被审计单位存在可能导致对持续经营能力产生重大疑虑的事项或情况，且财务报表对产生重大影响的不确定事项已经披露但不影响已发表的审计意见时，注册会计师应当在审计报告中单独增加以"与持续经营相关的重大不确定性"为标题的部分。

五、练习题

（一）单项选择题

1. 项目负责人对审计后的财务报表的复核时间通常为（　　）。

A. 编制审计计划时　　　　　　B. 实施审计的过程中

C. 审计结束或临近结束时　　　D. 出具审计报告时

2. 关键审计事项应该选自与（　　）。

A. 管理层沟通的事项　　　　　B. 财务部门沟通的事项

C. 治理层沟通的事项　　　　　D. 其他业务部门沟通的事项

3. 不适合与管理层沟通的事项是（　　）。

A. 会计估计　　　　　　　　　B. 期后事项

C. 管理层的胜任能力和诚信　　D. 内部控制的重大缺陷

4.下列关于项目质量复核的表述不适当的是（　　　　）。

A.项目质量复核应在出具审计报告前完成

B.项目质量复核应由项目负责人实施

C.项目质量复核不能减轻项目负责人的责任

D.会计师事务所应就项目质量管理制定政策和程序

5.当审计报告的审计意见部分中出现"除……可能产生的影响外"的字样时，表明审计报告的意见类型是（　　　　）。

A.无保留意见　　　　　　　　　B.保留意见

C.否定意见　　　　　　　　　　D.无法表示意见

6.下列情况中，注册会计师应当出具否定意见的审计报告的是（　　　　）。

A.财务报表存在错报，但不影响财务报表使用者对报表的理解

B.注册会计师对个别重要的会计事项没有取得必要的审计证据

C.被审计财务报表虚盈实亏，被审计单位不同意调整

D.被审计单位内部控制极其混乱，会计记录缺乏系统性和完整性

7.在会计师事务所出具的审计报告中，负责签名并盖章的人员应当是（　　　　）。

A.对审计项目负最终复核责任的合伙人和一名负责该项目的注册会计师

B.事务所的主任会计师或其授权的副主任会计师和一名负责该项目的注册会计师

C.项目组中作为项目经理的两名注册会计师

D.一名负责该项目的注册会计师和任意一名参加该项目的注册会计师

8.注册会计师应当发表无法表示意见还是保留意见的审计报告，其考虑的重点在于（　　　　）。

A.财务报表中错报性质的严重程度

B.被审计单位滥用会计政策的严重程度

C.被审计单位运用会计估计的不合理程度

D.审计范围受到限制的严重程度

9.以前针对上期财务报表出具了非无保留意见的审计报告，如果导

致非无保留意见的事项虽已解决，但对本期仍很重要，则注册会计师应当（　　）。

A. 在审计报告中增加强调事项段提及这一情况

B. 针对这一事项出具保留意见的审计报告

C. 不影响对本期财务报表发表的审计意见类型

D. 针对这一事项出具非无保留意见的审计报告

10. 如果对影响财务报表的重大事项无法实施必要的审计程序，但已获取被审计单位管理层书面声明，在不考虑其他因素的情况下，注册会计师应当（　　）。

A. 发表无保留意见

B. 发表保留意见或否定意见

C. 发表保留意见或无法表示意见

D. 发表带强调事项段的无保留意见

11. 在审计报告的审计意见部分出现"我们接受委托"的字样，表明审计报告的意见类型是（　　）。

A. 保留意见　　　　　　　　　B. 否定意见

C. 无法表示意见　　　　　　　D. 带强调事项段的无保留意见

12. 在对本期财务报表进行审计时，注册会计师注意到影响上期财务报表的重大错报，而以前未就该重大错报出具非无保留意见的审计报告。如果上期财务报表未经更正，也未重新出具审计报告，但比较数据已在本期财务报表中恰当重述和充分披露，则注册会计师应当（　　）。

A. 在审计报告中增加强调事项段说明这一情况

B. 针对这一情况出具保留意见的审计报告

C. 不考虑这一事项对审计意见的影响

D. 针对这一事项出具非无保留意见的审计报告

13. 在因审计范围受到限制而出具的保留意见审计报告中，除了在意见段中使用"除……可能产生的影响外"之类的专业术语外，还应当（　　）。

A. 在意见段之后增加强调事项段来说明这一情况

B. 删除注册会计师的责任段

C. 在管理层对财务报表的责任段中提及这一情况

D. 在形成审计意见的基础部分说明无法获取审计证据的原因

14. 在审计报告日后至财务报表报出日前，注册会计师知悉可能对财务报表产生重大影响的事实，认为应当修改财务报表而被审计单位没有修改，并且审计报告尚未提交被审计单位，注册会计师应当（   ）。

A. 出具带强调事项段的审计报告

B. 解除业务约定

C. 拒绝出具审计报告

D. 出具非无保留意见的审计报告

（二）多项选择题

1. 对审计工作底稿的整理和复核包括（   ）。

A. 注册会计师及其助理人员对各自工作底稿的初步整理

B. 项目组内经验较多的人员对经验较少的人员所实施的工作的复核

C. 项目负责人在出具审计报告前进行的复核

D. 其他注册会计师的复核

2. 关于被审计单位的会计处理质量，注册会计师应与治理层沟通的事项包括（   ）。

A. 或有事项   B. 选用的会计政策

C. 作出的会计估计   D. 财务报表的披露

3. 确定审计差异后，注册会计师可能针对被审计单位的某些会计核算正确、财务报表反映不正确的错报编制重分类调整分录。如果不考虑因重分类调整分录引起的其他审计调整分录，重分类调整分录的借贷两方项目可能有（   ）。

A. 借贷两方都是资产类项目或都是负债类项目

B. 借贷两方都是利润表项目

C. 一方是资产负债表项目，一方是利润表项目

D. 一方是资产类项目，一方是负债类项目

4. 注册会计师编制的资产负债表试算平衡表的左方包含了各资产项目的（   ）。

A. 审计前的借方金额与贷方金额

B. 审定金额的借方与贷方

C. 调整金额借方与调整金额贷方

D. 重分类调整金额的借贷两方

5.下面关于审计报告日的说法，正确的有（　　　）。

A. 注册会计师完成审计工作的日期

B. 注册会计师正式对外签发审计报告的日期

C. 通常与管理层签署已审计财务报表的日期为同一天

D. 可能晚于管理层签署已审计财务报表的日期

6.如果财务报表没有公允反映，则注册会计师出具的审计报告可能为（　　　）。

A.无保留意见的审计报告　　　　B.保留意见的审计报告

C.否定意见的审计报告　　　　　D.无法表示意见的审计报告

7.如果审计范围受到重大限制，注册会计师出具的审计报告可能为（　　　）。

A.无保留意见的审计报告　　　　B.保留意见的审计报告

C.否定意见的审计报告　　　　　D.无法表示意见的审计报告

8.下列情形中，注册会计师应当在审计报告中增加强调事项段的有（　　　）。

A. 注册会计师对特殊目的财务报表出具的审计报告

B. 相关部门要求采用的财务报告编制基础不适用于被审计单位的具体情况，管理层在财务报表中对此作出额外披露

C. 在持续经营假设不适当的情况下，注册会计师认为管理层选用的其他编制基础是适当的，且财务报表已作出充分披露

D. 其他信息与已审计财务报表中的信息存在重大不一致，注册会计师认为需要修改其他信息而被审计单位拒绝修改

9.注册会计师在出具保留意见、否定意见或无法表示意见的审计报告时，应当将"形成审计意见的基础"这一标题修改为恰当的标题，并在该部分（　　　）。

A. 说明导致所发表审计意见的事项

B. 对重大事件予以强调

C. 在可能的情况下指出对财务报表的影响程度

D. 说明存在的重大不确定事项

10.注册会计师在评价财务报表的合法性时，应考虑（　　）。

A.财务报表是否作出充分披露

B.财务报表反映的信息是否具有相关性、可靠性、可比性和可理解性

C.被审计单位管理层作出的会计估计是否合理

D.被审计单位管理层选择和运用的会计政策是否合法且合理

11.需要增加强调事项段予以说明的事项应当同时具备的条件有（　　）。

A.对财务报表有重大影响

B.该事项未被确定为将要在审计报告中沟通的关键审计事项

C.影响注册会计师的审计意见

D.不影响注册会计师的审计意见

12.注册会计师应当在强调事项段中指明（　　）。

A.导致所发表审计意见的原因

B.该段内容仅用于提醒财务报表使用者关注

C.该段内容不影响注册会计师的审计意见

D.重大事件对财务报表的影响程度

13.下列情况中，可能应当对财务报表发表无法表示意见的审计报告的有（　　）。

A.注册会计师未能对存货进行监盘

B.财务报表虚盈实亏

C.未能取得被投资单位的财务报表

D.被审计单位内部控制混乱，会计记录缺乏系统性和完整性

14.无法表示意见的特殊性在于（　　）。

A.在审计报告中删除注册会计师的责任段

B.注册会计师不愿意对财务报表发表保留或否定意见

C.注册会计师没有获得充分、适当的审计证据，无从判断财务报表的公允性

D.注册会计师无法对财务报表发表无保留、保留或否定意见

（三）判断题

1.审计差异按照是否需要调整账户记录可分为核算差异和重分类差

异。   （   ）

2. 如果与被审计单位的沟通是以讨论的形式进行的，注册会计师应保证对沟通事项已加以记录。   （   ）

3. 我国注册会计师在财务报表审计中应出具标准格式、简式的审计报告。   （   ）

4. 当注册会计师出具保留意见、否定意见和无法表示意见的审计报告时，应在形成审计意见的基础部分之后增加强调事项段。   （   ）

5. 在无法表示意见的审计报告中，要删除注册会计师的责任段。
                                                                （   ）

6. 当被审计单位选择和运用的会计政策不符合会计准则和会计制度的要求时，注册会计师应当出具保留意见或否定意见的审计报告。
                                                                （   ）

7. 审计报告的收件人一般为被审计单位管理层。   （   ）

8. 在形成审计意见的基础部分之后增加的强调事项段，仅用于提醒财务报表使用者关注，并不影响已发表的审计意见。   （   ）

9. 审计报告的审计意见部分应当说明被审计财务报表的合法性和公允性。   （   ）

10. 审计报告日为注册会计师对外正式签署审计报告的日期。（   ）

（四）分析题

星海会计师事务所接受委托对 A 股份有限公司（以下简称 A 公司）2020 年度财务报表进行审计。注册会计师于 2021 年 3 月 18 日完成了审计工作，按审计业务约定书的要求，应于 2021 年 3 月 28 日提交审计报告。A 公司 2020 年度审计前的利润总额为 110 万元。注册会计师确定的财务报表层次的重要性水平为 10 万元。现假定存在以下几种情况：

（1）A 公司在 2020 年度变更了发出存货的计价方法，并在财务报表附注中作了充分披露。注册会计师认为变更是合法和合理的。

（2）在某诉讼案中，A 公司被起诉侵权，原告要求赔偿 75 万元。至 2020 年 12 月 31 日胜负仍难以预料。诉讼案和可能的影响均已列示在财务报表附注中。

（3）注册会计师得知 A 公司 2020 年涉及的诉讼案于 2021 年 3 月 20 日判决，A 公司败诉，应向原告赔偿 45 万元，A 公司对判决结果没有提出异议，并在财务报表附注 5 中进行了披露。注册会计师在 3 月 26 日完成了对该事项的审计工作，提请 A 公司调整 2020 年度财务报表，被 A 公司拒绝。

（4）A 公司 2020 年 7 月购买某公司发行的债券，确认为债权投资，成本为 112 万元，2020 年 12 月 31 日的市价为 80 万元。A 公司仅在财务报表附注中揭示了该市价。

（5）A 公司在 2020 年 11 月购入一台设备，当月投入使用，2020 年末提取折旧。该设备原始价值为 50 万元，月折旧率为 2%。

（6）在对应收账款项目进行函证时，其中对金额为 16 万元的客户 B 公司的函证未收到回函，注册会计师运用其他审计程序收集了充分、适当的审计证据。

（7）A 公司利润总额中的 70% 是由其境外子公司提供的，注册会计师无法赴国外对子公司的财务报表进行审查，也无法通过其他审计程序进行验证。

要求：

（1）假定 A 公司不接受注册会计师的调整意见，分别针对上述情况，说明注册会计师应当出具何种意见的审计报告，并简要说明理由。

（2）假定只存在（3）、（4）两种情况，且 A 公司不接受注册会计师的调整意见，说明注册会计师应当出具何种意见的审计报告，简要说明理由，并代注册会计师完成下面审计报告的前三项内容：

审计报告

A 股份有限公司全体股东：

四、管理层和治理层对财务报表的责任

管理层负责按照《企业会计准则》的规定编制财务报表，使其实现公允反映，并设计、执行和维护必要的内部控制，以使财务报表不存在由于舞弊或错误导致的重大错报。

在编制财务报表时，管理层负责评估公司的持续经营能力，披露与持续经营相关的事项（如适用），并运用持续经营假设，除非管理层计划清算公司、停止营运或别无其他现实的选择。

治理层负责监督公司的财务报告过程。

五、注册会计师对财务报表审计的责任

我们的目标是对财务报表整体是否不存在由于舞弊或错误导致的重大错报获取合理保证，并出具包含审计意见的审计报告。合理保证是高水平的保证，但并不能保证按照审计准则执行的审计在某一重大错报存在时总能发现。错报可能由于舞弊或错误所导致，如果合理预期错报单独或汇总起来可能影响财务报表使用者依据财务报表作出的经济决策，则错报是重大的。

在按照审计准则执行审计的过程中，我们运用了职业判断，保持了职业怀疑。我们同时：

（1）识别和评估由于舞弊或错误导致的财务报表重大错报风险；对这些风险有针对性地设计和实施审计程序；获取充分、适当的审计证据，作为发表审计意见的基础。由于舞弊可能涉及串通、伪造、故意遗漏、虚假陈述或凌驾于内部控制之上，未能发现由于舞弊导致的重大错报的风险高于未能发现由于错误导致的重大错报的风险。

（2）了解与审计相关的内部控制，以设计恰当的审计程序，但目的并非对内部控制的有效性发表意见。

（3）评价管理层选用会计政策的恰当性和作出会计估计及相关披露的合理性。

（4）对管理层使用持续经营假设的恰当性得出结论。同时，基于所获取的审计证据，对是否存在与事项或情况相关的重大不确定性，从而可能导致对公司的持续经营能力产生重大疑虑得出结论。如果我们得出结论认为存在重大不确定性，审计准则要求我们在审计报告中提请报告使用者注意财务报表中的相关披露；如果披露不充分，我们应当发表非无保留意见。我们的结论基于审计报告日可获得的信息。然而，未来的事项或情况可能导致公司不能持续经营。

（5）评价财务报表的总体列报（包括披露）、结构和内容，并评价财务报表是否公允反映交易和事项。

除其他事项外，我们与治理层就计划的审计范围、时间安排和重大审计发现（包括我们在审计中识别的值得关注的内部控制缺陷）进行沟通。

我们还就遵守关于独立性的相关职业道德要求向治理层提供声明，并就可能被合理认为影响我们独立性的所有关系和其他事项，以及相关的防范措施（如适用）与治理层进行沟通。

从与治理层沟通的事项中，我们确定哪些事项对当期财务报表审计最为重要，因而构成关键审计事项。我们在审计报告中描述这些事项，除非法律法规不允许公开披露这些事项，或在极其罕见的情形下，如果合理预期在审计报告中沟通某事项造成的负面后果超过产生的公众利益方面的益处，我们确定不应在审计报告中沟通该事项。

负责审计并出具审计报告的项目合伙人是×××。

星海会计师事务所（盖章）
中国××市

中国注册会计师：×××（签名并盖章）
中国注册会计师：×××（签名并盖章）
2021年×月×日

六、阅读文献

［1］余玉苗. 审计学［M］. 2版. 北京：清华大学出版社，2008.

［2］阿伦斯，洛布贝克. 审计学——整合方法研究［M］. 石爱中，等译. 北京：中国审计出版社，2001.

［3］韩洪灵. 审计理论与实务学习指导书［M］. 北京：中国人民大学出版社，2019.

［4］中国注册会计师协会. 审计［M］. 北京：中国财政经济出版社，2021.

[5] 张彤彤. 审计学 [M]. 3版. 北京：清华大学出版社，2021.

[6] 中国注册会计师协会. 中国注册会计师执业准则应用指南2023 [M]. 北京：中国财政经济出版社，2023.

[7] 东奥会计在线. 2024注册会计师考试过关必做500题——审计 [M]. 北京：北京科学技术出版社，2024.

七、练习题参考答案

（一）单项选择题

1.C　2.C　3.C　4.B　5.B　6.C　7.B　8.D　9.A　10.C　11.C　12.A　13.D　14.D

（二）多项选择题

1.ABC　2.BCD　3.ADE　4.CD　5.ACD　6.BC　7.BD　8.ABCD　9.AC　10.ABCD　11.BD　12.BC　13.ACD　14.CD

（三）判断题

1.√　2.√　3.√　4.×　5.×　6.√　7.×　8.√　9.√　10.×

（四）分析题

（1）针对情况（1），应出具无保留意见的审计报告。公司的做法不影响财务报表的合法性和公允性。

针对情况（2），应出具带强调事项段的无保留意见的审计报告。A公司的做法符合会计准则和会计制度的要求，但这一情况属于重大的不确定事项，注册会计师应当在审计报告的意见段之后增加强调事项段说明这一情况，以提醒财务报表使用者关注。

针对情况（3），应出具保留意见的审计报告。A公司拒绝调整2020年度财务报表，影响了财务报表的合法性和公允性，但从应调整的金额（45万元）看，还不至于导致注册会计师发表否定意见。

针对情况（4），应出具保留意见的审计报告。A公司应当对该投资计提减值准备32万元，A公司的做法使财务报表不能公允地反映财务状况、经营成果和现金流量，但从应调整的金额看，还不至于导致注册会计师发表否定意见。

针对情况（5），应出具无保留意见的审计报告。A公司当年应计提设备折旧1万元（50×2%），远远低于重要性水平，这一错报不影响财务报表使用者的决策，因此不影响注册会计师的审计意见。

针对情况（6），应出具无保留意见的审计报告。当应收账款的函证没有结果时，可以采用替代审计程序证实应收账款的真实性。

针对情况（7），应出具无法表示意见的审计报告。因为A公司利润总额中的70%无法验证，所以无法判断财务报表整体的公允性。

（2）如果只存在（3）、（4）两种情况，且A公司不接受注册会计师的调整意见，应当出具否定意见的审计报告。因为公司的错误做法虚增利润77万元，而审计前的利润总额为110万元，虚增金额重大，使财务报表不能在所有重大方面公允反映A公司的财务状况、经营成果和现金流量。

完成审计报告如下：

> ......
>
> 一、否定意见
>
> 我们审计了A股份有限公司（以下简称A公司）的财务报表，包括2020年12月31日的资产负债表，2020年度的利润表、现金流量表、股东权益变动表以及财务报表附注。
>
> 我们认为，由于"形成否定意见的基础"部分所述事项的重要性，后附的财务报表没有在所有重大方面按照《企业会计准则》的规定编制，未能公允反映公司2020年12月31日的财务状况以及2020年度的经营成果和现金流量。
>
> 二、形成否定意见的基础
>
> 如财务报表附注所述，A公司2020年涉及的诉讼案于2021年3月20日判决A公司应向原告赔偿45万元，A公司仅在财务报表附注5中进行了披露；另外，A公司2020年7月购买某公司发行的债券，确认为债权投资，成本为112万元，2020年12月31日的市价为80万元，A公司仅在财务报表附注中揭示了该市价。上述两个问题使A公司的利润总额虚增77万元。
>
> 我们按照《中国注册会计师审计准则》的规定执行了审计工作。审计报告的"注册会计师对财务报表审计的责任"部分进一步阐述了我们在这些准则下的责任。按照《中国注册会计师职业道德守则》，我

们独立于公司，并履行了职业道德方面的其他责任。我们相信，我们获取的审计证据是充分、适当的，为发表否定意见提供了基础。

三、关键审计事项

除"形成否定意见的基础"部分所述事项外，我们认为，没有其他需要在我们的报告中沟通的关键审计事项。

第三篇

交易循环审计

第十三章 销售与收款循环审计

一、学习目的与要求

通过本章的学习，识别和销售与收款循环相关的会计凭证、账户、主要经济业务活动；说明销售与收款循环中内部控制要点及控制测试；设计和执行销售与收款循环交易实质性程序；理解与每种实质性程序相关的财务报表认定；掌握主营业务收入、应收账款、坏账准备等账户的审计目标以及实质性程序的基本程序。

二、相关准则与制度

1.《中国注册会计师审计准则第 1312 号——函证》

2.《企业会计准则第 14 号——收入》

3.《企业会计准则——应用指南》中的"主营业务收入""应收账款""坏账准备"等账户的相关内容

三、预习要览

（一）关键概念

销售与收款循环	控制测试
实质性程序	截止测试
积极式函证	消极式函证

（二）关键问题

1.如何设计销售交易内部控制调查表中的调查问题？

2.怎样理解销售与收款循环中主要业务活动、对应的凭证及账户、相关的认定、重要控制点之间的关系？

3.销售业务的真实性与完整性的测试程序有何区别？

4.实质性分析程序在主营业务收入审计中如何应用？

5. 如何实施销售业务的截止测试？

6. 简述应收账款函证的种类及其适用范围。

7. 如何确定应收账款函证范围和对象？

8. 审计人员应当采取哪些措施对函证实施过程进行控制？

9. 在评价实施函证和替代审计程序获取的审计证据是否充分、适当时，审计人员应当考虑哪些内容？

10. 在审查坏账准备的计提是否正确时应注意哪几个方面？

四、重点与难点解析

1. 销售与收款循环主要是指公司接受销售订单，向客户销售商品或提供劳务并取得货款或者劳务收入的过程。这一过程是企业日常发生的重要的经济业务，它既影响资产负债表项目，又影响利润表项目，因此，是财务报表审计中十分重要的内容。

2. 在销售与收款循环中，主要业务活动包括接受客户订单、赊销信用批准、供货与发运、开具账单和记录销售等。在这些业务活动中，销售单、装运凭证、销售发票等原始凭证发挥着重要的作用，这些原始凭证及相关的授权审批手续为审计测试提供了重要的交易轨迹。

3. 在销售与收款循环的交易测试中，在不同的具体审计目标下，所采取的测试程序是不同的。通常情况下，真实性目标的审计程序是从账簿追查至凭证；完整性目标的审计程序是从凭证追查至账簿。两者的测试方向是截然相反的。估价正确性的测试通常的做法是：以主营业务收入明细账中的会计分录为起点，选取若干笔业务，将其合计数与应收账款明细账和销售发票副本进行比较、核对。销售发票存根上所列的单价，通常还要与经过批准的商品价目表进行核对，其金额小计和合计数也要重新计算。发票中所列商品的规格、数量和客户名称（或代号）等，则应与发运凭证进行比较、核对。销售业务的分类是否正确的测试主要通过审核原始凭证确定具体交易业务的内容和类别是否正确，并以此与账簿的实际记录相比较。销售业务的记录及时性的测试一般要将选取的发运凭证的日期与相应的销售发票存根、主营业务收入明细账和应收账款明细账上的日期进行比较，看其是否属于同一会计期间。测试销售业务是否已正确地记入明细账并准确地汇总，通常采用加总主营业务收入明细账，并将加总数和一些具体内容分别追查至主营业务收入总账和应收账款明细账或库存现金、银行存款日记账等的测试方法。这一测试程序的样本量受内部控制质量的影响。从主营业务收入明细账追查至应收账款明细账，一般可与为实现其他审计目标所作的测试一并进行；而将主营业务收入明细账加总，并追查、核对加总数至其总账，则应作为单独的一项测试程序来执行。

4.在主营业务收入的实质性程序测试中，主要的程序包括获取或编制主营业务收入项目明细表、审查主营业务收入的确认原则和计量是否正确、实施实质性分析程序、对相关凭证的审查、实施销售的截止测试、销售折扣和销售退回与折让业务测试、确认主营业务收入在利润表上的披露是否恰当。

5.在应收账款的实质性程序测试中，函证程序是必要的审计程序。要注意函证方式的选取、函证范围和对象的确定、函证过程的控制、对函证结果的分析和评价等内容；对未函证的应收账款，应抽查有关原始凭证，如销售合同、销售订单、销售发票副本及发运凭证等，以验证这些应收账款的真实性；分析应收账款明细账余额，必要时建议作重分类调整；检查应收账款在资产负债表上是否已恰当披露等。

五、练习题

（一）单项选择题

1.下列认定中，与销售交易赊销信用审批相关的是（　　）。

A.存在　　　　　　　　　　B.完整性

C.准确性、计价和分摊　　　D.权利和义务

2.被审计单位内部控制规定仓库管理人员只有在收到经过批准的销售单时才能编制发运凭证并供货，该项控制活动的直接目的是（　　）。

A.防止销售单未经审批

B.防止仓库在未经授权的情况下擅自发货

C.防止遗漏发运凭证

D.防止销售单数量和发运凭证数量不一致

3.与向客户开具并寄送事先连续编号的销售发票的控制活动不相关的认定是（　　）。

A.完整性　　　　　　　　　　B.发生

C.分类　　　　　　　　　　　D.准确性

4.下列与销售与收款业务相关的内部控制中，设计不恰当的是（　　　）。

A.非正当审批，不得发出货物

B.主营业务收入总账、明细账，应收账款总账、明细账由同一员工登记

C.企业在销售合同订立前，指定专门人员就销售价格、信用政策、发货及收款方式等具体事项与客户进行谈判

D.财务人员在记录销售交易之前，对相关的销售单、发运凭证和销售发票上的信息进行核对，以确保入账的营业收入是真实发生的、准确的

5.下列与收款交易相关的内部控制中，表述错误的是（　　　）。

A.企业应将销售收入及时入账，不得账外设账，不得擅自坐支现金

B.销售人员应当避免接触销售现款

C.销售部门应当负责应收账款的催收，财会部门应当督促销售部门加紧催收

D.企业注销的坏账应当进行备查登记，避免账销案存

6.下列各项中，注册会计师应当直接假定存在舞弊风险的是（　　　）。

A.存货计价　　　　　　　　B.收入确认

C.关联方关系及其交易　　　D.持续经营假设

7.下列关于对销售与收款循环的相关内部控制实施测试的说法中，不正确的是（　　　）。

A.如果重大错报风险较低，注册会计师在期中实施了控制测试可以直接获取控制在整个被审计期间持续运行有效的审计证据

B.需要通过控制测试获取的保证程度影响控制测试的范围

C.如果拟信赖的内部控制是由计算机执行的自动化控制，注册会计师除了测试自动化应用控制的运行有效性外，还需要就相关的信息技术一般控制的运行有效性获取审计证据

D.控制测试所使用的审计程序的类型主要包括询问、观察、检查和重新执行，其提供的保证程度依次递增

8.针对应收账款函证回函中出现的不符事项，下列说法中不恰当的是（　　）。

A.需要调查核实原因，确定其是否构成错报

B.可以仅通过询问被审计单位相关人员对不符事项的性质和原因得出结论

C.要在询问原因的基础上，检查相关原始凭证和文件资料予以证实

D.必要时与被询证方联系，获取相关信息和解释

9.审查应收账款最重要的实质性程序是（　　）。

A.函证　　　　　　　　　　　B.询问

C.观察　　　　　　　　　　　D.计算

10.某审计人员在审计X公司20×6年度财务报表时，将其交易和账户划分为销售与收款循环、购货与付款循环、生产与薪酬循环、筹资与投资循环。在一般情况下，该审计人员应将预收账款及销售费用项目划入（　　）。

A.销售与收款循环　　　　　　B.购货与付款循环

C.生产与薪酬循环　　　　　　D.筹资与投资循环

11.账户法的优点是（　　）。

A.与账户体系吻合　　　　　　B.比循环法更利于提高审计效率

C.与内控设计吻合　　　　　　D.与业务流程设计吻合

12.在确定函证对象时，以下项目中应当进行函证的是（　　）。

A.函证很可能无效的应收款项

B.交易频繁但期末余额较小的应收款项

C.执行其他审计程序可以确认的应收款项

D.应纳入审计范围内子公司的款项

13.信用批准控制会影响应收账款的（　　）。

A.计价与分摊认定　　　　　　B.存在认定

C.权利与义务认定　　　　　　D.完整性认定

14.下列关于应收账款函证的说法中错误的是（　　）。

A. 如果不函证，应当在工作底稿中说明理由

B. 有充分证据表明应收账款对报表不重要时可以不函证

C. 积极式函证无效时应当采用消极式函证

D. 注册会计师认为函证很可能无效时可以不函证

（二）多项选择题

1. 下列各项中，注册会计师对销售交易实施的截止测试可能涉及的程序包括（　　）。

A. 结合对资产负债表日应收账款的函证程序，检查有无未取得客户认可的销售

B. 取得资产负债表日后所有的销售退回记录，检查是否存在提前确认收入的情况

C. 复核资产负债表日前后销售和发货水平，确定业务活动水平是否异常，并考虑是否有必要追加实施截止测试程序

D. 将资产负债表日前后若干天的发运凭证，与应收账款和收入明细账进行双向核对

2. 审计人员应采用消极式函证的情况包括（　　）。

A. 重大错报风险评估为低水平，已就与认定相关的控制的运行有效性获取充分、适当的审计证据

B. 需要实施消极式函证程序的总体由大量的小额、同质的账户余额、交易或事项构成

C. 预期不符事项的发生率很低

D. 没有迹象表明接收询证函的人员或机构不认真对待函证

3. 下列各项中，属于注册会计师函证应收账款时需要考虑选择的项目的有（　　）。

A. 与债务人发生纠纷的项目

B. 交易量少且期末余额较小甚至余额为零的项目

C. 可能产生重大错报或舞弊的非正常的项目

D. 新增客户项目

4. 下列各项中，属于注册会计师可以实施的"延伸检查"程序有（　　）。

A. 利用企业信息查询工具，查询主要供应商和客户的股东至其最

终控制人，以识别相关供应商和客户与被审计单位是否存在关联方关系

B. 在采用经销模式的情况下，检查经销商的最终销售实现情况

C. 当注意到存在关联方配合被审计单位虚构收入的迹象时，获取并检查相关关联方的银行账户资金流水，关注是否存在与被审计单位相关供应商或客户的异常资金往来

D. 在被审计单位未配合的前提下，对相关供应商、客户进行实地走访，针对相关采购、销售交易的真实性获取进一步的审计证据

5. 下列各项审计程序中，属于针对应收账款余额实施的实质性程序有（　　）。

A. 对应收账款实施函证程序

B. 检查坏账的冲销和转回

C. 测试与应收账款账龄分析报告编制相关的控制

D. 分析与应收账款相关的财务指标

6. 下列有关应收账款函证程序的说法中，恰当的有（　　）。

A. 应当对应收账款进行函证

B. 如果有充分证据表明应收账款对被审计单位财务报表而言是不重要的，可以不实施函证

C. 如果认为函证很可能是无效的，应当实施替代审计程序

D. 函证应收账款的目的在于证实其账户余额是否真实准确

7. 应收账款审计的重要实质性程序有（　　）。

A. 获取或编制应收账款明细表

B. 函证

C. 分析应收账款账龄

D. 对未回函及未函证项目实施替代审计程序

8. 主营业务收入审计的目标有（　　）。

A. 确定主营业务收入是否全部入账

B. 确定对销售退回、销售折扣与折让的处理是否恰当

C. 确定主营业务收入的金额是否正确

D. 确定主营业务收入的披露是否恰当

9.在审计实务中，审计人员实施销售截止测试的路线有（　　）。

A.以报表为起点　　　　　　　B.以账簿记录为起点

C.以销售发票为起点　　　　　D.以发运凭证为起点

10.下列各项中，属于坏账准备审计常用的实质性程序的有（　　）。

A.将应收账款坏账准备本期计提数与信用减值损失相应明细项目的发生额核对是否相符

B.已经确认并转销的坏账重新收回的，检查其会计处理是否正确

C.取得坏账准备明细表，复核加计是否正确，与坏账准备总账数、明细账合计数核对是否相符

D.确定应收账款坏账准备的披露是否恰当

11.为了降低开具发票过程中出现遗漏、重复、错误计价或其他差错的风险，被审计单位通常需要（　　）。

A.依据已授权批准的商品价目表开具销售发票

B.将发运凭证上的商品总数与相对应的销售发票上的商品总数进行比较

C.负责开发票的员工在开具每张销售发票之前，检查是否存在发运凭证

D.负责开发票的员工在开具每张销售发票之前，检查是否存在相应的经批准的销售单

12.针对应收账款实施函证程序，如果未收到被询证方的回函，注册会计师应当实施的替代审计程序包括（　　）。

A.检查资产负债表日后收回的货款，查看应收账款的贷方发生额及相关的收款单据，以证实付款方确为该客户且确与资产负债表日的应收账款相关

B.检查相关的销售合同、销售单、发运凭证等文件

C.检查被审计单位与客户之间的往来邮件，如有关发货、对账等事宜邮件

D.向以前审计过程中接触不多的被审计单位员工询问

13.销售交易审计中可能实施的实质性分析程序有（　　）。

A.比较前后期间的销售额有无异常波动

B. 分析销售额与产能、销售费用、动力消耗等相关数据的关系是否合理

C. 分析毛利率等重要财务比率的水平是否合理

D. 分析营业收入、赊销金额、销售收现三者的关系是否合理，与上期比较有无重大波动

14. 主营业务收入审计目标的确定依据有（　　　　）。

A. 管理层对财务报表的认定

B. 管理层声明书

C. 与交易和事项相关的认定

D. 与账户余额相关的认定

（三）判断题

1. 对主营业务收入项目实施截止测试，其目的主要在于确定被审计单位主营业务收入的会计记录归属期是否正确；应计入本期或下期的主营业务收入是否被推迟到下期或提前至本期。（　　　）

2. 企业应收票据的取得和贴现必须经由保管票据以外的主管人员的书面批准。（　　　）

3. 如果注册会计师发现被审计单位的毛利率变动较大或与所在行业的平均毛利率差异较大，注册会计师可以采用定性分析与定量分析相结合的方法，从行业及市场变化趋势、产品销售价格和产品成本要素等方面对毛利率变动的合理性进行调查。（　　　）

4. 如果实质性分析程序没有发现数据之间的异常关系，则可以减少必要的细节测试程序。（　　　）

5. 如何以恰当的实质性程序来发现不真实的销售，取决于审计人员认为可能在何处发生错误。对于"完整性"这一目标而言，审计人员通常只在认为内部控制有弱点时才实施实质性程序。因此，测试的性质取决于潜在的控制弱点的性质。（　　　）

6. 如果被审计单位的相关内部控制不存在，或被审计单位的相关内部控制尽管存在但未得到遵守，或内部控制测试的工作量可能大于进行内部控制测试所减少的实质性程序的工作量，则审计人员不应再继续实施控制测试，而应直接实施实质性程序。（　　　）

7. 负责主营业务收入和应收账款记账的员工不得经手货币资金，是

防止舞弊的一项重要控制。（　　）

8. 审计人员对企业应收账款账龄进行分析的目的在于取得应收账款可收回性及坏账准备计提充分性等方面的证据。（　　）

9. 主营业务收入账由记录主营业务成本之外的员工独立登记，并由另一位不负责账簿记录的员工定期调节总账和明细账，构成一项交互牵制。（　　）

10. 由于审计人员不可能对所有应收账款进行函证，因此，对于未函证的应收账款，审计人员应抽查有关原始凭证，如销售合同、销售订单、销售发票副本及发运凭证等，以验证这些应收账款的真实性。

（　　）

11. 如果注册会计师发现被审计单位的收入增长幅度明显高于管理层的预期，可以询问管理层的适当人员，并考虑管理层的答复是否与其他审计证据一致。（　　）

12. 注册会计师在对某年度主营业务收入实施截止测试时，应当以该年度的销售发票为起点，以检查是否高估主营业务收入。（　　）

13. 注册会计师在识别和评估与收入确认相关的重大错报风险时应当基于收入确认存在舞弊风险的假定，评价哪些类型的收入、收入交易或认定导致舞弊风险。（　　）

14. 证明销售交易发生认定的重要凭据有销售单、发运凭证、销售发票等。（　　）

（四）分析题

1.ABC 会计师事务所接受委托审计 Y 公司 2020 年度的财务报表。A 审计人员了解和测试了与应收账款相关的内部控制，并将控制风险评估为高水平。A 审计人员取得 2020 年 12 月 31 日的应收账款明细账，并于 2021 年 1 月 15 日采用积极式函证方式对所有重要客户寄发了询证函。

A 审计人员将与函证结果相关的重要异常情况汇总于表 13-1。

表13-1　　　　　　　　　　　　异常情况表

异常情况	函证编号	客户名称	询证金额（元）	回函日期	回函内容
（1）	22	甲	300 000	2021年1月22日	购买Y公司300 000元货物属实，但款项已于2020年12月25日用支票支付
（2）	56	乙	500 000	2021年1月19日	因产品质量不符合要求，根据购货合同，于2020年12月28日将货物退回
（3）	64	丙	640 000	2021年1月19日	2020年12月10日收到Y公司委托本公司代销的货物640 000元，尚未销售
（4）	82	丁	900 000	2021年1月18日	采用分期付款方式购货900 000元，根据购货合同，已于2020年12月25日首付300 000元
（5）	134	戊	600 000	因地址错误，被邮局退回	—

要求：

针对上述各种异常情况，A审计人员应分别实施哪些审计程序？

2.开富公司于2020年10月委托立新会计师事务所审计公司2020年度财务报表。审计人员邓龙任该审计项目的负责人，他决定在决算日前先实施某些审计程序，包括对截至2020年11月30日的应收账款进行函证。复函中有6家客户提出了以下意见：

（1）本公司资料处理系统无法复核贵公司的对账单。

（2）所欠余额10 000元已于2020年11月20日付讫。

（3）大体一致。

（4）经查，贵公司11月30日的第25050号发票（金额为7 500元）系目的地交货，本公司收货日期为12月5日，因此，函证所称11月30日欠贵公司账款之事与事实不符。

（5）本公司曾于2020年10月份预付货款2 500元，足以抵付对账单中所列两张发票的金额1 500元。

（6）所购货物从未收到。

要求：

针对客户复函中提出的这些意见，审计人员应采取何种审计程序？

3.审计人员李亮正在就销售交易的实质性程序编制具体审计计划。对于测试，主要有以下三个审计目标：①登记入账的销售业务是真实的；②已发生的销售业务均已登记入账；③登记入账的销售业务的估价准确。三个审计目标实现的路线均拟以明细账为起点，采用从明细账追查至有关凭证的审计路线。

要求：

（1）从明细账追查至有关凭证的审计路线对测试是否均适用？为什么？如果不适用，应改为何种审计路线？

（2）如果与上述审计目标①相关的内部控制薄弱，请简述实现审计目标①的具体实质性程序。

（3）为实现审计目标③，李亮拟采用复算会计记录中的数字测试程序。请简述其具体做法。

六、案例分析

1.北京东方会计师事务所审计人员王楠、石磊在对ABC股份有限公司（上市公司）2020年度财务报表进行审计的过程中，获取的该公司2020年12月31日的相关会计记录资料见表13-2。

表13-2　　　　　　　　　会计记录资料表　　　　　　　　单位：万元

项目名称	金额
货币资金	5 000
交易性金融资产	600
应收票据	12 000
应收账款（净额）	75 000
其他应收款	24 000

项目名称	金额
存货	84 000
固定资产（净值）	97 800
在建工程	26 300
应付账款	34 570
银行借款（抵押借款部分）	56 800
实收资本（内部职工及社会公众股）	18 000
资本公积	48 750
主营业务收入（净额）	67 500
主营业务成本	67 898
利息支出	5 464

要求：请根据上述资料回答下列问题：

（1）上述项目中适用函证程序的有哪些？

（2）接收函证的对象有哪些？

（3）函证的主要内容是什么？

（4）可以选用的函证方式是什么？

请将上述内容填入表13-3中。

表13-3　　　　　　　　　　项目表

项目名称	接收函证的对象	函证的主要内容	函证方式

2.A和B审计人员对XYZ股份有限公司2020年度财务报表进行审计。该公司2020年度未发生购并、分立和债务重组行为，供、产、销规模与上年相当。该公司提供的未经审计的2020年度合并财务报表附注的部分内容如下：

（1）坏账核算的会计政策：坏账核算采用备抵法。坏账准备按期末应收账款余额的5‰计提。

应收账款和坏账准备项目附注：

应收账款/坏账准备：16 553万元/52.77万元。

应收账款账龄分析（2020年年初和年末余额）见表13-4。

表13-4　　　　　　　　　　　应收账款账龄分析　　　　　　　　　单位：万元

账龄	2020年年初数	2020年年末数
1年以内	8 392	10 915
1~2年	1 186	1 399
2~3年	1 161	1 365
3年以上	1 421	2 874
合计	12 160	16 553

（2）主营业务收入和主营业务成本项目附注见表13-5。

表13-5　　　　　　　主营业务收入和主营业务成本　　　　　　　单位：万元

品名	主营业务收入		主营业务成本	
	2019年度发生额	2020年度发生额	2019年度发生额	2020年度发生额
X产品	40 000	41 000	38 000	33 800
Y产品	20 000	20 020	19 000	19 019
合计	60 000	61 020	57 000	52 819

要求：

假定上述附注内容中的年初数和上年比较数均已审定无误，作为A和B审计人员，在审计计划阶段，请运用专业判断，必要时运用分析程序方法，分别指出上述附注内容中存在或可能存在的不合理之处，并简要说明理由。

3.ABC会计师事务所的审计人员甲和乙对X公司2019年度的会计报表进行审计，并发表了无保留意见审计报告。之后，ABC会计师事务所与X公司续签了审计2020年度会计报表的审计业务约定书。2021年2

月 8 日，审计人员甲和乙在审查 X 公司 2020 年度的生产成本等项目前，经控制测试认为公司关于成本项目的内部控制制度可以高度信赖。表13-6 是审计人员甲和乙收集的 X 公司上期及本期的有关资料。

表13-6　　　　　　　X公司上期及本期的有关资料　　　　金额单位：万元

年份	年末存货余额	主营业务成本	主营业务收入	存货周转率	毛利率
2019	7 993	31 892	39 977	3.99	20%
2020	8 111	31 967	40 480	3.94	21%

假定近两年市场情况平稳，X 公司的生产经营状况平稳，并且审计人员甲和乙通过对成本项目的实质性分析程序已合理确认主营业务成本的数额。

要求：

根据所给资料，指出 2020 年度存货项目、主营业务收入项目可能存在的问题，并说明理由。

4. 甲公司主要从事汽车轮胎的生产和销售业务，其销售收入主要来源于国内销售和出口销售。ABC 会计师事务所负责甲公司 2020 年度财务报表审计，并委派 A 注册会计师担任项目负责人。

资料一：

（1）甲公司的收入确认政策为：对于国内销售，在将产品交付客户并取得客户签字的收货确认单时确认收入；对于出口销售，在相关产品装船并取得装船单时确认收入。

（2）在甲公司的会计信息系统中，国内客户和国外客户的编号分别以 D 和 E 开头。

（3）假定 2020 年 12 月 31 日，中国人民银行公布的人民币对美元汇率为 1 美元=6.80 元人民币。

资料二：

甲公司编制的应收账款账龄分析表摘录见表13-7。

表13-7 应收账款账龄分析表摘录

2020年12月31日账龄分析

客户类别	原币（万美元）	人民币（万元）	其中：1年以内	1~2年	2~3年	3年以上
国内客户		41 158	28 183	7 434	4 341	1 200
国外客户	2 046	15 345	10 981	2 164	2 200	0
合计		56 503	39 164	9 598	6 541	1 200

2019年12月31日账龄分析

客户类别	原币（万美元）	人民币（万元）	其中：1年以内	1~2年	2~3年	3年以上
国内客户		31 982	23 953	4 169	3 860	0
国外客户	2 006	14 046	11 337	2 539	170	0
合计		46 028	35 290	6 708	4 030	0

资料三：

A注册会计师选取4个应收账款明细账户，对截至2020年12月31日的余额实施函证，并根据回函结果编制了应收账款函证结果汇总表。有关内容摘录见表13-8。

表13-8 应收账款函证结果汇总表内容摘录

客户编号	客户名称	甲公司账面金额	回函金额	差异金额	回函方式	审计说明
D1	A公司	人民币7 616万元	人民币5 000万元	人民币2 616万元	原件	（1）
D2	B公司	人民币9 054万元	人民币6 054万元	人民币3 000万元	原件	（2）
D3	C公司	人民币7 618万元	人民币7 618万元	0	传真件	（3）
E1	E公司	1 448万美元	未回函	不适用	未回函	（4）

审计说明：

（1）回函直接寄回本所。经询问甲公司财务经理得知，回函差异是由于 A 公司的回函金额已扣除其在 2020 年 12 月 31 日以电汇的方式向甲公司支付的一笔 2 616 万元的货款。甲公司于 2021 年 1 月 4 日实际收到该笔款项，并记入 2021 年应收账款明细账中。该回函差异不构成错报，无须实施进一步审计程序。

（2）回函直接寄回本所。经询问甲公司财务经理得知，回函差异是由于甲公司在 2020 年 12 月 31 日向 B 公司发出一批产品（合同价款为 3 000 万元），同时确认了应收账款 3 000 万元及相应的销售收入。B 公司于 2021 年 1 月 5 日收到这批产品。其回函未将该 3 000 万元款项包括在回函金额中，经检查相关的销售合同、销售发票、出库单以及相关记账凭证，没有发现异常。该回函差异不构成错报，无须实施进一步审计程序。

（3）回函由 C 公司直接传真至本所。回函没有差异，无须实施进一步审计程序。

（4）未收到回函。执行替代测试程序：从应收账款借方发生额中选取样本，检查相关的销售合同、销售发票、出库单以及相关记账凭证，并确认这些文件中的记录是一致的。如果没有发现异常，则无须实施进一步审计程序。

要求：

（1）针对资料二，结合资料一，假定不考虑其他条件，指出资料二中应收账款账龄分析表存在哪些不当之处，并简单说明理由。

（2）针对资料三中的审计说明第（1）至（4）项，结合资料一，假定不考虑其他条件，逐项指出 A 注册会计师实施的审计程序及其结论是否存在不当之处。如果存在，简要说明理由并提出改进建议。

七、阅读文献

［1］刘明辉. 独立审计学［M］. 2 版. 大连：东北财经大学出版社，2002.

［2］韩洪灵. 审计理论与实务学习指导书［M］. 北京：中国人民大学出版社，2019.

　　[3] 中国注册会计师协会. 审计 [M]. 北京：中国财政经济出版社，2021.

　　[4] 张彤彤. 审计学 [M]. 3版. 北京：清华大学出版社，2021.

　　[5] 中国注册会计师协会. 中国注册会计师执业准则应用指南2023 [M]. 北京：中国财政经济出版社，2023.

　　[6] 东奥会计在线. 2024注册会计师考试过关必做500题——审计 [M]. 北京：北京科学技术出版社，2024.

八、练习题参考答案

（一）单项选择题

1.C　2.B　3.C　4.B　5.C　6.B　7.A　8.B　9.A　10.A　11.A　12.B　13.A　14.C

（二）多项选择题

1.ABCD　2.ABCD　3.ACD　4.ABCD　5.ABD　6.BCD　7.ABCD　8.ABCD　9.BCD　10.ABCD　11.ABCD　12.ABC　13.ABCD　14.AC

（三）判断题

1.√　2.√　3.√　4.×　5.√　6.√　7.√　8.√　9.√　10.√　11.√　12.×　13.√　14.√

（四）分析题

1.（1）审计人员于2021年1月15日函证，并于2021年1月22日收到函证结果，回函内容表明Y公司有可能在2021年1月15日至2021年1月22日之间已收到款项，审计人员应对此项收款情况进行检查，如果仍未收到，应向客户再次发函，要求其将有关凭单邮寄过来，以便查找。

（2）审计人员于2021年1月15日函证，并于2021年1月19日收到函证结果，审计人员应当对近期退货情况进行检查，有可能在2020年12月28日至2021年1月15日之间已收到退回的货物，被审计单位未及时冲账，审计人员应提醒其按会计制度的规定及时处理；也有可能在2021年1月15日至2021年1月19日之间收到退回的货物，审计人员应当对此期间退货及会计处理情况进行检查，如果仍未收到，应向客户再次发函，要求其将有关凭证复印件邮寄过来，以便查找。

（3）在采用委托代销方式下，受托代销方在尚未销售的情况下，委托方不应确认销售收入及应收账款。审计人员应检查代销合同，确认是否属于委托代销方式，如果确实属于委托代销，应要求被审计单位冲销销售收入及应收账款。

（4）在分期收款方式下，在合同约定收款期已到，但仍未收到已确认的应收账款时，审计人员应检查销售合同，并检查2020年年底和2021年1月是否收到首付款300 000元，如果已收到，应按600 000元确认应收账款，而非900 000元。

（5）审计人员应检查地址是否错误，如果属于地址错误，应按正确的地址重新发函，如果地址没有错误，审计人员可以考虑是否可能是一笔虚构的应收账款。

2.（1）在此种情况下，应采取替代程序，主要是审查客户订货单、购销合同、发票副本、发运凭证、收款凭证等，验证构成应收账款的销货交易是否确实发生。

（2）这种情况可能是由时间差异造成的，审计人员应审查收款凭证，看货款是否收到及收到的日期。如果货款在函证日之前已收到，则可能是记账错误，即收到货款时贷记另一客户的明细账户，审计人员应审查账户记录并对贷记的账户进行函证。

（3）该客户的回答很不清楚。审计人员应重新函证，要求对方具体、准确地答复。

（4）此种情况很有可能是被审计单位在货物所有权尚未转移前就认定为销售实现。审计人员应审查销货发票的副本和有关的购销合同、协议。

（5）审计人员应查明预收货款是否确实收到并已入账，如查明确能抵付，应提请被审计单位进行相应的账务处理。

（6）审核发运文件等资料，以查明货物是否确已运出。如确已运出，应将发运文件影印件送至客户重新查证；如确未运出，应提请被审计单位作调账处理。

3.（1）测试真实性目标时，起点应是明细账；测试完整性目标时，起点应是相关凭证；测试其他目标时，方向一般无关紧要。所以，采用从明细账追查至有关凭证的审计路线对测试目标①、③是适当的，对测试目标②是不适当的。

（2）就审计目标①的测试：A.针对未曾发货却已将销售业务登记入账这一错误发生的可能性，可以从主营业务收入明细账中抽取几笔分录，追查有无发运凭证及其他佐证凭证。如对发运凭证的真实性存疑，可能有必要进一步追查存货的永续盘存记录，测试存货余额有无减少。B.针对销售业务重复入账这类错误发生的可能性，可以通过检查企业的销售交易记录清单以确定是否存在重号、缺号情况。C.针对向虚构的客户发货并作为销售业务登记入账这类错误发生的可能性，应当检查主营业务收入明细账中与销售分录相应的销售单，以确定销售是否经过赊销批准手续和发货审批手续。

检查上述三类多报销售错误发生的可能性的另一有效方法是追查应收账款明细账中贷方发生额的记录。如果贷方发生额是注销坏账，或者直到审计时所欠货款仍未收回，就必须详细追查至相应的发运凭证和客户订货单等，以查明是否存在虚构销售业务的情况。

（3）通常的做法是，以主营业务收入明细账中会计分录为起点，将所选择的交易业务的合计数与应收账款明细账的销售发票存根进行比较、核对。销售发票存根上所列的单价，通常还要与经过批准的商品价目表进行比较、核对。另外，往往还要审核客户订货单和销售单中的同类数据。

（五）案例分析提示

1.各问题答案见表13-9。

表13-9　　　　　　　　　　　　　项目表

项目名称	接收函证的对象	函证的主要内容	函证方式
（1）货币资金	审计期间所有与被审计单位有往来的金融机构	（1）存款户账号、性质及余额等 （2）贷款性质、担保或抵押品、贷款期限、利率及余额等	积极式
（2）应收票据	票据开出人	付款日、到期金额、抵押担保物说明	积极式

项目名称	接收函证的对象	函证的主要内容	函证方式
（3）应收账款（净额）	债务人	应收金额	积极式或消极式
（4）其他应收款	债务人	应收金额	积极式或消极式
（5）应付账款	债权人	应付金额	积极式或消极式
（6）银行借款（抵押借款部分）	抵押人	（1）债权金额 （2）抵押物说明 （3）对是否遵守抵押契约表示意见	积极式
（7）实收资本（内部职工及社会公众股）	（1）交易所 （2）证券托管机构	股份数额	积极式

2.内容（1）中可能存在两处不合理：一是坏账准备年末余额÷应收账款年末余额×100%=3.2‰（52.77÷16 553×100%），与税法规定的5‰的坏账准备计提比例不符；二是在应收账款账龄分析表中，"2~3年"和"3年以上"这两部分的年初数之和仅为2 582万元，而"3年以上"的年末数却为2 874万元，通常，在公司2020年度未发生购并、分立和债务重组行为等的前提下是不可能的。

内容（2）中可能存在一处不合理之处：X产品2020年的销售毛利率为17.56%，大大高于2019年的5%。既然公司2020年的供、产、销规模与上年相当，通常应维持大致相当的销售毛利率水平。

3.因为甲和乙审计人员对客户2019年度会计报表出具了无保留意见审计报告，所以分析2020年度数据时可以信赖客户2019年度会计报表的数据。

首先，由于企业的生产经营情况平稳，作为企业内在规律的存货周转率应当是稳定的。公司2019年度的存货周转率=31 892÷7 993 ≈ 3.99。在2020年，如果存货周转率不变，则在已确认主营业务成本的前提下，推算的存货预期余额为 31 967÷3.99≈8 012（万元），但公司列示的存货余额为 8 111 万元，比预期数额整整高出了 99 万元，有必要将存货的高估列为重要问题。

其次，毛利率为行业规律及市场规律，也是稳定的。在 2019 年，公司的毛利率=（1−31 892÷39 977）×100%≈20.22%。在毛利率不变的情况下，依据 2020 年的主营业务成本推算的主营业务收入额=31 967÷（1−0.2022）≈40 069（万元），而客户的未审主营业务收入为 40 480 万元，比推算的预期数额高出 411 万元。基于此，有理由怀疑客户的主营业务收入有重大的高估情况。

4.（1）资料二中应收账款账龄分析表存在的不当之处有：

① 2020 年 12 月 31 日国外客户应收账款为 2 046 万美元，未按 2020 年 12 月 31 日"人民币对美元汇率 1 美元=6.8 元人民币"进行折算。

② 2019 年 12 月 31 日账龄分析表中 1~2 年列的国内客户余额比 2020 年 12 月 31 日账龄分析表中相应的 2~3 年列的余额都小，存在不合理之处。

（2）答案见表 13−10。

表 13−10 　　　　　　　　　　　理由及改进意见

审计说明序号	实施的审计程序及其结论是否存在不当之处（是/否）	理由	改进建议
（1）	是	未对被审计单位资产负债表日后是否真实收到 2 616 万元货款进行追查	结合货币资金审计，确认被审计单位在资产负债表日后是否实际收到客户 A 公司的 2 616 万元货款
（2）	是	未向 B 公司进一步函证	应当向 B 公司再次函证，询证 B 公司于 2021 年 1 月 5 日是否收到这批产品，以验证赊销业务的真实性

审计说明序号	实施的审计程序及其结论是否存在不当之处（是/否）	理由	改进建议
（3）	是	未向 C 公司获取询证函回函原件	在 C 公司将询证函回函直接传真至会计师事务所后，还应当要求其将原件寄回到会计师事务所
（4）	是	未再次向 E 公司实施函证	应再次向 E 公司实施函证

第十四章　购货与付款循环审计

一、学习目的与要求

通过本章的学习，了解和购货与付款循环相关的会计凭证、账户、主要经济业务活动；说明购货与付款循环中的内部控制要点及控制测试；设计和执行购货与付款循环交易的实质性程序；理解与每种实质性程序相关的财务报表认定；掌握应付账款、固定资产和累计折旧等账户的审计目标以及实质性程序的基本程序。

二、相关准则与制度

1.《中国注册会计师审计准则第1312号——函证》及其应用指南

2.《企业会计准则——应用指南》中"应付账款""固定资产""累计折旧"等账户的相关内容

三、预习要览

（一）关键概念

购货与付款循环　　　　　　　应付账款审计

固定资产审计　　　　　　　　累计折旧审计

（二）关键问题

1. 审计人员在取得决算日被审计单位应付账款明细表后，应实施哪些基本审计程序对明细表进行审计？

2. 直接向供货方函证应付账款的审计程序是否和函证应收账款的审计程序一样有用和重要？试说明理由。

3. 审计人员应如何查找未入账的应付账款？

4. 审计人员有时将选取应付账款明细账户为起点，经由明细账逆查至原始单据（如订货单、验收报告、发票、已付支票等）作为审查应付账款的一项程序。这项程序的基本目的是什么？

四、重点与难点解析

1. 购货与付款循环审计主要是针对被审计单位的采购业务，它主要影响资产负债表项目，涉及的主要账户是应付账款、固定资产、累计折旧等。

2. 购货与付款循环的主要业务活动包括请购商品和劳务、编制订购单、验收商品、储存已验收的商品存货、编制付款凭单、确认与记录负债等。在这些控制活动中，请购单、订购单、验收单、卖方发票、付款凭单等为审计测试留下了重要的审计轨迹。

3. 固定资产的内部控制和一般的购买与付款业务不同，具体包括预算制度、授权批准制度、凭证和记录制度、职责分工制度、两类支出区分制度、维护保养制度、处置制度和定期盘点制度。

4. 购货与付款循环交易测试程序和销售与收款循环交易测试程序的思路基本相同。

5. 在应付账款的余额测试中，查找未入账的应付账款是很重要的程序，要掌握常用的查找方法。函证不是应付账款审计的必要程序，但当控制风险较高、某应付账款账户金额较大或被审计单位处于经济困难阶段时，应进行应付账款的函证。注意与应收账款、银行存款函证程序进行比较。

6. 在固定资产的余额测试中，主要验证固定资产是否真实存在及其所有权和增减变动（通过联系会计准则的具体要求进行掌握），掌握分析程序的运用。

7. 对累计折旧，应重点验证其折旧政策的合法性、一贯性，以及计算的准确性。

五、练习题

（一）单项选择题

1. 对订购单实行独立检查，以确定是否确实收到商品并正确入账的行为与采购交易的（　　　）认定有关。

　　A. 发生　　　　　　　　　　　B. 完整性

C.准确性　　　　　　　　　　D.截止

2.在内部控制良好的情况下，收到商品时，负责验收人员应当与商品进行核对的原始凭证为（　　）。

　　A.供应商发运文件及订货单　　B.验收报告与供应商发运文件

　　C.请购单及订货单　　　　　　D.验收报告与订货单

3.被审计单位对采购与付款交易的控制出现严重缺失，相关记录被毁损时，注册会计师需要采取的应对措施是（　　）。

　　A.询问被审计单位处理采购与付款交易的相关人员

　　B.询问并检查存在争议的往来信函，确定是否应增加一项负债

　　C.通过供应商来证实被审计单位期末的应付余额

　　D.询问期末已经签署但尚未寄出的支票

4.下列被审计单位采购交易的相关控制中，正确的是（　　）。

　　A.购进商品验收由仓库保管员负责

　　B.预先连续编号的订购单可以为采购交易的完整性提供证据

　　C.请购单是证明采购交易的完整性认定的凭据之一

　　D.验收单可以不预先连续编号

5.下列各项中，不属于采购与付款交易循环中所涉及的凭证的是（　　）。

　　A.请购单　　　　　　　　　　B.出库单

　　C.验收单　　　　　　　　　　D.卖方发票

6.在购货与付款循环中，应付账款业务随着企业赊购交易的发生而发生。因此注册会计师应结合购货业务进行应付账款的审计。从审计的角度看，该种负债包含（　　）的特点。

　　A.审计的重点在于防止该负债的高估

　　B.债权企业的会计记录必须具体完整

　　C.负债通常会引起计价问题

　　D.低估负债伴随着高估费用和低估净收益

7.应付账款的审计目标不包含（　　）。

　　A.确定应付账款是否存在

　　B.确定应付账款的发生和偿还记录是否完整

　　C.确定应付账款的期末余额是否正确

D.确定应付账款在财务报表上的披露是否完整

8.应付账款审计的实质性程序首先需要索取或编制应付账款明细表，其中应列明的事项不包括（   ）。

A.债权人姓名　　　　　　　　B.交易日期

C.交易地点　　　　　　　　　D.应付账款金额

9.固定资产审计目标一般不包括（   ）。

A.固定资产是否存在

B.固定资产是否归被审计单位所有

C.固定资产的计价和折旧政策是否恰当及预算是否合理

D.固定资产的期末余额是否正确

10.固定资产清理的审计目标不包括（   ）。

A.确定固定资产清理的记录是否完整

B.确定反映的内容是否正确

C.确定固定资产清理的期初余额是否正确

D.确定固定资产清理在财务报表上的披露是否恰当

11.在下列审计程序中，与查找未入账的应付账款无关的是（   ）。

A.审核应付账款账簿记录

B.审核期后现金支出的主要凭证

C.审核期后未付账单的主要凭证

D.追查年终前签发的验收单及相关的卖方发票

12.审计人员认为被审计单位固定资产折旧计提不足的迹象是（   ）。

A.经常发生大额的固定资产清理损失

B.累计折旧与固定资产原值的比率较大

C.提取折旧的固定资产账面价值庞大

D.固定资产保险额大于其账面价值

（二）多项选择题

1.注册会计师通过下列审计程序，可以查找被审计单位未入账的应付账款的有（   ）。

A.审查资产负债表日收到，但尚未处理的供应商发票

B.审查应付账款函证的回函

C.审查资产负债表日后一段时间内的支票存根

D.审查资产负债表日已入库，但尚未收到发票的商品的有关记录

2.购货业务的会计处理在手工完成的情况下，企业会计主管应做好以下工作（　　　）。

A.监督为采购交易编制的记账凭证中账户分类的适当性

B.通过定期核对编制对账凭证的日期和凭单副联的日期，以监督入账的及时性

C.通过独立检查，核对已付采购账款账簿与相关凭证，确认其准确性

D.定期独立检查应付账款总账金额与应付凭单部门未付款凭单档案中的总和是否一致

3.在财务报表审计中，下列关于采购与付款循环的控制测试的说法中，正确的有（　　　）。

A.注册会计师需要对该流程的所有控制点进行测试

B.注册会计师仅需要针对识别的可能发生错报环节选择足以应对评估的重大错报风险的关键控制进行测试

C.注册会计师不需要对为提高经营效率效果设置的流程及控制执行专门的控制测试，如果控制与审计无关

D.注册会计师不需要对订购单、验收单和卖方发票的"三单核对"控制进行测试

4.注册会计师在验证应付账款是否真实存在时，通常实施的审计程序有（　　　）。

A.将应付账款清单加总

B.从应付账款清单追查至卖方发票和卖方对账单

C.函证应付账款，重点是大额、异常项目

D.对未列入本期的负债进行测试

5.适当的职责分离有助于防止各种有意或无意的错误，采购与付款业务不相容岗位包括（　　　）。

A.询价与验货　　　　　　　　　B.请购与审批

C.付款审批与付款执行　　　　　D.采购合同的订立与审批

6.在函证应付账款时，函证对象包含（　　　）。

A.较大金额的债权人

B.在资产负债表日金额很小、甚至为零，但是对企业重要的供应商

C.上一年度有业务往来而本年度没有业务往来的主要供应商

D.没有按时寄送对账单和存在关联方交易的债权人

7.可以作为分析程序用于固定资产审计的有（　　　）。

A.将本期折旧额与固定资产总成本的比率同上年比较

B.将本期折旧额与制造费用的比率同上年比较

C.将累计折旧与制造费用的比率同上年比较

D.将制造费用与产量的比率同上年比较

8.当固定资产增加时，其中采用外购方式增加的固定资产在审查中，应执行的审计程序有（　　　）。

A.核对购货合同、发票、保险单、发运凭证等文件

B.审查固定资产验证报告

C.确定被审计单位估计的固定资产使用年限和残值是否合理

D.测试固定资产计价是否正确，会计处理是否正确

9.审查被审计单位是否存在高估固定资产数额的情形时，审计人员可以采取的验证程序包括（　　　）。

A.检查被审计单位在用新增加的固定资产替换原有固定资产时，原有固定资产是否未作记录

B.分析营业外收支账户

C.向固定资产管理部门查询本年有无未作会计记录的固定资产减少业务

D.复核固定资产保险

10.对各类固定资产，审计人员应查阅相关原始凭证，以确定所审查的固定资产是否确实为被审计单位的合法财产。具体验证时应注意（　　　）。

A.对外购的机器设备等固定资产，通常应审核采购发票、购货合同

B.对房地产类固定资产，可查阅有关的合同、产权证明、财产税

单、抵押贷款的还款凭据、保险单

C. 对接受捐赠的固定资产，应审查捐赠协议、交接手续及相关的资产评估报告等

D. 对汽车等运输设备，应验证有关运营执照

（三）判断题

1. 仓库在现有库存未达到再订货点时就可以直接提出采购申请。

（　　）

2. 在编制订购单时，采购部门在收到请购单时，只能对经过批准的请购单发出订购单。（　　）

3. 验证单是支持资产或费用以及与采购有关的负债的"存在"认定的重要凭证。（　　）

4. 会计主管应独立检查会计人员记录的凭单总数与应付凭单部门送来的每日凭单汇总表是否一致。（　　）

5. 监督采购交易编制的记账凭证中账户分类的适当性不是企业会计主管的工作。（　　）

6. 注册会计师仅需要检查被审计单位固定资产授权批准制度本身是否完善。（　　）

7. 固定资产的处置包括投资转出、报废、出售等，均要有一定的申请报批程序。（　　）

8. 因为多数舞弊企业在低估应付账款时是以漏记赊购业务为主的，所以实施函证无益于寻找未入账的应付账款。（　　）

9. 审计人员在审查应付账款时，应查实企业所有在年度决算日以前收到的赊购发票均已计入当年的应付账款。（　　）

10. 对因债务人抵债而获得的固定资产，应检查产权过户手续是否齐备，固定资产计价及确认的损益是否符合相关会计准则的规定。

（　　）

11. 对融资租入的固定资产，应登入备查簿。（　　）

（四）分析题

1. 某审计人员正在对 H 公司的应付账款项目进行审计。根据需要，该审计人员决定对 H 公司表14-1中的四个明细账户中的两个进行函证。

表14-1	明细账户表	单位：元
客户名称	应付账款年末余额	本年度供货总额
A公司	42 650	66 100
B公司	—	2 880 000
C公司	85 000	95 000
D公司	289 000	3 032 000

要求：

（1）该审计人员应选择哪两家供货公司进行函证？为什么？

（2）假定上述四家公司均为H公司的购货人，表14-1中后两栏分别是应收账款年末余额和本年度购货总额，该审计人员应选择哪两家公司进行函证？为什么？

2.注册会计师A和B在审计红光公司年度财务报表时，注意到同购货与付款循环相关的内部控制存在缺陷。他们认为红光公司管理层在资产负债表日故意推迟记录发生的应付账款，于是决定实施审计程序进一步查找未入账的应付账款。

要求：

注册会计师A和B应如何查找未入账的应付账款？

3.审计人员在审查某公司应付账款明细账时，发现2020年开富化工厂明细账有贷方余额86 000元，经查证有关凭证，是其2020年向开富化工厂购买化工原料的货款。

要求：

分析可能存在的问题，以及是否需要进行进一步审查。如果需要，应如何审查？应提出什么样的审计意见？

4.H会计师事务所首次接受甲公司委托审计其2020年财务报表，A注册会计师为项目合伙人。在采购与付款循环审计的过程中遇到下列事项：

（1）甲公司各部门使用的请购单未连续编号，请购单由部门经理批准，超过一定金额还需总经理批准，A注册会计师认为该项控制设计有效，实施了控制测试，结果满意。

（2）为查找未入账的应付账款，A注册会计师检查了资产负债表日后应付账款明细账贷方发生额的相关凭证，并结合存货监盘程序，检查了甲公司资产负债表日前后的存货入库资料，结果满意。

（3）由于2020年人员工资和维修材料价格连续上涨，甲公司实际发生的产品质量保证支出与以前年度预计数相差较大，A注册会计师要求管理层就该差异进行追溯调整。

（4）甲公司有一笔账龄三年以上，金额重大的其他应付款，因2020年度未发生变动，A注册会计师未实施进一步审计程序。

（5）甲公司年末与固定资产弃置义务相关的预计负债金额为200万元，A注册会计师作出了300万元到360万元之间的区间估计，与管理层沟通后同意按100万元进行调整。

要求：

针对上述第（1）至（5）项，逐项指出A注册会计师的做法是否恰当，如不恰当，简要说明理由。

5.审计人员审查A企业2020年12月基本生产车间设备计提折旧情况，在审核固定资产明细账和制造费用明细账时，发现如下记录：

（1）11月末该车间设备计提折旧额12 000元，年折旧综合率为6%。

（2）11月份购入设备一台，原值20 000元，已安装完工交付使用。

（3）11月份融资租入一台设备投入车间使用，入账价值10 000元。

（4）11月份交外单位修理设备一台，原值50 000元。

（5）11月份对一台设备进行技术改造，当月交付使用，该设备原值为200 000元，技改支出50 000元，变价收入20 000元。

（6）12月份该车间设备计提折旧21 000元。

（7）假定该企业11月末计提折旧数正确，并且所有设备12月份所生产的产品全部尚未完工。

要求：

（1）验证该企业12月份计提折旧数额是否正确。

（2）若不正确，请作出审计调整。

6.表14-2列示了应收账款和固定资产项目的若干个审计目标及可能实施的主要审计程序。

审计项目名称	审计目标	审计程序
应收账款	（1）在资产负债表日，应收账款记录完整 （2）在资产负债表日，被审计单位对所有应收账款均具有法定收款权 （3）在资产负债表日，应收账款余额正确 （4）在财务报表中，应收账款分类反映恰当	A.分析应收账款同销售额的比例关系，并同前期进行比较 B.实施销售截止测试，确定销售业务和相应的存货与销售成本记录在恰当的会计期间 C.按计提坏账准备的范围和标准计算已提坏账准备是否充分，并提请调整大额差异 D.检查销售退回与折让是否附有按顺序编号并经主管人员核准的贷项通知单 E.复核所有贷款协议，确定应收账款是否已作抵押 F.抽查被审计单位职员及有关部门的暂借款项的记录，确定已记入正确的账户 G.分析应收账款各月末余额与应付账款各月末余额的非正常比例关系
固定资产	（5）被审计单位对所审计会计期间新增固定资产享有所有权 （6）在资产负债表日，所有在册的固定资产均存在 （7）在资产负债表日，所有固定资产的净值均已正确计量	A.将固定资产明细账期初余额与上年度审计工作底稿进行核对 B.复核折旧费用的计提，并确定固定资产有效使用年限及折旧方法同以前年度一致 C.确定固定资产记录部门与保管使用部门的职责分离 D.审查固定资产契约和保险单据 E.实施截止测试，证实固定资产维护费已计入恰当的会计期间 F.确定所有机器设备均已保险 G.实地检查所有主要的机器设备

表14-2　　　　　　　　　　审计目标及审计程序

要求：

请针对每一个审计目标，选出能够实现该审计目标的一项最佳审计程序，将其英文大写字母编号填列在表14-3中，每一项审计程序最多只能被选择一次。

表14-3   选项表

审计目标	（1）	（2）	（3）	（4）	（5）	（6）	（7）
审计程序							

7.审计人员 A 和 B 对 XYZ 股份有限公司 2020 年度财务报表进行审计。该公司 2020 年度未发生购并、分立和债务重组行为，供、产、销规模与上年相当。该公司提供的未经审计的 2020 年度财务报表附注的部分内容见表14-4。

表14-4   财务报表附注的部分内容   单位：万元

类别＼固定资产原价	年初数	本年增加	本年减少	年末数
房屋及建筑物	20 930	2 655	21	23 564
通用设备	8 612	1 158	62	9 708
专用设备	10 008	3 854	121	13 741
运输工具	1 681	460	574	1 567
土地	472	—	—	472
其他设备	389	150	11	528
合　计	42 092	8 277	789	49 580
类别＼累计折旧	年初数	本年增加	本年减少	年末数
房屋及建筑物	3 490	898	31	4 357
通用设备	863	865	34	1 694

类别	累计折旧	年初数	本年增加	本年减少	年末数
专用设备		3 080	1 041	20	4 101
运输工具		992	232	290	934
土地		15	——	——	15
其他设备		115	83	3	195
合　计		8 540	3 134	378	11 296

要求：

假定上述附注内容中的年初数和上年比较数均已审定无误，作为审计人员 A 和 B，在审计计划阶段，请运用专业判断，必要时运用分析程序，分别指出上述附注内容中存在或可能存在的不合理之处，并简要说明理由。

六、案例分析

注册会计师 A 和 B 负责对 X 公司 2020 年度财务报表进行审计，并确定财务报表层次的重要性水平为 1 200 000 元。X 公司 2020 年财务报表于 2021 年 3 月 25 日获董事会批准，并于同日报送证券交易所。其他相关资料如下：

资料一：公司未经审计的 2020 年度财务报表部分项目余额或年度发生额见表 14-5。

表14-5　未经审计的2020年度财务报表部分项目余额或年度发生额　单位：万元

项目	金额
资产总额	42 000
股本	15 000
资本公积	8 000
盈余公积	2 000

项目	金额
未分配利润	1 800
营业收入	36 000
利润总额	600
净利润	400

资料二：在对 X 公司进行审计的过程中，注册会计师 A 和 B 注意到以下事项：

2020 年 1 月 31 日，X 公司开发建成一栋商住两用楼，该商住楼所在地不存在活跃的房地产交易市场，2020 年年末未发生减值迹象。该商住两用楼的建造成本为 30 000 000 元，其中一层商铺 12 000 000 元计划用于出租，其余楼层 18 000 000 元计划用于 X 公司办公。2020 年 3 月 31 日，X 公司就一层商铺与某超市签订经营租赁合同，租赁期为 2020 年 3 月 31 日至 2022 年 3 月 30 日，租赁费用总额 1 440 000 元，自 2020 年 4 月起按月结算。该商住两用楼预计使用年限为 30 年，预计净残值为原值的 10%，按平均年限法计提折旧。X 公司于 2020 年 1 月 31 日作了增加"固定资产——商住两用楼"30 000 000 元的会计处理；于 2020 年 2 月至 12 月计提了该商住两用楼的折旧，作了借记"管理费用——折旧费"825 000 元、贷记"累计折旧"825 000 元的会计处理；于 2020 年 4 月至 12 月对该商住两用楼的租赁业务作了借记"银行存款"540 000 元、贷记"营业收入——其他业务收入"540 000 元的会计处理。

要求：

（1）在资料一的基础上，如果不考虑审计重要性水平，针对资料二，请回答注册会计师 A 和 B 是否需要提出审计调整建议。若需要提出审计调整建议，请直接列示审计调整分录（审计调整分录均不考虑对 X 公司 2020 年度的税费、递延所得税资产和负债、期末结转损益及利润分配的影响）。

（2）在资料一的基础上，如果考虑审计重要性水平，假定 X 公司分别只存在资料二中的 1 个事项，并且拒绝接受注册会计师 A 和 B 针对该事项提出的审计调整建议（如果有），在不考虑其他条件的前提下，请指出注册会计师A和B应当针对该独立存在的事项出具何种意见类型的审计报告。

七、阅读文献

［1］刘明辉．独立审计学［M］．2版．大连：东北财经大学出版社，2002．

［2］韩洪灵．审计理论与实务学习指导书［M］．北京：中国人民大学出版社，2019．

［3］中国注册会计师协会．审计［M］．北京：中国财政经济出版社，2021．

［4］张彤彤．审计学［M］．3版．北京：清华大学出版社，2021．

［5］中国注册会计师协会．中国注册会计师执业准则应用指南2023［M］．北京：中国财政经济出版社，2023．

［6］东奥会计在线．2024注册会计师考试过关必做500题——审计［M］．北京：北京科学技术出版社，2024．

八、练习题参考答案

（一）单项选择题

1.B 2.A 3.C 4.B 5.B 6.A 7.D 8.C 9.C 10.C 11.A 12.A

（二）多项选择题

1.ABCD 2.ABCD 3.BC 4.BC 5.ABCD 6.ABCD 7.ABD 8.ABCD 9.ABC 10.ABCD

（三）判断题

1.× 2.√ 3.× 4.√ 5.× 6.× 7.√ 8.× 9.√ 10.√ 11.×

（四）分析题

1.（1）该审计人员应选择B公司和D公司进行应付账款余额的函证。因为函证客户的应付账款，应选择那些可能存在较大余额，并非在会计决算日有较大余额的债权人。函证的目的在于查实有无未入账负债，而不在于验证具有较大年末余额的债务。本年度H公司在B、D两家公司采购了大量商品，存在漏记负债业务的可能性更大。

（2）该审计人员应选择C公司和D公司作为应收账款的函证对象。因为函证应收账款的目的在于验证其期末余额的准确性，防止客户多记应收账款，夸大资产。C公司和D公司在会计决算日欠客户货款最多，因而高估的风险更大。

2.注册会计师A和B查找未入账应付账款的审计程序如下：

（1）检查红光公司在资产负债表日未处理的不相符购货发票及有材料入库凭证但未收到购货发票的经济业务。

（2）检查红光公司在资产负债表日后收到的购货发票，确认其入账时间是否正确。

（3）检查红光公司在资产负债表日后应付账款明细账贷方发生额的相应凭证，确认其入账时间是否正确。

3."应付账款——开富化工厂"明细账可能存在的问题有：

（1）该公司与开富化工厂在业务上有纠纷，故拒付货款。

（2）该公司故意拖欠货款，占用开富化工厂的资金。

（3）可能是记账差错。

要查明事实真相，应该进行进一步的审查，采用面询或函询的方法对开富化工厂进行调查。针对不同的情况，作出不同的处理：若是纠纷，双方协商解决；若是故意拖欠，应尽快归还欠款；若是记账错误，则应及时加以更正。

4.（1）恰当。

（2）不恰当。还应检查资产负债表日后货币资金的付款项目、获取甲公司与供货商之间的对账单并与账务记录进行核对调节、检查采购业务形成的相关原始凭证。

（3）不恰当。资产负债表日后价格的变化并不表明前期会计估计存在差错。

（4）不恰当。注册会计师没有/应当对重大账户余额实施实质性程序。

（5）恰当。

5.11月份购入设备一台，原值20 000元，已安装完工交付使用；11月份融资租入一台设备投入车间使用，入账价值10 000元。两者从12

月份开始均应计提折旧。

11月份交外单位修理设备一台，原值50 000元。大修设备不应计提折旧，因此12月份不应增加计提折旧。

11月份对一台设备进行技术改造，当月交付使用，该设备原值为200 000元，技术改造支出为50 000元，变价收入为20 000元，12月份应调整账面价值计提折旧。

该企业12月份应计提折旧额=12 000+（20 000+10 000+200 000+50 000-

20 000）×6%÷12

=13 300（元）

该企业多计提折旧额=21 000-13 300=7 700（元）

调整分录为：

借：累计折旧   7 700

 贷：制造费用   7 700

6.能够实现每一审计目标的一项最佳审计程序见表14-6。

表14-6   选项表

审计目标	（1）	（2）	（3）	（4）	（5）	（6）	（7）
审计程序	B	E	C	F	D	G	B

7.表14-4中可能存在两处不合理：一是"累计折旧——土地"的本年增加数为15万元，这与国家规定土地不计提折旧的要求相悖；二是"固定资产原价——房屋及建筑物"的本年减少数为21万元，小于"累计折旧——房屋及建筑物"的本年减少数（31万元），根据会计核算的基本原理，考虑固定资产净残值率这一因素，即便这些减少的房屋及建筑物已提足折旧，其累计折旧数也应小于相应的固定资产原价。

（五）案例分析提示

（1）对已出租的房产，应将其转为投资性房地产进行核算，并将计提的折旧计入其他业务成本。

借：投资性房地产   12 000 000

 固定资产——累计折旧   330 000

 贷：固定资产   12 000 000

  投资性房地产——投资性房地产累计折旧 330 000

借：营业成本——其他业务成本   270 000
  贷：管理费用——折旧费   270 000

（2）对于这一事项应该出具保留意见的审计报告。

第十五章　生产与薪酬循环审计

一、学习目的与要求

通过本章的学习，了解生产与薪酬循环涉及的主要财务报表项目、主要业务活动和主要凭证与记录；了解生产与薪酬循环的内部控制要点及控制测试程序；了解生产与薪酬循环相关账户的审计程序；掌握生产成本和主营业务成本的审计程序；掌握存货计价测试的主要程序；掌握应付职工薪酬的审计程序；重点掌握如何执行存货监盘程序；重点掌握存货监盘结果对审计报告的影响；重点掌握存货正确截止的基本要求和存货截止测试的方法。

二、相关准则与制度

1.《中国注册会计师审计准则第 1311 号——对存货、诉讼和索赔、分部信息等特定项目获取审计证据的具体考虑》

2.《企业会计准则第 1 号——存货》

3.《企业会计准则第 9 号——职工薪酬》

三、预习要览

（一）关键概念

生产循环　　　　　　　　　　薪酬循环

存货监盘　　　　　　　　　　计价测试

（二）关键问题

1. 如何进行生产循环的内部控制测试？

2. 如何进行薪酬循环的内部控制测试？

3. 由于被审计单位存货的性质或位置等导致无法实施存货监盘，注册会计师应如何获取有关期末存货数量和状况的审计证据？

4. 如何确定存货监盘结果对审计报告的影响？

5. 当注册会计师首次接受委托未能对上期期末存货实施监盘，且该存货对本期财务报表存在重大影响时，应如何获取关于期初存货余额的审计证据？

6. 存货监盘程序包括哪些环节？请具体说明。

7. 如何进行存货的计价测试？

8. 存货正确截止的关键是什么？如何进行存货的截止测试？

四、重点与难点解析

1. 对生产循环的内部控制测试主要从业务授权、真实性、完整性等目标出发。其中，对成本执行分析程序是一项很重要的程序。真实性目标的测试仍然按照从账簿到凭证的方向进行追查。完整性目标的测试仍然按照从凭证到账簿的方向进行追查。审查有关原始凭证是否连续编号也有助于完整性目标的审计。另外，对重大在产品项目进行计价测试，通过抽查成本计算单检查各项费用的归集和分配及成本的计算，也是交易类别测试的重要程序。

2. 薪酬循环的内部控制测试与生产循环的内部控制测试的思路是一致的。

3. 注册会计师有责任实施存货监盘，以获取有关期末存货数量和状况的充分、适当的审计证据。在特殊情况下无法获得有关期末存货数量和状况的审计证据时，注册会计师应执行其他有效的审计程序，以获得充分、适当的审计证据；否则，不能发表无保留意见的审计报告。如果通过实施存货监盘发现被审计单位财务报表存在重大错报，且被审计单位拒绝调整，注册会计师应当考虑出具保留意见或否定意见的审计报告。

4. 当首次接受委托未能对上期期末存货实施监盘，且该存货对本期财务报表存在重大影响时，如果已获取有关本期期末存货余额的充分、适当的审计证据，注册会计师应当实施有效的审计程序，以获取有关本期期初存货余额的充分、适当的审计证据；否则，不能发表无保留意见的审计报告。

5. 存货监盘程序包括以下几个必要的环节：注册会计师应首先进行

盘点问卷调查，向被审计单位询问盘点的准备工作是否到位，然后实地观察盘点的过程，在企业盘点人员盘点之后进行复盘抽点，并在存货盘点结束前，最后观察盘点现场。

6.存货正确截止的关键在于存货实物纳入盘点范围的时间与存货引起的借贷双方会计科目的入账时间处于同一会计期间。常用的方法是检查存货盘点日前后入账的购货发票与相应的验收报告和入库单是否在同一会计期间，或销售发票与出库单是否在同一会计期间；或者从验收部门的业务记录入手，检查接近年底的验收业务，其相应的购货或销售发票是否在同期入账。

五、练习题

（一）单项选择题

1.下列有关生产与薪酬循环涉及的主要凭证和会计记录的说法中，不恰当的是（　　）。

A.工薪费用分配表反映了各生产车间各产品应负担的生产工人工薪及福利费

B.产成品入库单是产品生产完成并经检验合格后从生产部门转入仓库的凭证

C.在实施存货盘点之前，注册会计师通常编制存货盘点指令，对存货盘点的时间、人员、流程及后续处理等方面作出安排

D.存货明细账是用来反映各种存货增减变动情况和期末库存数量及相关成本信息的会计记录

2.有关存货审计的下列表述中，正确的是（　　）。

A.监盘是证实存货"完整性"和"权利"认定的重要程序

B.对难以监盘的存货，应根据企业存货收发制度确认存货数量

C.存货计价审计的样本应着重选择余额较小且价格变动不大的存货项目

D.可以通过审阅验收部门的业务记录进行存货截止审计，即查明资产负债表日前后购入的货物是否在存货验收入库的同期入账

3.注册会计师在编制存货监盘计划时，考虑的因素不涉及（　　）。

A.与存货相关的内部控制的性质

B. 存货盘点的时间安排

C. 存货周转率

D. 存货的存放地点

4.下列关于注册会计师制订的存货监盘计划的说法中，错误的是（　　　）。

A. 在实施观察程序后，如果认为被审计单位内部控制设计良好且得到有效实施，存货盘点组织良好，可以相应缩小实施抽盘的范围

B. 存货监盘范围的大小与存货的内容无关

C. 存货监盘的时间应当与被审计单位实施存货盘点的时间相协调

D. 在存货监盘过程中，注册会计师需要重点关注的事项包括盘点期间的存货移动、存货的状况、存货的截止确认、存货的各个存放地点及金额等

5.下列各项中，注册会计师在被审计单位存货盘点结束前的做法不恰当的是（　　　）。

A. 再次观察盘点现场，以确定所有应纳入盘点范围的存货是否均已盘点

B. 仅取得并检查已填用、未使用盘点表单的号码记录，确定其是否连续编号

C. 根据注册会计师在存货监盘过程中获取的信息对被审计单位最终的存货盘点结果汇总记录进行复核

D. 查明已发放的表单是否均已收回，并与存货盘点的汇总记录进行核对

6.被审计单位有少量年终在途存货未纳入盘点范围，当年也未作采购的会计处理，则（　　　）。

A. 注册会计师对此应发表保留意见

B. 注册会计师对此应发表否定意见

C. 一般不影响注册会计师对财务报表发表意见

D. 注册会计师应进一步收集证据以确认其合理性

7.下列有关存货监盘的说法中，错误的是（　　　）。

A. 如在存货盘点现场实施存货监盘不可行，注册会计师应当另择

日期实施监盘，并对间隔期内发生的交易实施审计程序

B. 对未纳入盘点范围的存货，注册会计师应当查明未纳入的原因

C. 如被审计单位在存货入库和装运过程中采用连续编号的凭证，注册会计师应当关注盘点日前的最后编号

D. 注册会计师可能在存货监盘中获取有关存货所有权的部分审计证据

8. 如果存货盘点日不是资产负债表日，注册会计师为确定盘点日与资产负债表日之间存货的变动是否已得到恰当的记录时，下列程序中不恰当的是（　　　）。

A. 比较盘点日和财务报表日之间的存货信息以识别异常项目，并对其执行适当的审计程序

B. 对存货周转率或存货销售周转天数等实施实质性分析程序

C. 测试存货销售和采购在盘点日和财务报表日的截止是否正确

D. 直接将被审计单位记录的盘点日至资产负债表日的存货变动记录于工作底稿

9. 针对生产与薪酬循环相关的内部控制，以下说法中，不恰当的是（　　　）。

A. 根据经审批的月度生产计划书，由生产计划经理签发预先按顺序编号的生产通知单

B. 存货存放在安全的环境中，只有经过授权的工作人员才可以接触及处理存货

C. 生产部门和仓储部门在盘点日前对所有存货进行清理和归整，便于盘点顺利进行

D. 盘点表和盘点标签事先连续编号，发放给盘点人员时登记领用人员，盘点结束后回收并清点所有已使用的盘点表和盘点标签

10. 针对盘点存货的内部控制，下列说法中错误的是（　　　）。

A. 由负责保管存货的人员单独负责初盘工作，安排不同的工作人员进行复盘

B. 为防止存货被遗漏或重复盘点，所有盘点过的存货贴盘点标签，注明存货品名、数量和盘点人员，完成盘点前检查现场，确认所有存货均已贴上盘点标签

C. 将不属于本单位的代其他方保管的存货单独堆放并作标识

D. 汇总盘点结果，与存货账面数量进行比较，调查分析差异原因，并对认定的盘盈和盘亏提出账务调整建议，经仓储经理、生产经理、财务经理和总经理复核批准后入账

11. 以下有关期末存货的监盘程序中，与测试存货盘点记录的准确性相关的是（　　　）。

A. 从存货实物中选取项目追查至存货盘点记录

B. 从存货盘点记录中选取项目追查至存货实物

C. 在存货盘点结束前，再次观察盘点现场

D. 在存货盘点过程中关注存货移动的情况

12. 针对存货监盘中确定适当的监盘地点的说法中，不恰当的是（　　　）。

A. 如果被审计单位的存货存放在多个地点，注册会计师可以要求被审计单位提供一份完整的存货存放地点清单，并考虑其完整性

B. 在获取完整的存货存放地点清单的基础上，注册会计师可以根据不同地点所存放存货的重要性以及对各个地点与存货相关的重大错报风险的评估结果，选择适当的地点进行监盘，并记录选择这些地点的原因

C. 如果识别出由于舞弊导致的影响存货数量的重大错报风险，注册会计师在检查被审计单位存货记录的基础上，可能决定在不预先通知被审计单位的情况下对特定存放地点的存货实施监盘，或在同一天对所有存放地点的存货实施监盘

D. 获取的存货存放地点清单，无须包括期末存货量为零的仓库

（二）多项选择题

1. 下列各项中，与生产与薪酬循环的主要业务活动相关的说法中恰当的有（　　　）。

A. 领料单通常一式三联，仓库发料并签署后，一联交领料部门、一联留存、一联交会计部门

B. 生产部门收到生产通知单及领取原材料后，将生产任务分解并将所领取的原材料交付生产工人，据以执行生产任务

C. 产成品入库，应由会计部门先行点验和检查，然后由仓储部门签收

D. 为了正确核算并有效控制产品成本，必须建立健全成本会计制度，将生产控制和成本核算有机结合在一起

2. 如果存货对财务报表是重要的，注册会计师应当实施下列（　　　）审计程序，对存货的存在和状况获取充分、适当的审计证据。

A. 在存货盘点现场实施监盘（除非不可行）

B. 对期末存货记录实施审计程序，以确定其是否准确反映实际的存货盘点结果

C. 重新执行与存货保管相关的内部控制

D. 对存货的入账成本实施实质性分析程序

3. 注册会计师对被审计单位的存货进行截止测试的方法有（　　　）。

A. 实地观察和抽查期末存货

B. 抽查存货盘点日前后的购货发票和验收报告，检查是否每张发票都附有验收报告

C. 从验收部门的业务记录中选取接近截止日的业务，检查其对应的购货发票是否在同期入账

D. 询问存货的安全保护措施是否到位

4. 下列各项中，有关存货监盘的说法中恰当的有（　　　）。

A. 存货监盘针对的主要是存货的存在、完整性认定

B. 存货监盘对存货的完整性认定，能够提供充分、适当的审计证据

C. 存货监盘对存货的准确性、计价和分摊认定，能够提供部分审计证据

D. 存货监盘本身并不足以供注册会计师确定存货的所有权

5. 下列关于存货监盘的说法中，正确的有（　　　）。

A. 对于所有权不属于被审计单位的存货，注册会计师应当取得其规格、数量等有关资料，确定是否已单独存放、标明，且未被纳入盘点范围

B. 在存货监盘过程中检查存货，能够确定存货的所有权，且有助于确定存货的存在，以及识别过时、毁损或陈旧的存货

C. 如果存货在盘点过程中未停止移动，注册会计师需要观察被审计单位有关存货移动的控制程序是否得到执行

D. 即使在被审计单位不存在受托代存存货的情形下，注册会计师在存货监盘时也应当关注是否存在某些存货不属于被审计单位的迹象，以避免盘点范围不当

6. 存货周转率的波动可能意味着被审计单位（　　　　）。

A. 销售价格发生变动

B. 有意或无意地减少存货跌价准备

C. 单位产品成本发生变动

D. 存货核算方法发生变动

7. 在生产与薪酬循环的有关内部控制中，不相容的职务有（　　　　）。

A. 生产的授权审批和生产过程的记录

B. 生产过程的记录和生产的执行

C. 存货的保管和记录

D. 工资的授权批准和记录

8. 在存货盘点现场实施监盘时，注册会计师应当实施的审计程序包括（　　　　）。

A. 评价管理层用以记录和控制存货盘点结果的指令和程序

B. 观察管理层制定的盘点程序的执行情况

C. 在存货监盘过程中检查存货

D. 执行抽盘

9. 下列有关存货监盘与相关认定的说法中，恰当的有（　　　　）。

A. 针对的主要是存货的存在认定

B. 针对存货的完整性认定，能提供部分审计证据

C. 针对存货的准确性、计价和分摊认定，能提供部分审计证据

D. 针对权利和义务认定，能够提供充分、适当的审计证据

10. 为了确定直接材料成本的金额准确性，注册会计师可能需要（　　　　）。

A. 检查材料明细账，验证材料计价的正确性

B. 抽查产品成本计算单，检查相关计算是否正确

C. 分析、比较同一产品前后年度的直接材料成本

D. 检查直接材料成本在财务报表中的披露是否恰当

（三）判断题

1. 特殊情况下，注册会计师可能决定在不预先通知的情况下对特定存放地点的存货实施监盘。　　　　　　　　　　　　　（　　）

2. 注册会计师应当复核被审计单位的存货盘点计划，并据此合理安排存货监盘。　　　　　　　　　　　　　　　　　　　（　　）

3. 在确定资产数量或资产实物状况，或在收集特殊类别存货的审计证据时，注册会计师可以考虑利用专家的工作。　　　　　（　　）

4. 在检查已盘点的存货时，注册会计师应当从存货盘点记录中选取项目追查至存货实物，以测试盘点记录的准确性；还应当从存货实物中选取项目追查至存货盘点记录，以测试存货盘点记录的完整性。（　　）

5. 在实地观察盘点现场时，注册会计师应当特别关注存货的移动情况，防止遗漏或重复盘点。　　　　　　　　　　　　　（　　）

6. 针对代管存货，可以考虑由第三方保管存货的商业理由的合理性，以进行存货相关风险（包括舞弊风险）的评估，并计划和实施适当的审计程序。　　　　　　　　　　　　　　　　　　（　　）

7. 如果存货盘点日不是资产负债表日，注册会计师应当实施适当的审计程序，确定是否已对在盘点日与资产负债表日之间存货的变动作出正确的记录。　　　　　　　　　　　　　　　　　　　（　　）

8. 如果被审计单位使用运货车厢或拖车进行存储、运输或验收入库，注册会计师应当详细列出存货场地上满载和空载的车厢或拖车，并记录各自的存货状况。　　　　　　　　　　　　　　　（　　）

9. 假定收入确认存在舞弊风险，通常意味着应当将与收入确认相关的所有认定都假定为存在舞弊风险。　　　　　　　　　（　　）

10. 如果在盘点过程中被审计单位的生产经营仍将持续进行，注册会计师应通过实施必要的检查程序，确定被审计单位是否已经对此设置了相应的控制程序，确保在适当的期间内对存货作出了准确记录。

　　　　　　　　　　　　　　　　　　　　　　　　　　（　　）

11. 生产成本的审计一般应从审阅生产成本明细账入手，抽查有关的费用凭证，验证企业产品直接耗用材料、直接薪酬、制造费用的数量、工时、计价和费用分配等是否真实、合理。　　　（　　）

12. 主营业务成本的审计主要是通过编制生产成本及销售成本倒轧表，与总账核对相符等程序完成的。　　　　　　　　　　（　　）

13. 实地观察是指注册会计师现场监督被审计单位存货盘点工作，但并不参与存货的盘点工作。　　　　　　　　　　　　　（　　）

（四）分析题

1. ABC会计师事务所的A注册会计师负责审计甲公司2020年度财务报表，与存货审计相关的部分事项摘录如下：

（1）甲公司的存货存在特别风险。A注册会计师在了解相关内部控制后，未测试控制运行的有效性，直接实施了细节测试。

（2）A注册会计师实施存货监盘程序，以获取针对存货存在、完整性认定充分、适当的审计证据。

（3）在存货盘点现场实施监盘时，A注册会计师执行的程序为观察管理层制定的盘点程序的执行情况、检查存货、执行抽盘。

（4）因甲公司在产品存货金额巨大，且在产品完工进度的确定较为复杂，A注册会计师拟利用专家的工作。

（5）甲公司存货存放在多个地点，A注册会计师要求管理层提供一份完整的存货存放地点清单（不包括期末库存量为零、租赁及第三方代为保管存货的仓库）。

要求：

针对上述第（1）至（5）项，逐项指出A注册会计师的做法是否恰当。如不恰当，简要说明理由。

2. 甲注册会计师制订了对X公司存货的监盘计划，由助理人员实施监盘工作。

请判断下面有关监盘计划和监盘工作有无不妥之处。若有，请予以更正。

（1）注册会计师在制订存货监盘计划时，应与X公司进行沟通，确定检查的重点。

（2）对于外单位存放于X公司的存货，注册会计师未要求纳入盘点的范围，助理人员也未实施其他审计程序。

（3）在检查存货盘点结果时，助理人员从存货实物中选取项目追查至存货盘点记录，目的是测试存货盘点记录的真实性。

（4）虽然年末前后是销售旺季，但为了进行盘点和监盘，注册会计师要求生产产品的生产线停产。

（5）X公司的一批重要存货已被质押给保险公司，助理人员通过电话询问了其真实性。

3.甲注册会计师负责对A公司的存货进行监盘，如果在进行监盘时遇到如下的问题，请分别指出甲注册会计师下一步应当如何处理：

（1）由于B公司在A公司寄存的L材料与A公司自身的L材料并无区别，故并未单独摆放。

（2）在监盘时，发现A公司D存货的仓库明细账和实物监盘结果不一致。

（3）A公司对废品与毁损品不进行盘点，以财务部门和仓库部门的账面记录为准。

（4）甲注册会计师了解到E原材料为易腐易烂物资，由于设备条件限制，A公司将其存放于露天临时仓库内。

（5）甲注册会计师了解到，截至资产负债表日之前装运出库的存货F在途，A公司对此没有作相关销售的确认。

4.某企业的原材料采用计划成本核算，注册会计师发现甲材料的计价存在问题，具体情况如下：5月初材料成本差异为超支10 800元，库存材料成本300 000元；5月份购入材料的计划成本为2 400 000元，其实际成本为2 356 800元；5月份基本生产车间生产产品领用甲材料，计划成本为480 000元，企业结转材料成本超支差异9 600元。

要求：

（1）说明审计的方法。

（2）指出存在的问题。

（3）提出调整意见。

5.注册会计师在审查某公司的销售费用时，发现临时销售人员的工资发放存在问题，具体情况如下：由销售部门负责录用临时销售人员，因为流动性非常大，所以人事部门没有为这些人员建立人事记录，每月由销售科长上报临时销售人员名单，按每人每月800元发放工资，工资款由销售科长填制领款单后向财会部门领取，并负责向销售人员发放，之后将由销售人员签名的工资结算单交回财会部门，财会部门不再进行复核。对此，注册会计师抽查了销售部门全年的工资结算单，发现其中几个月有几个人的工资是由销售科长代领的。

要求：

请你分析该公司在工资发放中可能存在的问题及其产生的原因，并提出相应的管理建议。

六、案例分析

1.中兴会计师事务所于2020年12月10日接受甲公司的委托进行年度财务报表审计。据了解，甲公司原是华远会计师事务所的常年客户，经向甲公司负责人员询问得知，负责甲公司审计业务的华远会计师事务所的注册会计师李峰离职，经李峰介绍，转而委托中兴会计师事务所。中兴会计师事务所的注册会计师要求在12月31日参与对甲公司存货的盘点，甲公司婉言拒绝，原因是公司曾于6月30日进行了盘点，当时李峰参与了盘点工作，且盘点时的所有资料均可以提供给注册会计师进行复核，现在刚刚接受一张订单，交货期限很短，如果停工盘点，则难以按期交货。

对此，中兴会计师事务所的注册会计师做了大量的工作，现了解到以下信息：

（1）李峰与甲公司总经理的私人关系甚好。

（2）甲公司存货的内部控制存在一定的漏洞。

（3）审阅6月30日的盘点记录，其中A产品期末盘存量为20 000件，查阅以前月份的存货明细账，A产品的期末库存每月都保持在10 000件至12 000件。

（4）甲公司的生产经营特点决定了存货的比重较大，约占总资产的40%。

要求：

在这种情况下，注册会计师是否应该坚持对存货进行监督性盘点？如果不能进行，能否出具无保留意见的审计报告？请说明原因。

2.B注册会计师负责对乙公司2020年度财务报表进行审计。乙公司为玻璃制造企业，2020年年末存货余额占资产总额的比重较大。存货包括玻璃、煤炭、烧碱、石英砂，其中60%的玻璃存放在外地公用仓库。乙公司对存货核算采用永续盘存制,与存货相关的内部控制比较薄弱。乙公司拟于2020年11月25日至27日盘点存货,盘点工作和盘点监督工作分别由熟悉相关业务且具有独立性的人员执行。存货盘点计划的部分内容如下(摘录见表15-1):

表15-1 存货盘点计划的部分内容摘录

地点	存货类型	估计占存货总额的比例	盘点时间
A仓库	烧碱、煤炭	烧碱10%,煤炭5%	2020年11月25日
B仓库	烧碱、石英砂	烧碱10%,石英砂5%	2020年11月26日
C仓库	玻璃	玻璃26%	2020年11月27日
外地公用仓库	玻璃	玻璃39%	——

(1)存货盘点范围、地点和时间安排。

(2)存放在外地公用仓库存货的检查。对存放在外地公用仓库的玻璃,检查公用仓库签收单,请公用仓库自行盘点,并提供2020年11月27日的盘点清单。

(3)存货数量的确定方法。对于烧碱、煤炭和石英砂等堆积型存货,采用观察以及检查相关的收、发、存凭证和记录的方法,确定存货数量;对于存放在C仓库的玻璃,按照包装箱标明的规格和数量进行盘点,并辅以适当的开箱检查。

(4)盘点标签的设计、使用和控制。对存放在C仓库的玻璃的盘点,设计预先编号的一式两联的盘点标签。使用时,由负责盘点存货的人员将一联粘贴在已盘点的存货上,另一联由其留存;盘点结束后,连同存货盘点表交存财务部门。

(5)盘点结束后,对出现盘盈或盘亏的存货,由仓库保管员将存货实物数量和仓库存货记录调节相符。

要求:

针对上述存货盘点计划第(1)至(5)项,逐项判断其是否存在缺陷。如果存在缺陷,简要提出改进建议。

3.A注册会计师负责对常年审计客户甲公司2020年度财务报表进行审计。甲公司从事商品零售业,存货占其资产总额的60%。除自营业务外，甲公司还将部分柜台出租，并为承租商提供商品仓储服务。根据以往的经验和期中测试的结果，A注册会计师认为甲公司有关存货的内部控制有效。A注册会计师计划于2020年12月31日实施存货监盘程序。A注册会计师编制的存货监盘计划部分内容摘录如下：

（1）在到达存货盘点现场后，监盘人员观察代柜台承租商保管的存货是否已经单独存放并予以标明，确定其未被纳入存货盘点范围。

（2）在甲公司开始盘点存货前，监盘人员在拟检查的存货项目上作出标识。

（3）对以标准规格包装箱包装的存货，监盘人员根据包装箱的数量及每箱的标准容量直接计算确定存货的数量。

（4）在存货监盘过程中，监盘人员除关注存货的数量外，还需要特别关注存货是否出现毁损、陈旧、过时及残次等情况。

（5）对存货监盘过程中收到的存货，要求甲公司单独码放，不纳入存货监盘的范围。

（6）在存货监盘结束时，监盘人员将除作废的盘点表单以外的所有盘点表单的号码记录于监盘工作底稿。

要求：

（1）针对上述第（1）至（6）项，逐项指出其是否存在不当之处。如果存在，简要说明理由。

（2）假设因雪灾导致监盘人员于原定存货监盘日未能到达盘点现场，指出A注册会计师应当采取何种补救措施。

4.A注册会计师负责对甲公司2020年度财务报表进行审计。在对甲公司2020年12月31日存货进行监盘时，发现部分存货的财务明细账、仓库明细账、实物监盘三者的数量不一致，相关资料见表15-2。

表15-2   存货监盘相关资料

库号	存货名称	财务明细账数量	仓库明细账数量	实物监盘数量
1	a产品	35套	30套	30套
2	b产品	27套	25套	27套
3	c材料	1 600千克	1 600千克	1 700千克
4	d材料	1 200千克	1 200千克	1 000千克

要求：

（1）根据监盘结果，假定不考虑舞弊以及财务明细账串户登记、仓库明细账串户登记的情况，逐项分析存货数量差异可能存在的主要原因。

（2）针对存货的财务明细账数量与实物监盘数量不一致的情况，简要说明应当实施哪些必要的审计程序。

七、阅读文献

［1］刘明辉．独立审计学［M］．2版．大连：东北财经大学出版社，2002．

［2］韩洪灵．审计理论与实务学习指导书［M］．北京：中国人民大学出版社，2019．

［3］中国注册会计师协会．审计［M］．北京：中国财政经济出版社，2021．

［4］张彤彤．审计学［M］．3版．北京：清华大学出版社，2021．

［5］中国注册会计师协会．中国注册会计师执业准则应用指南2023［M］．北京：中国财政经济出版社，2023．

［6］东奥会计在线．2021注册会计师考试过关必做500题——审计［M］．北京：北京科学技术出版社，2021．

八、练习题参考答案

（一）单项选择题

1.C 2.D 3.C 4.B 5.B 6.C 7.A 8.D 9.C 10.A 11.B 12.D

（二）多项选择题

1.ABCD 2.AB 3.BC 4.ABCD 5.ACD 6.ABCD 7.ABCD 8.ABCD 9.ABC 10.ABCD

（三）判断题

1.√ 2.√ 3.√ 4.√ 5.√ 6.√ 7.√ 8.√ 9.× 10.√ 11.√ 12.√ 13.√

（四）分析题

1.（1）恰当。

（2）不恰当。针对存货完整性认定，存货监盘仅能够提供部分审计证据。

（3）不恰当。还应当评价管理层用以记录和控制存货盘点结果的指令和程序。

（4）恰当。

（5）不恰当。完整的存货存放地点清单包括期末库存量为零、租赁及第三方代为保管存货的仓库等。

2.（1）不妥当。为了有效实施存货监盘，注册会计师应与被审计单位就有关问题达成一致意见，但注册会计师应尽可能避免被审计单位了解自己将抽取测试的存货项目。

（2）不妥当。对所有权不属于被审计单位的存货，注册会计师应当取得关于其规格、数量等有关资料，确定是否已分别存放、标明，且未纳入盘点的范围。此外，注册会计师还应向受托代存存货的所有权人函证，确定受托代存的存货属于所有权人。

（3）不妥当。在检查时，注册会计师应当从存货盘点记录中选取项目追查至存货实物，以测试盘点记录的准确性；注册会计师还应该从存货实物中选取项目追查至盘点记录，以测试存货盘点记录的完整性。

（4）不妥当。尽管盘点存货的时候最好保持存货不发生移动，但在某些情况下，存货的移动是难以避免的。如果在盘点过程中被审计单位的生产经营仍将持续进行，注册会计师应通过实施必要的检查程序，确定被审计单位是否对此设置了相应的程序，确保在适当的期间对存货作出了准确的记录。所以，注册会计师应当尽量避免被审计单位停产，采用恰当的方法进行监盘。

（5）不妥当。如果存货已作质押，助理人员应当向保险公司函证与被质押的存货有关的内容，取得书面证据，必要时到保险公司实施存货监盘程序。

3.（1）注册会计师应该建议A公司把代管和自身的存货单独摆放，并关注A公司是否未将代管存货纳入盘点范围。

（2）重新计算存货明细账余额，重新盘点存货，确定差异是否存在；查明差异原因，实施函证、检查出库单和入库单等程序，并及时提请被审计单位更正，做到账实相符。

（3）注册会计师应建议被审计单位对废品与毁损品进行盘点，并关注其品质状况。

（4）由于存货的性质，注册会计师应建议被审计单位将存货妥善保管于符合标准的仓库内，若被审计单位不具备物资保管条件，应考虑将存货寄存于邻近的其他公司的仓库内。

（5）检查与销售有关的凭证、存货盘点表，确认销售是否实现以及装运出库存货是否被纳入存货盘点表。

4.（1）审计方法：首先检查"生产成本"、"原材料"和"材料成本差异"等明细账，抽查甲材料购进、领用的原始凭证以及发出材料汇总表等，验算领用材料应负担的成本差异。

（2）存在的问题：

验算领用材料应负担的成本差异：

$$材料成本差异率=\frac{10\,800+(2\,356\,800-2\,400\,000)}{300\,000+2\,400\,000}\times100\%=-1.2\%$$

发出材料应负担的成本差异=480 000×（-1.2%）=-5 760（元）

通过计算可以发现，企业多转了发出材料应负担的成本差异-15 360元（-5 760-9 600）。

（3）建议企业作如下调整：

借：生产成本　　　　　　　　　　　　　　　　　15 360

　　贷：材料成本差异　　　　　　　　　　　　　　15 360

5.该公司在工资发放中销售科长吃空额的可能性非常大，也就是说，可能由销售科长代领工资的人员根本不存在，而这笔工资款由销售科长侵吞了。

造成这种情况的原因是内部控制的严重缺陷。被审计单位没有为临时销售人员建立人事记录，财会部门不对人员工资进行复核，只由临时销售人员在工资结算单上签字是不足以起到控制作用的。

对被审计单位的这一部分内部控制措施提出如下几点改进建议：

（1）由销售部门和人事部门共同负责录用临时销售人员，人事部门为每个人建立人事记录，临时销售人员离职应由销售部门及时通知人事部门，人事部门每月向财会部门报送一份临时销售人员名单。

（2）取消人均工资 800 元的发放方法，改为按销售量提成的方式。每月由临时销售人员在销售量统计表上签名，销售部门再按产品分类汇总编制销售量统计表（公司所售产品的品种不多），同时交财会部门与有关记录核对。

（3）每月由销售部门计算临时销售人员工资，送交财会部门审核，与销售量统计核对，并验算提成工资计算的正确性。

（五）案例分析提示

1.在这种情况下，注册会计师必须坚持对存货进行监督性盘点，否则不能出具无保留意见的审计报告。主要考虑如下几个方面：

第一，存货的内部控制存在一定的漏洞，在这种情况下只在期中进行盘点是不妥当的，况且存货占总资产的比重很大。

第二，前任注册会计师李峰与甲公司总经理的关系甚好，李峰的离职导致甲公司变更委托，在这种情况下，应考虑能否充分信赖前任注册会计师的工作。

第三，6 月 30 日的盘点结果与以前月份的期末存货数量有相当大的差异，更提醒现任注册会计师不能充分信赖前任注册会计师的工作。

2.（1）存在三个缺陷。A、B 仓库的存货中均存在烧碱，对于同一类型的存货，建议采用同时盘点的方法，不应该安排在不同的时间；对于存放在外地公用仓库的存货——玻璃，占存货总额的 39%，属于占比非常高的存货，建议安排时间进行盘点，纳入盘点范围；乙公司内部控制比较薄弱，应该选择在资产负债表日前后进行盘点。

（2）存在缺陷。对于存放在外地公用仓库的存货，采取的恰当的盘点方式是发函确认，由于乙公司与存货相关的内部控制薄弱，所以不能够仅依靠签收单作为盘点的方式。

（3）存在缺陷。盘点方式不恰当，对于烧碱、煤炭和石英砂等堆积型存货，应该选择的盘点方式通常为运用工程估测、几何计算、高空勘测，并依赖详细的存货记录；如果堆场中存货堆不高，可进行实地监盘，或通过旋转存货堆加以估计。

（4）不存在缺陷。

（5）存在缺陷。盘点结束后，对于盘盈或盘亏的存货，不应由仓库保管人员对存货实物数量和仓库存货记录进行调节，应该安排与仓库保管有关的主管人员负责调节。

3.（1）事项（1）不存在不当之处。

事项（2）存在不当之处。在甲公司开始盘点存货前，监盘人员不应当在拟检查的存货项目上作出标识，注册会计师检查的范围不应该让被审计单位知道。

事项（3）存在不当之处。注册会计师应当对标准规格包装箱包装的存货进行开箱查验，以防止内装存货弄虚作假。

事项（4）不存在不当之处。

事项（5）存在不当之处。存货监盘的时间定在12月31日，所以需要将存货监盘过程中收到的存货纳入存货监盘的范围。

事项（6）存在不当之处。注册会计师应当将所有盘点表单的号码记录于监盘工作底稿，包括作废的盘点表单。

（2）注册会计师应当考虑改变存货监盘日期，对预定盘点日与改变后的存货监盘日（本题存货监盘日期就是资产负债表日，所以也可以答成资产负债表日）之间发生的交易进行测试。

4.（1）根据监盘结果，分析存货数量差异产生的可能原因如下：

a产品，仓库明细账数量和实物监盘数量相同，但是财务明细账数量大于实物监盘数量，可能是a产品已经发出但没有及时将相关凭证送交财务部门登记入账，即没有及时确认收入、结转成本，或a产品已出库但仓库没有及时将出库单据传递至财务部门等原因所致。

b产品，财务明细账和实物监盘数量相同，但是仓库明细账数量小于财务明细账数量，可能是b产品入库后仓库部门没有及时登记仓库明细账等原因所致。

c材料，财务明细账和仓库明细账数量相同，但实物监盘数量大于财务明细账数量，可能是c材料入库后未及时记入财务明细账与仓库明细账，或c材料退库后没有及时记入财务明细账和仓库明细账等原因所致。

d材料，财务明细账和仓库明细账数量相同，但实物监盘数量小于财务明细账数量，可能是d材料报废后未及时进行账务处理、未及时登记仓库明细账，或d材料自然损耗、丢失、被盗等原因所致。

（2）针对存货的财务明细账数量与实物监盘数量不一致的情况，注册会计师应当实施的审计程序有：

① 查明差异原因，如果确实是甲公司账务处理有误，则应及时提请甲公司更正；

② 考虑错误的潜在范围和重大程度，在可能的情况下，扩大检查范围或提请甲公司重新盘点。

第十六章　筹资与投资循环审计

一、学习目的与要求

通过本章的学习，了解筹资与投资循环所涉及的主要业务活动、主要凭证和会计记录；了解筹资业务和投资业务的主要内部控制和控制测试程序；了解其他应收款、其他应付款、应付股利、预计负债、无形资产、长期待摊费用等账户的实质性程序；掌握资本公积、盈余公积、未分配利润的实质性程序；重点掌握短期借款、长期借款审计的目标和实质性程序；重点掌握所有者权益审计的目标以及股本和实收资本审计的实质性程序；重点掌握投资审计的目标和实质性程序；重点掌握管理费用、财务费用、营业外收入、营业外支出、所得税费用审计的实质性程序。

二、相关准则与制度

1. 《中国注册会计师审计准则第1312号——函证》
2. 《企业会计准则第2号——长期股权投资》
3. 《企业会计准则第22号——金融工具确认和计量》等相关会计准则

三、预习要览

（一）关键概念

筹资交易	投资交易
交易性金融资产	债权投资
其他债权投资	其他权益工具投资
所有者权益	实收资本
长期股权投资	递延所得税

（二）关键问题

1. 短期借款和长期借款审计的实质性程序有哪些？
2. 股本和实收资本审计的实质性程序有哪些？
3. 资本公积、盈余公积、未分配利润审计的实质性程序有哪些？
4. 投资审计的实质性程序有哪些？
5. 财务费用和管理费用审计的实质性程序有哪些？
6. 营业外收入和营业外支出审计的实质性程序有哪些？
7. 所得税费用审计的实质性程序有哪些？

四、重点与难点解析

1. 在短期借款和长期借款的审计程序中，有一些程序是共同的，如编制或索取明细表、审查借款的合理性、向银行或其他债权人函证等。在长期借款的审计程序中，审查长期借款的借款费用是一项重要的程序，长期借款费用处理的错误一般属于混淆资本性支出和收益性支出的错误，对当期损益和下期损益都会产生影响。

2. 应付债券、所有者权益发生增减变动的业务较少但金额较大，注册会计师在审计中一般以实质性程序为主，主要是防止高估。除了审查相关业务的会计处理、报表披露等程序以外，通过审核有关的原始凭证确定所有者权益的交易是否符合有关的法律规定和董事会等的决议，也是审计程序中的重要内容。

3. 在投资业务中，交易性金融资产、债权投资、其他债权投资、其他权益工具投资、长期股权投资的确认和计量有很大区别，因此审查投资业务的会计处理是非常重要的内容。除此之外，还需要审查投资业务的授权批准情况、实地盘点或函证投资证券等。

4. 对于其他应收款和其他应付款，重要的审计程序是选择大额或异常的项目进行询证和截止测试、检查有无长期挂账的项目、报表披露是否恰当等；对于财务费用和管理费用，重要的审计程序是抽查大额或异常的项目、执行分析程序、进行截止测试等；对于营业外收入和营业外支出，尤其注意对核算内容的审查、对大额或异常项目的审查等。

5. 公司所有者权益发生变动的业务频率较低但金额较大，性质也很重要。根据会计恒等式——资产=负债+所有者权益，如果注册会计师将被审计单位的资产和负债全部审计完结并得出了相应的审计结论，则可以从侧面证实所有者权益。但是，由于现代审计是抽样审计，资产、负债的审计结论并不能全面证实所有者权益。因此，还需要通过重点审阅公司章程、实施细则及股东大会和董事会的记录，函证发行在外的股票等程序审查股本、实收资本等项目。

五、练习题

（一）单项选择题

1.企业的筹资与投资业务活动的特点不包括（　　）。

A.交易对象复杂

B.交易风险大，授权级别高

C.要求会计处理准确度高

D.交易程序复杂，约束条件多

2.以下（　　）属于投资活动中涉及，而筹资活动中未涉及的主要凭证与会计记录。

A.债券或股票　　　　　　　　B.债券契约

C.有关会计凭证　　　　　　　D.经纪人通知书

3.甲注册会计师在审计某公司长期借款业务时，为确定"长期借款"账户余额的真实性而进行函证。函证的对象应当是（　　）。

A.该公司的律师　　　　　　　B.银行或其他有关债权人

C.该公司的主要股东　　　　　D.金融监管机构

4.所有者权益的审计目标不包括（　　）。

A.确认所有者权益是否完整披露

B.确认所有者权益是否存在

C.确定是否都已将所有者权益的经济业务记录入账，并已在会计账簿上恰当地记录

D.确定被审计期间发生的所有者权益项目的增减变动是否符合有关法律、法规的规定

5.注册会计师在审计股票发行费用的会计处理时，若股票溢价发行，则应查实被审计单位是否按规定将各种发行费用（　　）。

A.冲减溢价收入　　　　　　　B.计入长期待摊费用

C.计入资本公积 D.计入管理费用

6.针对某公司上市发行普通股股票，下列审计程序中注册会计师最不可能执行的是（ ）。

A.向该公司的开户银行函证

B.向证券登记结算公司函证

C.检查股票备查登记簿

D.检查该公司已签发的现金支票

7.企业不按期确认应付债券的应计利息，不会影响（ ）。

A.应付债券的面值 B.财务费用的账面记录

C.应付债券的账面价值 D.在建工程的账面记录

（二）多项选择题

1.为有效开展筹资业务的经济活动，企业建立内部控制的要点包括（ ）。

A.筹资资产安全保护控制 B.授权审批控制

C.职责分离控制 D.收入与支出款项控制

2.在筹资业务内部控制的测试中，应确认（ ）事项。

A.筹资活动是否经过授权批准

B.筹资活动的授权、执行、记录是否严格分工

C.筹资活动是否得到监督

D.筹资活动是否建立了严密的账簿体系和记录制度，并定期检查

3.注册会计师在了解被审计单位投资业务的内部控制时，需要关注的事项包括（ ）。

A.投资项目是否经授权批准，投资金额是否及时入账

B.投资活动是否得到完备的监督

C.是否与被投资单位签订投资合同、协议，是否获得被投资单位出具的投资证明

D.有价证券的买卖是否经恰当授权，是否定期核对交易业务

4.在对被审计单位的盈余公积实施实质性审查程序时，包含（ ）。

A.审查盈余公积提取的合法性

B.审查盈余公积使用的合法性

C.审查盈余公积的提取、使用及账面价值的真实性

D. 确定盈余公积在资产负债表上的披露是否恰当

5. 未分配利润的审计应与对利润、利润分配的审计结合起来进行。属于未分配利润审计实施的实质性程序包括（　　）。

A. 审查未分配利润的真实性

B. 审查未分配利润的合法性

C. 审查结账日发生的损益调整项目的账务处理是否合法、准确

D. 审查未分配利润的完整性

6. 注册会计师在审查无形资产的摊销时，应查实（　　）。

A. 摊销年限是否合理

B. 摊销金额的计算是否无误

C. 摊销的会计处理是否正确

D. 摊销是否经授权批准

7. 某公司长期股权投资采用权益法进行核算，在审查长期股权投资的投资收益时，注册会计师应重点查实（　　）。

A. 该公司采用权益法核算长期股权投资是否经过批准

B. 被投资方净损益的金额是否真实

C. 该公司的投资比例是否真实、准确

D. 被投资方分派现金股利的金额是否真实

8. 下列关于所有者权益审计的说法中正确的有（　　）。

A. 通常以实质性程序为主

B. 通常不需要了解相关的内部控制

C. 控制测试是必须要执行的程序

D. 通常的审计重点是有无高估

（三）判断题

1. 筹资与投资业务活动具有交易金额大、发生频率高的特点。

（　　）

2. 如果企业的投资证券是委托某些专门机构代为保管的，注册会计师应向这些保管机构进行函证，以证实投资证券的存在性和金额的准确性。

（　　）

3. 如果以购买债券的形式投资，企业不可以通过转让证券实现投资的收回，只有在转让股权、合资或联营期满的时候才能收回投资。　（　　）

4. 由于对所有者权益项目审计主要以实质性程序为主，因此注册会计师可以不了解所有者权益的相关内部控制。　　　　　（　　　）

5. 筹资业务的职责分工要求经办人员不能接触会计记录，而是由独立的机构代理发行债券与股票。　　　　　（　　　）

6. 注册会计师应向被审计单位索取或自行编制实收资本明细表作为当期档案，以备审查实收资本时使用。　　　　　（　　　）

7. 在审查债权投资初始计量及确认时，如果支付的价款中包含已到付息期但尚未领取的债券利息或已宣告但尚未发放的现金股利，应注意检查其是否被列入其中。　　　　　（　　　）

（四）分析题

注册会计师在对 A 公司 2020 年度财务报表进行审计时，发现 A 公司 2020 年 10 月 12 日支付价款 100 万元从二级市场购入 B 公司发行的股票 100 000 股，每股价格 10.50 元（含已宣告但尚未发放的现金股利 0.50 元），另支付交易费用 2 000 元。

A 公司作了如下会计处理：

借：交易性金融资产——成本　　　　　　　　1 000 000
　　应收股利　　　　　　　　　　　　　　　　50 000
　　财务费用　　　　　　　　　　　　　　　　 2 000
　　贷：银行存款　　　　　　　　　　　　　　　　　1 052 000

注册会计师了解到该股票年末市场价格为每股 17 元，A 公司将持有的 B 公司股票划分为交易性金融资产，且持有 B 公司股票后对其无重大影响。A 公司年末对该股票按公允价值作了如下会计处理：

借：交易性金融资产——公允价值变动　　　　700 000
　　贷：资本公积——其他资本公积　　　　　　　　700 000

要求：

分析存在的问题，提出处理意见，并编制审计调整分录。

六、案例分析

某会计师事务所接受委托对某上市公司 2020 年度财务报表进行审计。注册会计师于 2020 年 12 月份对该公司的内部控制进行了测试。审计工作底稿的部分内容如下：

（1）该公司股东大会批准董事会的投资权限为1亿元以下，董事会决定由总经理负责实施。总经理决定由证券部负责总额在1亿元以下的股票买卖。该公司规定，公司划入营业部的款项由证券部申请，由会计部审核，总经理批准后划转到公司在营业部开立的资金账户中。经总经理批准，证券部直接从营业部资金账户中支取款项。证券买卖、资金存取的会计记录由会计部处理。注册会计师了解和测试投资的内部控制后发现：证券部在某营业部开户的有关协议及补充协议未经会计部或其他部门审核。根据总经理的批准，会计部已将8 000万元汇入该账户。证券部处理证券买卖的会计记录，月底将证券买卖清单交给会计部，会计部据以汇总登记。

（2）该公司控股股东的法定代表人同时兼任该公司的法定代表人，总经理是聘任的。在公司章程及相关决议中未具体载明股东大会、董事会、经营班子的融资权限和批准程序。经了解，该公司由会计部负责融资，2020年根据总经理的批示向中国工商银行借入了1亿元贷款。

要求：

（1）根据上述内容，假定未描述的其他内部控制不存在缺陷，请指出该公司内部控制在设计和运行方面的缺陷，并提出改进建议。

（2）根据对该公司内部控制的了解和测试，请分别指出上述内部控制缺陷与投资交易的何种认定相关。

七、阅读文献

［1］刘明辉．独立审计学［M］．2版．大连：东北财经大学出版社，2002．

［2］韩洪灵．审计理论与实务学习指导书［M］．北京：中国人民大学出版社，2019．

［3］中国注册会计师协会．审计［M］．北京：中国财政经济出版社，2021．

［4］张彤彤．审计学［M］．3版．北京：清华大学出版社，2021．

［5］中国注册会计师协会．中国注册会计师执业准则应用指南2023［M］．北京：中国财政经济出版社，2023．

［6］东奥会计在线．2024注册会计师考试过关必做500题——审计

［M］．北京：北京科学技术出版社，2024．

八、练习题参考答案

（一）单项选择题

1.A　2.D　3.B　4.A　5.A　6.D　7.A

（二）多项选择题

1.ABC　2.ABCD　3.ABCD　4.ABCD　5.ABD　6.ABC　7.BC　8.AD

（三）判断题

1.×　2.√　3.×　4.×　5.√　6.√　7.√

（四）分析题

（1）存在的问题：根据《企业会计准则》，作为交易性金融资产进行核算的股票，在购买时支付的交易费用应记入"投资收益"科目；年末在对该股票按公允价值进行调整时，产生的收益应记入"公允价值变动损益"科目。

（2）审计建议：注册会计师应建议该公司调整会计处理。

（3）调整分录如下：

①调整投资收益和财务费用：

借：投资收益 　　　　　　　　　　　　　　　　　2 000

　　贷：财务费用 　　　　　　　　　　　　　　　　　2 000

②调整资本公积和公允价值变动损益：

借：资本公积——其他资本公积 　　　　　　　　700 000

　　贷：公允价值变动损益 　　　　　　　　　　　700 000

同时，调整财务报表其他项目。

（五）案例分析提示

（1）内部控制存在的缺陷及改进建议：

由证券部直接支取款项使授权与执行职务未得到分离，款项的安全性得不到保证。建议该公司在从资金账户中支取款项时，由会计部审核和记录，由证券部办理。

与证券投资有关的活动要由两个部门控制。有关的协议未经独立部门审核，会使有关的条款未全部在协议中载明，可能存在协议外的约定。建议该公司与营业部的协议经会计部或其他部门审核。

证券部自己处理证券买卖的会计处理，使业务的执行与记录这两个不相容职务未分离，并且未得到适当的授权和批准；月末会计部汇总登记证券投资记录，未及时按每一种证券分别设立明细账并进行详细核算。建议该公司由会计部负责对投资进行核算，及时分品种设立明细账并进行详细核算。

借款应得到适当的授权或批准。建议该公司在公司章程或有关决议中具体规定股东大会、董事会、经营班子关于融资的权限和批准程序。

（2）内部控制缺陷与财务报表项目认定的关系：

由证券部直接支取款项与投资的"完整性""存在或发生"认定有关。

证券部与某营业部的协议未经独立部门审核与投资的"完整性"认定有关。

由证券部进行会计核算、会计部月末汇总与投资的"估价或分摊""完整性"认定有关。

在公司章程及相关决议中未具体载明股东大会、董事会、经营班子融资权限和批准程序，与借款的"完整性""存在或发生""估价或分摊"认定有关。

第十七章　货币资金审计

一、学习目的与要求

通过本章的学习，了解货币资金的内部控制及控制测试的主要内容；了解其他货币资金的审计目标和实质性程序；掌握库存现金和银行存款的审计目标；掌握库存现金和银行存款审计的实质性程序。

二、相关准则与制度

1.《中国注册会计师审计准则第1312号——函证》

2.《财政部、银保监会〈关于进一步规范银行函证及回函工作的通知〉》（财会〔2020〕12号）

三、预习要览

（一）关键概念

货币资金　　　　　　　　　函证

内部控制　　　　　　　　　监督盘点

银行存款余额调节表　　　　挪用补空

（二）关键问题

1. 货币资金的审计目标是什么？货币资金审计的实质性程序一般包括哪些？

2. 注册会计师执行库存现金的监盘程序与存货的监盘程序有何区别？

3. 银行存款的审计目标是什么？银行存款审计的实质性程序一般包括哪些？

4. 银行存款的函证与应收账款的函证有何区别？

5. 审查银行存款余额调节表的目的何在？审查的重点是什么？

四、重点与难点解析

1. 货币资金的流动性非常强，因此其内部控制显得格外重要，主要包括岗位分工和授权批准制度、库存现金和银行存款的管理制度、票据及有关印章的保管制度等。

2. 货币资金内部控制的测试主要通过检查的方法进行，如检查收付款凭证、检查银行存款余额调节表等，即通过检查交易和事项留下的凭证来测试内部控制的执行情况。

3. 货币资金内部控制测试的部分程序与库存现金和银行存款审计的部分实质性程序相近，如日记账与总账核对、检查银行存款余额调节表、检查外币资金的折算等，但应注意二者的目的是不同的。在控制测试中，执行这些程序是为了检查账账核对、定期编制银行存款余额调节表等内部控制制度的执行情况，以及外币折算方法的合法性和一贯性；而在实质性程序中，执行这些程序则是为了检查相关内部控制下所产生的会计信息的合法性和公允性，如账账是否相符、银行存款余额调节表中未达账项的真实性、外币折算的正确性等。

4. 监督盘点库存现金是库存现金审计实质性程序中的一个重要程序，其目的是证实库存现金的存在性。注意比较库存现金监盘程序与存货监盘程序的区别，如盘点的参加人员、盘点的范围、盘点的内容、盘点的时间、盘点的方式等。

5. 检查银行存款余额调节表和函证银行存款余额都是证实银行存款是否存在的重要程序。取得银行存款余额调节表后，应重点检查未达账项的真实性。向银行函证，不仅可以了解银行存款的存在、企业欠银行的债务，还可以发现未登记的银行借款及应披露的或有负债。注意应向本年度被审计单位存过款的所有银行发函。注意银行存款函证与应收账款函证的区别。

五、练习题

（一）单项选择题

1. 下面各项中属于银行存款的控制测试程序的是（　　）。

A. 取得银行存款余额调节表并检查未达账项的真实性

B.检查银行存款收支的截止日期是否正确

C.检查外币银行存款的折算方法是否符合有关规定，是否与上年度一致

D.函证银行存款余额

2.如果注册会计师已从被审计单位的某开户银行获取了银行对账单和所有已付支票清单，则该注册会计师（　　　）。

A.无须再向该银行函证

B.仍需向该银行函证

C.可根据实际需要，确定是否向该银行函证

D.可根据审计业务约定书的要求，确定是否向该银行函证

3.注册会计师测试库存现金余额的起点是（　　　）。

A.核对库存现金日记账与总账的余额是否相符

B.抽取并检查现金收付款凭证，与库存现金日记账进行核对

C.检查所有现金支出凭证和已开出支票

D.盘点库存现金

4.注册会计师监盘库存现金时，被审计单位必须参加的人员是（　　　）。

A.会计主管人员和内部审计人员

B.现金出纳员和银行出纳员

C.现金出纳员和内部审计人员

D.现金出纳员和会计主管人员

5.注册会计师需要进行函证的被审计单位的开户银行应该是（　　　）。

A.存款账户已经结清的银行

B.存款账户尚未结清的银行

C.本年度的所有开户银行

D.有其他货币资金存款的银行

6.下列有关票据和印章管理活动中，不符合内部控制要求的是（　　　）。

A.严禁一人保管支付款项所需的全部印章

B.企业的财务专用章由财务负责人本人或其授权人员保管

C.出纳员个人名章应当交由财务负责人保管

D.企业各种票据的购买、保管、领用、背书转让、注销等环节应当有明确的职责权限

7.银行存款截止测试的关键是（　　　）。

A.审查被审计年度各月的银行存款余额调节表

B.确定被审计年度企业对各银行账户开出的最后一张支票的号码

C.审查被审计年度各月的银行对账单

D.确定企业在被审计年度记录的最后一笔银行存款业务

8.针对某银行账户对账单余额与银行存款日记账余额不符，下列审计程序中最有效的是（　　　）。

A.重新测试相关的内部控制

B.检查该银行账户的银行存款余额调节表

C.检查银行存款日记账中记录的资产负债表日前后的收付情况

D.检查银行对账单中记录的资产负债表日前后的收付情况

9.为证实银行对账单、银行存款日记账、总账记录的正确性，注册会计师应抽取审查一定期间的（　　　）。

A.内部控制流程图　　　　　　　　B.收款凭证

C.付款凭证　　　　　　　　　　　D.银行存款余额调节表

（二）多项选择题

1.在货币资金的内部控制中，关于印章保管的说法中正确的有（　　　）。

A.财务专用章和个人名章可以由一人保管

B.财务专用章和个人名章应该交由银行保管

C.财务专用章和个人名章严禁由一人保管

D.财务专用章应由专人管理，个人名章必须由本人或其授权的人保管

2.下列各项中，有关企业货币资金授权审批制度的说法中恰当的有（　　　）。

A.审批人在授权范围内进行审批，不得超越审批权限

B.经办人应当在职责范围内，按照审批人的批准意见办理货币资金业务

C. 企业对重要货币资金支付业务，应当实行集体决策和审批，并建立责任追究制度，防范贪污、侵占、挪用货币资金等行为

D. 对于审批人超越授权范围审批的货币资金业务，经办人员应先予以办理，随后向审批人的上级授权部门报告

3. 一个良好的银行存款内部控制制度应做到（　　　）。

A. 按月编制银行存款余额调节表

B. 加强对银行存款收支业务的内部审计

C. 全部收支及时准确入账，支出要有核准手续

D. 银行存款收支与记账的岗位分离

4. 在实施货币资金审计的过程中，如被审计单位存在下列（　　　）事项或情况，注册会计师需保持警觉。

A. 银行账户开立数量与企业实际的业务规模不匹配

B. 被审计单位以各种理由不配合注册会计师实施银行函证

C. 银行存款明细账存在非正常转账

D. 企业资金存放于管理层或员工个人账户

5. 注册会计师向客户的往来银行进行函证，可以了解（　　　）。

A. 资产负债表所列银行存款是否存在

B. 银行存款收支记录的完整性

C. 是否有欠银行的债务

D. 是否有未登记的银行借款

6. 注册会计师对库存现金进行突击性盘点，可以实现的审计目标有（　　　）。

A. 确定资产负债表上所列示的库存现金是否确实存在

B. 确定资产负债表上所列示的库存现金是否确实归被审计单位所有

C. 确定库存现金的余额是否正确

D. 确定库存现金在资产负债表上的披露是否恰当

7. 一个良好的现金内部控制应该做到（　　　）。

A. 控制现金坐支，当日收入现金应及时送存银行

B. 按月盘点现金，做到账实相符

C. 全部收支要有合理、合法的凭据并及时准确入账，支出要有核

准手续

D. 现金收支与记账的岗位分离

8. 下列关于库存现金盘点程序的说法中正确的有（　　　）。

A. 企业各部门经管的现金都应列入盘点范围

B. 是证实资产负债表所列现金是否存在的一项重要程序

C. 借条、未作报销的原始凭证，可以视同库存现金

D. 对存放在两处或两处以上的库存现金应同时进行盘点

9. 下列各项中，属于审计其他财务报表项目时可能关注到的需保持警觉的事项或情形的有（　　　）。

A. 存在长期挂账的大额预付款项

B. 银行承兑票据保证金余额与应付票据相应余额比例不合理

C. 付款方全称与销售客户名称不一致

D. 存在大量货币资金的情况下仍高额举债

（三）判断题

1. 货币资金的支出要有合理、合法的凭据，并要有核准手续。

（　　　）

2. 库存现金的监盘一般采用突击方式进行。（　　　）

3. 如果企业的其他货币资金业务较少，注册会计师可以直接执行其他货币资金的实质性程序。（　　　）

4. 库存现金的监督盘点一般不能在资产负债表日后进行，因为盘点的目的是证实资产负债表日库存现金的实际库存数。（　　　）

5. 银行存款的函证一般采用否定式函证。（　　　）

6. 被审计单位一年以上的定期存款或限定用途的存款不属于流动资产，应列示于其他非流动资产项下。（　　　）

7. 被审计单位资产负债表上的银行存款余额应以编制的银行存款余额调节表调节后的数额为准。（　　　）

8. 库存现金的监盘是针对现金审计的完整性目标实施的。（　　　）

9. 对于货币资金票据（如银行汇票），应在购买、保管、领用、注销等环节加强授权批准和职责分工等控制程序，明确职责权限。（　　　）

10. 除了岗位分离和授权批准制度外，库存现金和银行存款的管理制度以及票据和有关印章的保管制度也是货币资金内部控制的要点。（　　　）

（四）分析题

审计项目组在对甲公司 2020 年度财务报表进行审计时，在审计工作底稿中记录的有关货币资金的相关情况如下：

（1）2021 年 1 月 15 日，审计项目组监督甲公司对库存现金进行盘点，并将结果与库存现金日记账进行了核对，未发现差异，因此认可了库存现金余额。

（2）审计项目组成员审查发现银行对账单上有一收一付相同金额，但是银行存款日记账上没有对应的记录，出纳员解释是客户销售退回业务的正常处理，审计项目组认为情况合理。

（3）审计项目组针对银行账户的完整性存在疑虑，委托甲公司财务人员打印《已开立银行结算账户清单》，没有发现异常。

（4）审计项目组针对发现的未质押的定期存款，检查了开户证实书原件，在检查时，还认真核对了相关信息，包括存款人、金额、期限等，未发现异常，认为情况合理。

（5）针对甲公司保证金存款，审计项目组检查开立银行承兑汇票的协议和银行授信审批文件，未发现异常情况。

要求：

针对上述第（1）至（5）项，逐项指出审计项目组的做法是否恰当。如不恰当，简要说明理由。

六、案例分析

1.ABC 会计师事务所接受委托审计甲公司 2020 年度财务报表，与银行存款函证相关的事项如下：

（1）甲公司在乙银行开立了一个用以缴纳税款的专门账户，除此以外，与乙银行没有其他业务关系，审计项目组认为，该账户的重大错报风险很低且余额不重大，未对该账户实施函证程序。

（2）审计项目组收到一份银行询证函回函，回函中标注"本行不保证回函的准确性，接收人不能依赖回函中的信息"，审计项目组致电该银行，银行工作人员表示这是标准条款。审计项目组据此认为该回函可靠，并在工作底稿中记录了与银行的电话沟通内容。

（3）对甲公司 2020 年 12 月 31 日的银行存款实施函证时，审计项目组选择对有往来余额的银行账户实施函证程序。

（4）甲公司为某银行重要客户，有业务专员上门办理各类业务。2021年1月8日，审计项目组成员在甲公司财务经理的陪同下将询证函交予上门办理业务的银行业务专员，银行业务专员当场盖章回函，据此认为函证结果满意。

（5）在对某银行账户实施函证时，因回函差异低于明显微小错报的临界值，审计项目组认为回函结果满意。

要求：

针对上述第（1）至（5）项，逐项指出审计项目组的做法是否恰当。如不恰当，简要说明理由。

2.甲公司在总部和营业部均设有出纳部门，在对被审计单位甲公司2020年度财务报表进行审计时，A注册会计师负责审计货币资金项目。具体情况如下：

（1）为顺利监盘库存现金，A注册会计师在监盘前一天通知甲公司出纳员做好盘点准备。

（2）A注册会计师考虑到出纳日常工作安排，对总部和营业部库存现金的监盘时间分别定在上午上班前和下午下班时。

（3）监盘库存现金时，A注册会计师仅要求甲公司总部和营业部出纳员作为代表参与盘点。

（4）监盘时，出纳员把现金放入保险柜，并将已办妥现金收付手续的交易登入库存现金日记账，结出库存现金日记账余额，A注册会计师当场盘点出纳员负责的库存现金。

（5）A注册会计师将监盘金额与库存现金日记账余额核对后填写"库存现金监盘表"，并在签字后形成审计工作底稿。

要求：

针对上述第（1）至（5）项，逐项指出A注册会计师的做法是否恰当。如不恰当，简要说明理由。

七、阅读文献

[1] 刘明辉. 独立审计学 [M]. 2版. 大连：东北财经大学出版社，2002.

［2］韩洪灵．审计理论与实务学习指导书［M］．北京：中国人民大学出版社，2019．

［3］中国注册会计师协会．审计［M］．北京：中国财政经济出版社，2021．

［4］张彤彤．审计学［M］．3版．北京：清华大学出版社，2021．

［5］中国注册会计师协会．中国注册会计师执业准则应用指南2023［M］．北京：中国财政经济出版社，2023．

［6］东奥会计在线．2024注册会计师考试过关必做500题——审计［M］．北京：北京科学技术出版社，2024．

八、练习题参考答案

（一）单项选择题

1.A　2.B　3.A　4.D　5.C　6.C　7.B　8.B　9.D

（二）多项选择题

1.CD　2.ABC　3.ABCD　4.ABCD　5.ACD　6.AC　7.ABCD　8.ABD
9.ABCD

（三）判断题

1.√　2.√　3.√　4.×　5.×　6.√　7.×　8.×　9.√　10.√

（四）分析题

（1）不恰当。审计项目组还应当将监盘日的金额调整至资产负债表日的金额，并对变动情况实施程序。

（2）不恰当。审计项目组应检查银行存款日记账和相应交易及资金划转的文件资料，关注相关交易及相应资金流转安排是否具有合理的商业理由。

（3）不恰当。审计项目组相关人员应当在甲公司人员陪同下到中国人民银行或基本存款账户开户行查询并打印《已开立银行结算账户清单》，以确认被审计单位账面记录的银行人民币结算账户是否完整。

（4）恰当。

（5）恰当。

（五）案例分析提示

1.（1）恰当。

（2）不恰当。该限制条款影响了回函的可靠性/审计项目组需要实施额外或替代审计程序。

（3）不恰当。审计项目组没有对零余额账户和在本期内注销的账户实施函证，也未评估这些账户是否对财务报表不重要且与之相关的重大错报风险很低。

（4）不恰当。没有评估回函的可靠性/银行业务专员当场办理回函，未实施适当的核对程序和处理流程。

（5）不恰当。审计项目组应当对该回函差异进行调查，以确定是否表明存在错报。

2.（1）不恰当。对库存现金的监盘最好实施突击性的检查，提前通知甲公司的做法不恰当。

（2）不恰当。甲公司总部和营业部多地点存放库存现金，应同时进行监盘；若不能同时监盘，应对后监盘的库存现金实施封存。

（3）不恰当。除了注册会计师和出纳员外，甲公司参与盘点的人员还应包括会计主管。

（4）不恰当。盘点工作应当由出纳员负责，A注册会计师负责监盘。

（5）不恰当。"库存现金监盘表"的签字人员除了注册会计师外，还应当包括甲公司出纳员和会计主管。

第十八章 特殊项目审计

一、学习目的与要求

通过本章的学习，理解期初余额的审计程序；理解比较数据的含义和审计目标；理解错误与舞弊的含义和种类，以及产生错误与舞弊可能性的情形；掌握期初余额的含义和审计目标；掌握对于比较数据应当评价的事项；掌握期后事项的审计目标和审计程序；掌握非货币性资产交换的审计目标、审计程序和对审计结果的处理；掌握关联方及其交易的审计目标、审计程序和对审计结果的处理；掌握持续经营假设可能无法成立的情况及持续经营假设的审计目标和审计程序；掌握违反法规行为的迹象，如何识别和报告违反法规行为，如何评价违反法规行为的影响，以及违反法规行为对审计报告的影响；重点掌握期初余额的审计结论对本期审计意见的影响；重点掌握比较数据的审计结果对审计报告的影响；重点掌握期后事项的含义、种类及对期后事项审计结果的处理；重点掌握持续经营假设的审计结果对审计报告的影响；重点掌握错误与舞弊的审计程序及对审计结果的处理。

二、相关准则与制度

1. 《中国注册会计师审计准则第1141号——财务报表审计中与舞弊相关的责任》

2. 《中国注册会计师审计准则第1142号——财务报表审计中对法律法规的考虑》

3. 《中国注册会计师审计准则第1211号——重大错报风险的识别和评估》

4. 《中国注册会计师审计准则第1231号——针对评估的重大错报风险采取的应对措施》

5.《中国注册会计师审计准则第 1321 号——会计估计和相关披露的审计》

6.《中国注册会计师审计准则第 1322 号——公允价值计量和披露的审计》

7.《中国注册会计师审计准则第 1323 号——关联方》

8.《中国注册会计师审计准则第 1324 号——持续经营》

9.《中国注册会计师审计准则第 1331 号——首次审计业务涉及的期初余额》

10.《中国注册会计师审计准则第 1332 号——期后事项》

11.《中国注册会计师审计准则第 1511 号——比较信息：对应数据和比较财务报表》

12.《中国注册会计师审计准则第 1521 号——注册会计师对其他信息的责任》

三、预习要览

（一）关键概念

期初余额	比较信息
对应数据	比较财务报表
期后事项会计估计	非货币性资产交换
关联方及其交易	或有事项
持续经营	错误与舞弊
违反法规行为	应对措施

（二）关键问题

1. 注册会计师在什么情况下需要对期初余额进行审计？期初余额的审计目标是什么？

2. 期初余额的审计程序通常包括哪些？

3. 如何根据期初余额的审计结论确定其对本期审计意见的影响？

4. 对于比较数据，应当评价哪些事项？注册会计师是否需要在审计报告中提及比较数据？上期财务报表审计中导致非无保留意见的事项及本期财务报表审计中新发现的影响上期财务报表的重大错报对本期审计报告有何影响？

5. 什么是期后事项？期后事项分为哪两种类型？各举出四个例子。

6. 期后事项的审计程序包括哪些？

7. 注册会计师应如何处理审计报告日前识别的期后事项？

8. 注册会计师应如何处理审计报告日后至财务报表报出日前知悉的可能对财务报表产生重大影响的期后事项？

9. 对财务报表报出日后知悉的在审计报告日已经存在的、可能导致修改审计报告的期后事项，注册会计师应如何处理？

10. 对会计估计（包括公允价值会计估计）的审计结果如何处理？

11. 关联方及其交易的审计目标是什么？简要说明通常需要执行哪些审计程序进行关联方及其交易的审计。

12. 或有事项审计的主要程序有哪些？

13. 被审计单位在财务状况、经营情况等方面出现哪些迹象时可能导致注册会计师对其持续经营能力产生疑虑？

14. 持续经营假设的审计目标是什么？其主要的审计程序有哪些？

15. 持续经营假设的审计结果对注册会计师出具审计报告有何影响？

16. 哪些信息可能表明被审计单位存在错误与舞弊的可能性？

17. 针对评估的舞弊导致的财务报表重大错报风险，注册会计师应采取哪些总体应对措施？

18. 注册会计师如何应对评估的舞弊导致的认定层次重大错报风险？

19. 针对管理层凌驾于控制之上的风险，注册会计师应当实施哪些审计程序？

20. 如果被审计单位的财务报表存在舞弊或舞弊嫌疑导致的错报，注册会计师应如何处理？

21. 哪些信息可能表明被审计单位存在违反法规行为？

22. 当发现被审计单位存在或可能存在违反法规行为时，注册会计师应采取哪些措施？

四、重点与难点解析

1. 期初余额审计的含义和注册会计师首次接受被审计单位委托的两类主要情况：

（1）期初余额的审计程序。

（2）期初余额审计结论对审计报告的影响。

2.比较信息审计。

（1）比较信息、对应数据、比较财务报表的含义。

比较信息是指包含在财务报表中的、符合适用的财务报告框架的、与一个或多个以前期间相关的金额和披露。它包括对应数据和比较财务报表。

对应数据属于比较信息，是指作为本期财务报表组成部分的上期金额和相关披露，这些金额和披露只能同与本期相关的金额和披露（称为本期数据）联系起来阅读。对应数据列报的详略程度主要取决于其与本期数据的相关程度。

比较财务报表属于比较信息，是指为了与本期财务报表相比较而包含的上期金额和相关披露，但如果已经审计，则应在审计意见中提及。比较财务报表包含信息的详略程度与本期财务报表包含信息的详略程度相似。

（2）审计意见。

①如果以前针对上期财务报表发表了保留意见、无法表示意见或否定意见，且导致非无保留意见的事项仍未解决，则注册会计师应当对本期财务报表发表非无保留意见的审计报告。

在审计报告的导致非无保留意见事项段中，注册会计师应当分下列两种情况予以处理：

A.如果未解决事项对本期数据的影响或可能的影响是重大的，注册会计师应当在导致非无保留意见事项段中同时提及本期数据和对应数据；

B.如果未解决事项对本期数据的影响或可能的影响是不重大的，注册会计师应当说明，由于未解决事项对本期数据和对应数据可比性的影响或可能的影响，因此发表了非无保留意见。

②如果注册会计师已经获取上期财务报表存在重大错报的审计证据，而以前对该财务报表发表了无保留意见的审计报告，且对应数据未经适当重述或恰当披露，注册会计师应当就包括在财务报表中的对应数据，在审计报告中对本期财务报表发表保留意见或否定意见。

③如果上期财务报表未经审计，注册会计师应当在审计报告的其他

事项段中说明对应数据未经审计。但这种说明并不减轻注册会计师获取充分、适当的审计证据，以确定期初余额不含有严重影响本期财务报表的错报的责任。

④如果上期财务报表已由前任注册会计师审计，并且法律法规不禁止注册会计师提及前任注册会计师对对应数据出具的审计报告，当注册会计师决定提及时，应当在审计报告的其他事项段中说明：

A. 上期财务报表已由前任注册会计师审计；

B. 前任注册会计师发表的意见的类型（如果是非无保留意见，还应当说明发表非无保留意见的理由）；

C. 前任注册会计师出具的审计报告的日期。

3. 期后事项的审计。

（1）期后事项的定义。

资产负债表日后的时期被分成了三个阶段，即资产负债表日至审计报告日（A段）、审计报告日至财务报表报出日（B段），以及财务报表报出日以后（C段）。相应地，期后事项有三种情况，即截至审计报告日发生的事项、审计报告日后至财务报表报出日前发现的事项、财务报表报出日后发现的事项。注册会计师对审计报告日前后发生的期后事项的责任有所不同，对审计报告日前发生的期后事项，注册会计师负有主动查找的责任。

（2）期后事项的种类。

期后事项的种类是根据其对财务报表的影响不同进行划分的，与其发生的时间没有关系。但期后事项的类型应当根据期后事项主要情况出现的时间确定。

（3）期后事项审计结果的处理。

对审计报告日前识别的期后事项，首先应当确定其类型，然后根据影响程度和被审计单位的调整或披露情况确定审计意见的类型。

①审计报告日前识别的期后事项。

对审计报告日前识别的期后事项，注册会计师首先应当根据其主要情况出现的时间确定期后事项的类型。

如果期后事项对财务报表的公允性有重大影响，就应当根据期后事项的类型提请被审计单位调整财务报表或在财务报表附注中进行适当的披露。

如果被审计单位不接受调整或披露建议，注册会计师应当发表保留意见或否定意见。

②审计报告日后至财务报表报出日前知悉的期后事项。

在审计报告日后，注册会计师没有义务针对财务报表实施任何审计程序。对在审计报告日后至财务报表报出日前知悉的可能对财务报表产生重大影响的期后事项，注册会计师应当考虑是否需要修改财务报表，并与管理层进行讨论，同时根据具体情况采取相应的措施。

③财务报表报出日后知悉的事实。

在财务报表报出日后，注册会计师没有义务针对财务报表实施任何审计程序。在财务报表报出日后，如果知悉在审计报告日已经存在的、可能导致修改审计报告的期后事项，注册会计师应当考虑是否需要修改财务报表，并与管理层和治理层讨论该事项，同时根据具体情况作出处理。

4.会计估计（包括公允价值会计估计）及其披露审计。

（1）会计估计的含义。

会计估计是指根据适用的财务报告编制基础的规定，计量涉及估计不确定性的某项金额。由于经营活动具有内在不确定性，某些财务报表项目只能进行估计。进一步讲，某项资产、负债或权益组成部分的具体特征或财务报告编制基础规定的计量基础或方法可能导致有必要对某一财务报表项目作出估计。

（2）实施风险评估程序。

当实施要求的风险评估程序和相关活动，以了解被审计单位及其环境、适用的财务报告编制基础、被审计单位的内部控制体系时，注册会计师应当了解与被审计单位会计估计相关的下列方面：

① 可能需要作出会计估计并在财务报表中确认或披露，或者可能导致会计估计发生变化的交易、事项或情况。

② 适用的财务报告编制基础。

③ 与被审计单位会计估计相关的监管因素，包括相关的监管框架。

④ 根据对上述第①项至第③项的了解，注册会计师初步认为应当反映在被审计单位财务报表中的会计估计和相关披露的性质。

⑤ 被审计单位针对与会计估计相关的财务报告过程的监督和治理措施。

⑥ 对是否需要运用与会计估计相关的专门技能或知识，管理层是怎样决策的，以及管理层怎样运用与会计估计相关的专门技能或知识，包括利用管理层的专家的工作。

⑦ 被审计单位如何识别和应对与会计估计相关的风险。

⑧ 被审计单位与会计估计相关的信息系统。

⑨ 在控制活动中识别出的"管理层作出会计估计的过程"实施的控制。

⑩ 管理层如何复核以前期间会计估计的结果以及如何应对该复核结果。

（3）实施进一步审计程序。

注册会计师应当针对评估的认定层次重大错报风险，在考虑形成风险评估结果的依据的基础上，设计和实施进一步审计程序。注册会计师应当实施下列一项或多项审计程序：

① 从截至审计报告日发生的事项获取审计证据。

② 测试管理层如何作出会计估计。

③ 作出注册会计师的点估计或区间估计。

（4）对审计结果的处理。

注册会计师应当根据了解的被审计单位的情况，以及是否与在审计中获取的其他审计证据相一致，对被审计单位会计估计及其变更的合理性作出最终评价，进而为形成审计意见提供依据。

5.持续经营审计。

（1）持续经营假设的含义。

持续经营假设是指被审计单位在编制财务报表时，假定其经营活动在可预见的将来会继续下去，不拟也不必终止经营或破产清算，可以在正常的经营过程中变现资产、清偿债务。可预见的将来通常是指资产负债表日后12个月。

（2）风险评估程序。

注册会计师在按照规定实施风险评估程序时，应当考虑是否存在可能导致对被审计单位持续经营能力产生重大疑虑的事项或情况。在进行考虑时，注册会计师应当确定管理层是否已对被审计单位持续经营能力作出初步评估。

（3）评价管理层的评估。

注册会计师应当评价管理层对被审计单位持续经营能力作出的评估。在评价管理层对被审计单位持续经营能力作出的评估时，注册会计师的评价期间应当与管理层按照适用的财务报告编制基础或法律法规（如果法律法规要求的期间更长）的规定作出评估的涵盖期间相同。

（4）审计结论与报告。

①持续经营假设适当，但存在重大不确定性。

如果运用持续经营假设是适当的，但存在重大不确定性，且财务报表对重大不确定性已作出充分披露，注册会计师应当发表无保留意见，并在审计报告中增加以"与持续经营相关的重大不确定性"为标题的单独部分。

如果运用持续经营假设是适当的，但存在重大不确定性，且财务报表对重大不确定性未作出充分披露，注册会计师应当发表保留意见或否定意见。注册会计师应当在审计报告"形成保留（否定）意见的基础"部分说明，存在可能导致对被审计单位持续经营能力产生重大疑虑的重大不确定性，但财务报表未充分披露该事项。

②持续经营假设不当。

如果判断被审计单位将不能持续经营，但财务报表仍然按照持续经营假设编制，注册会计师应当出具否定意见的审计报告。

③管理层或治理层不愿对持续经营能力作出评估。

在审计过程中，注册会计师如果注意到管理层不愿对持续经营能力作出评估，或者存在超出管理层评估期间的可能导致其对持续经营能力产生重大疑虑的事项或情况，或者管理层评估持续经营能力涵盖的期间少于自资产负债表日起的12个月，注册会计师应当提请管理层对持续经营能力作出评估，或将评估期间延伸至自资产负债表日起的12个月。

如果管理层拒绝注册会计师的要求，注册会计师应当将其视为审计范围受到限制，考虑出具保留意见或无法表示意见的审计报告。

④管理层或治理层在财务报表日后严重拖延对财务报表的批准。

如果管理层或治理层在财务报表日后严重拖延对财务报表的批准，注册会计师应当询问拖延的原因。如果认为拖延可能涉及与持续经营评估相关的事项或情况，注册会计师应当实施追加的审计程序，并考虑被审计单位存在重大不确定性对审计结论的影响。

五、练习题

（一）单项选择题

1.下列与会计估计审计相关的程序中，注册会计师应当在风险评估阶段实施的是（　　　）。

A.确定管理层是否恰当运用与会计估计相关的财务报告编制基础

B.复核上期财务报表中会计估计的结果

C.评价会计估计的合理性

D.确定管理层作出会计估计的方法是否恰当

2.注册会计师在对期后事项进行审计时，应负识别责任的截止日期为（　　　）。

A.审计报告日　　　　　　　　B.财务报表报出日

C.资产负债表日　　　　　　　D.下期资产负债表日

3.如果认为被审计单位在编制财务报表时运用持续经营假设是适当的，但可能导致对持续经营能力产生重大疑虑的事项或情况存在重大不确定性，且财务报表已充分披露，注册会计师应当考虑对财务报表出具的审计报告意见类型是（　　　）。

A.保留意见加强调事项段

B.无保留意见加强调事项段

C.无法表示意见

D.无保留意见

4.下列各项中，注册会计师对期初余额的理解中正确的是（　　　）。

A.上期期末余额即为本期期初余额

B.期初余额反映了以前期间的交易和事项以及上期采用的会计政策的结果

C.首次承接审计业务，注册会计师应当对期初余额发表审计意见

D.首次承接审计业务，注册会计师无须对期初余额实施审计程序

5.下列情形中不属于错误行为的是（　　）。

A.蓄意使用不当的会计政策

B.对事实的疏忽和误解

C.对会计政策的误用

D.原始记录和会计数据的计算、抄写错误

6.关于首次接受委托时对期初余额的审计，以下选项中不能为期初余额提供充分证据的是（　　）。

A.阅读被审计单位近期财务报表

B.确定上期期末余额是否已正确结转至本期

C.查阅前任注册会计师的工作底稿

D.对本期期末余额及发生额实施审计程序

7.如果注册会计师认为被审计单位的持续经营假设不再合理，而被审计单位仍按照持续经营假设编制财务报表，则注册会计师应发表（　　）。

A.带强调事项段的无保留意见

B.保留意见

C.否定意见

D.无法表示意见

8.在询问关联方关系时，下列组织或人员中，注册会计师的询问对象通常不包括的是（　　）。

A.内部审计人员　　　　　　　　B.董事会成员

C.证券监管机构　　　　　　　　D.内部法律顾问

9.下列有关会计估计错报的说法中，正确的是（　　）。

A.当审计证据支持注册会计师的点估计时，该点估计与管理层的点估计之间的差异构成错报

B.由于会计估计具有主观性，与会计估计相关的错报是判断错报

C.如果会计估计的结果与上期财务报表中已确认的金额存在重大差异，表明上期财务报表存在错报

D.如果管理层的点估计在注册会计师的区间估计内，表明管理层的点估计不存在错报

10.注册会计师对被审计单位2021年1月至6月财务报表进行审计，

并于 2021 年 8 月 31 日出具审计报告。下列各项中，管理层在编制 2021 年 1 月至 6 月财务报表时，评估其持续经营能力应当涵盖的最短期间是（　　）。

A. 2021 年 7 月 1 日至 2022 年 6 月 30 日

B. 2021 年 9 月 1 日至 2022 年 8 月 31 日

C. 2021 年 7 月 1 日至 2021 年 12 月 31 日

D. 2021 年 7 月 1 日至 2022 年 12 月 31 日

（二）多项选择题

1.如果无法获得充分、适当的审计证据以证实期初余额是否对本期财务报表具有重大影响，注册会计师应对本期财务报表发表（　　）。

A.无保留意见　　　　　　　　B.保留意见

C.否定意见　　　　　　　　　D.无法表示意见

2.下列关于注册会计师对期后事项责任的描述中正确的有（　　）。

A.对审计报告日前发生的期后事项负有主动查找并审计的责任

B.对资产负债表日后发生的期后事项负有主动查找并审计的责任

C.对审计报告日后知悉的期后事项负有审计的责任

D.对资产负债表日后知悉的期后事项负有审计的责任

3.注册会计师在进行财务报表审计时，一般对期初余额（　　）。

A.无须专门发表审计意见

B.无须专门实施审计程序

C.必须专门发表审计意见

D.必须考虑其审计结论对所审计财务报表的审计意见的影响

4.A 注册会计师负责对乙公司 2020 年度财务报表进行审计。A 注册会计师出具审计报告的日期为 2021 年 3 月 15 日，财务报表报出日为 2021 年 3 月 20 日。对于截至 2021 年 3 月 15 日发生的期后事项，A 注册会计师的下列做法中正确的有（　　）。

A. 设计专门的审计程序识别这些期后事项

B. 尽量在接近审计报告日时实施针对期后事项的专门审计程序

C. 尽量在接近资产负债表日时实施针对期后事项的专门审计程序

D. 不专门设计审计程序识别这些期后事项

5.资产负债表日后调整事项与资产负债表日后非调整事项的

区别有（　　　）。

A. 发生的时间段不同

B. 对被审计年度财务报表的影响不同

C. 主要情况出现的时间不同

D. 对资产负债表日已经存在情况的证明作用不同

6. 下列审计程序中可以帮助注册会计师识别关联方的有（　　　）。

A. 查阅以前年度工作底稿

B. 执行交易或余额的细节测试

C. 查阅股东大会、董事会会议及其他重要会议记录

D. 查阅会计记录中数额较大的、异常的及不经常发生的交易或事项

7. 对财务报表报出日后知悉的期后事项，注册会计师在对修改后报表出具的新审计报告中应当（　　　）。

A. 标注新旧两个审计报告日期

B. 标注新的审计报告日，同时延伸主动查找程序

C. 提醒关注原审计报告及修改原财务报表的原因

D. 说明对期后事项的审计程序仅限于报表相关附注所述的修改

8. 注册会计师在评价未更正错报的影响前，调低了财务报表整体的重要性水平，则以下做法中恰当的有（　　　）。

A. 重新考虑进一步审计程序的时间安排和范围

B. 重新考虑进一步审计程序的性质

C. 重新考虑获取的证据是否充分、适当

D. 重新考虑实际执行的重要性水平

9. 注册会计师对关联方及关联方交易进行审计时，应当（　　　）。

A. 实施必要的审计程序，查明是否存在关联方关系

B. 实施必要的审计程序，查明是否存在关联方交易

C. 提请被审计单位就关联方及其交易的披露出具管理层声明书

D. 在审计报告中提及重要的关联方及其交易

10. 下列属于被审计单位在经营方面存在可能导致对持续经营假设产生重大疑虑的事项或情况的有（　　　）。

A. 失去主要市场、特许权或主要供应商

B. 累计经营性亏损数额巨大

C. 主导产品不符合国家产业政策

D. 人力资源或重要原材料短缺

（三）判断题

1. 被审计单位管理层是否对持续经营能力进行评估并不影响注册会计师对财务报表的审计意见。（　　）

2. 如果管理层评估持续经营能力涵盖的期间短于自财务报表日起的12个月，注册会计师应当提请管理层将其至少延长至自财务报表日起的12个月。（　　）

3. 或有事项，是指过去的交易或者事项形成的潜在义务，履行该义务不是很可能导致经济利益流出企业或该义务的金额不能可靠计量。

（　　）

4. 在期初余额审计中，如果不能对期初余额获取充分、适当的审计证据，注册会计师应当发表保留意见。（　　）

5. 财务报表报出后，注册会计师没有任何义务针对财务报表实施任何审计程序。（　　）

6. 如果管理层编制财务报表时运用持续经营假设不适当，注册会计师应当发表否定意见。（　　）

7. 管理层认可其对财务报表的编制责任属于注册会计师获取管理层书面声明的内容。（　　）

8. 只有被审计单位首次接受审计时才涉及对期初余额的审计。

（　　）

9. 如果资产负债表日后诉讼案结案，法院的判决证实了企业在资产负债表日已经存在现时义务，需要调整原先确认的相关预计负债，那么，法院的判决属于资产负债表日后调整事项。（　　）

10. 注册会计师在资产负债表日后发现了财务报表舞弊或差错，这属于调整事项。（　　）

11. 注册会计师关注或有事项的主要目的在于提请被审计单位在财务报表或附注中对重大的或有损失加以反映。（　　）

12. 实施必要的审计程序，获取充分、适当的审计证据，以确定被审计单位是否按照企业会计准则的要求识别和披露关联方及其交易是注

册会计师的责任。   （   ）

13. 对于资产负债表日至审计报告日之间发生的期后事项，注册会计师应尽量在接近资产负债表日实施针对期后事项的专门审计程序。   （   ）

（四）分析题

U 会计师事务所审计了 X 公司 2019 年度财务报表，并出具了保留意见的审计报告。负责 X 公司外勤审计工作的 A 注册会计师于 2020 年 5 月离职加入 V 会计师事务所，但转所手续直至 2021 年 5 月才能办理完毕。2021 年 1 月，X 公司决定改聘 V 会计师事务所审计其 2020 年度财务报表，并与 V 会计师事务所签订了审计业务约定书。该约定书中约定 X 公司协助 V 会计师事务所与 U 会计师事务所进行沟通，以了解相关情况。V 会计师事务所委派 A 注册会计师担任 X 公司 2020 年度财务报表审计的外勤负责人，于 2021 年 4 月出具了无保留意见审计报告。

要求：

（1）在何种情况下，注册会计师应对 X 公司 2020 年度财务报表的期初余额作适当的审计？对期初余额实施审计的目的是什么？

（2）V 会计师事务所通常应采用什么方式了解 X 公司 2020 年度期初余额的情况？了解的主要内容有哪些？

（3）针对 U 会计师事务所对 X 公司 2019 年度财务报表审计报告中的保留事项，V 会计师事务所对 X 公司 2020 年度财务报表出具无保留意见的前提是什么？

（4）A 注册会计师能否签署 X 公司 2020 年度财务报表的审计报告？请说明具体原因。

六、案例分析

注册会计师王某审计甲公司 2020 年度的财务报表，于 2021 年 2 月 2 日完成审计工作。之后王某了解到，2021 年 2 月 16 日甲公司的债务人乙公司宣布破产，导致甲公司的一笔巨额应收账款无法收回。王某于 2 月 22 日完成了对这一期后事项的审计工作。

要求：

（1）假设甲公司在被审计年度中就很清楚债务人已经出现严重的资

不抵债的情况，但在计提坏账准备时没有考虑这一情况。对于债务人破产这一事件，王某应要求甲公司如何处理被审计财务报表？

（2）假设债务人破产是由2021年2月5日的一场重大火灾导致的，而在被审计年度其经营状况良好。对于债务人破产这一事件，王某应要求甲公司如何处理被审计财务报表？

七、阅读文献

[1]刘明辉．独立审计学［M］．2版．大连：东北财经大学出版社，2002．

[2]韩洪灵．审计理论与实务学习指导书［M］．北京：中国人民大学出版社，2019．

[3]中国注册会计师协会．审计［M］．北京：中国财政经济出版社，2021．

[4]张彤彤．审计学［M］．3版．北京：清华大学出版社，2021．

[5]中国注册会计师协会．中国注册会计师执业准则应用指南2023［M］．北京：中国财政经济出版社，2023．

[6]东奥会计在线．2024注册会计师考试过关必做500题——审计［M］．北京：北京科学技术出版社，2024．

[7]2021年中国大学MOOC——东北财经大学审计学课程测试题．

八、练习题参考答案

（一）单项选择题

1.B　2.A　3.B　4.B　5.A　6.D　7.C　8.C　9.A　10.A

（二）多项选择题

1.BD　2.AC　3.AD　4.AB　5.ABCD　6.ACD　7.BC　8.ABCD　9.ABC　10.ABCD

（三）判断题

1.×　2.√　3.×　4.×　5.×　6.√　7.√　8.×　9.√　10.√　11.√　12.√　13.×

（四）分析题

（1）在下列情况下，注册会计师应对X公司2020年度财务报表的期初余额作适当审计：

① 被审计单位首次接受审计。

② 在上期财务报表是由前任注册会计师审计的情况下接受的审计委托，即被审计单位更换注册会计师。

对期初余额进行审计的目的是：

① 期初余额是否包含对本期财务报表产生重大影响的错报，即期初余额中是否存在足以影响或改变财务报表使用者决策的错报。

② 期初余额反映的恰当的会计政策是否在本期财务报表中得到一贯运用，或会计政策的变更是否已按照适用的财务报告框架作出恰当的会计处理和充分的列报与披露。

（2）V会计师事务所通常可通过向U会计师事务所调阅审计档案来了解期初余额情况。应了解的主要内容包括：通过协商查阅前任注册会计师的审计工作底稿，以获取有关期初余额的审计证据，并通过了解前任注册会计师的专业胜任能力，判断前任会计师事务所获取证据的充分性和适当性。了解前任注册会计师对上期财务报表出具的审计意见类型。如果是非标准意见审计报告，应查清原因，并关注其中与本期财务报表有关的部分。

（3）如果U会计师事务所在2019年度审计报告中提及的保留事项对本期财务报表的影响已经消除，V会计师事务所可对2020年度财务报表出具无保留意见。

（4）A注册会计师不能签发X公司2020年度财务报表的审计报告。这是因为A注册会计师的转所手续直至2021年5月才能办理完毕，而V会计师事务所对X公司2020年度财务报表的审计报告需要在2021年4月签发，此时A还是U会计师事务所的注册会计师，不能代表V会计师事务所签发审计报告。

（五）案例分析提示

（1）债务人早已出现严重的资不抵债的情况，但在被审计单位资产负债表日后宣布破产，这属于期后事项中的调整事项，即主要情况在被审计年度就已经出现，属于为资产负债表日已经存在的情况提供补充证据的事项，所以应提请甲公司调整2020年度财务报表。

（2）债务人因突发火灾遭受重大损失而宣布破产，这属于期后事项中的非调整事项，即主要情况出现在被审计单位资产负债表日之后，不影响被审计年度的财务报表。但如果不加以披露，可能影响对财务报表的正确理解，所以应提请甲公司在 2020 年度财务报表附注中披露。